SÃO PAULO COMPANHIA DE DANÇA

O QUEBRA-NOZES NO MUNDO DOS SONHOS, 2022

wmf martinsfontes

ASSOCIAÇÃO PRÓ-DANÇA
ORGANIZAÇÃO SOCIAL DE CULTURA

SÃO PAULO COMPANHIA DE DANÇA

TUDO VIRA CULTSP

Secretaria da Cultura, Economia e Indústria Criativas

SÃO PAULO
GOVERNO DO ESTADO
SÃO PAULO SÃO TODOS

SÃO PAULO COMPANHIA DE DANÇA

15 ANOS

ORGANIZAÇÃO INÊS BOGÉA E MARCELA BENVEGNU

CURADORIA DE CONTOS RODRIGO LACERDA E FELIPE FRANCO MUNHOZ

SUMÁRIO

DI, 2022

SOBRE A COMPANHIA

OS MOVIMENTOS QUE SAEM DO ESTADO DE SÃO PAULO E ENCANTAM O MUNDO

Marília Marton

Fundada em 2008, a São Paulo Companhia de Dança (SPCD) ao longo de 15 anos tem lotado plateias e impressionado públicos com o talento dos bailarinos que compõem o corpo artístico. Instituição da Secretaria da Cultura, Economia e Indústria Criativas do Estado de São Paulo, a SPCD mostra a paixão pela dança em cada espetáculo de excelência no Brasil e no mundo. Paixão esta revelada aqui nesta publicação que celebra os 15 anos da Companhia e conta com textos, contos, resenhas críticas e linhas do tempo que nos fazem entender os seus eixos – Produção e Circulação de Espetáculos, Ações Educativas e de Formação de Plateia e Ações de Registro e Memória da Dança – e como eles dialogam com a sociedade de forma única e plural.

Com uma audiência que ultrapassa a marca de 1 milhão de espectadores em apresentações presenciais e turnês que visitaram 18 países, a crítica especializada não hesita em alçar a SPCD como um dos corpos estáveis mais notáveis da América Latina. Num trajeto que abraça quase 160 cidades mundo afora, a Companhia já conquistou 52 prêmios e indicações tanto nacionais quanto internacionais.

Nos últimos anos, a SPCD não se limitou aos palcos físicos, também abraçou o mundo virtual com a marca #SPCDdigital. Essa incursão ampliou horizontes, conectando ainda mais pessoas ao universo da dança. Além disso, comprometida com sua missão de democratizar a dança, fortaleceu suas ações sociais, estendendo seu impacto positivo através de programas socioeducativos, ações de sensibilização de plateia e iniciativas dedicadas ao registro e à preservação da memória da dança.

Acreditando que a dança é para todos, a SPCD não apenas destacou os talentos do Estado de São Paulo para o Brasil e o mundo, mas também criou iniciativas inclusivas. Espetáculos Gratuitos para Estudantes e Idosos, Palestras e Oficinas de Dança e Capacitação Técnica, livretos *Brincadeiras de Dança* para envolver as crianças, audiodescrição e Libras em seus espetáculos para ampliar o acesso a pessoas com deficiência visual, a série *Figuras da Dança* com mais de 40 episódios e a interiorização das apresentações são apenas algumas das formas inovadoras que a SPCD adota para acolher todos os públicos.

Não podemos esquecer o projeto *Meu Amigo Bailarino*, nascido em 2017 com a missão de tornar a arte e a dança acessíveis a todos, promovendo uma cultura de inclusão. Através deste projeto, a SPCD leva a diferentes instituições na região metropolitana de São Paulo trechos coreográficos e a oportunidade única de interagir com os bailarinos. Ao longo de cerca de 60 visitas, mais de 3 mil pessoas viveram essa iniciativa inspiradora, consolidando o compromisso da SPCD com a comunidade e a difusão da arte.

À medida que celebramos as conquistas passadas, vislumbramos ansiosos o futuro que aguarda a SPCD. Que os anos que estão por vir sejam repletos de novas coreografias, histórias e descobertas, reafirmando o papel da SPCD de levar a arte da dança a todos os lugares possíveis e imagináveis, inspirando a formação de novos profissionais, e que tenhamos a chance de registrar esses feitos. Neste livro vocês mergulharão por muitos destes temas de forma abrangente, descobrindo ainda mais sobre esta Companhia "de todos nós".

Marília Marton, Secretária da Cultura, Economia e Indústria Criativas do Estado de São Paulo

APRESENTAÇÃO

Rachel Coser

É com imensa satisfação que lhes apresento *São Paulo Companhia de Dança: 15 anos*, um livro que celebra não apenas o passado marcante, mas também o presente e o futuro desta Companhia, criada pelo Governo do Estado de São Paulo e gerida pela Associação Pró-Dança, que tem sido destaque no cenário da dança nacional e internacional, desde a sua criação.

A primeira seção deste livro nos transporta para os bastidores, onde vozes institucionais convergem e revelam a visão que norteia os caminhos da São Paulo Companhia de Dança. O texto de abertura de Flávia Fontes e Marcela Benvegnu nos apresenta os caminhos da SPCD sob o olhar da diretora artística da Companhia, Inês Bogéa, os momentos-chave os quais moldaram seu percurso, e sobretudo, que partem do seu olhar provocativo e inovador.

Jomar Mesquita, coreógrafo de obras memoráveis da Companhia como *Mamihlapinatapai* e *Ngali...*, e da próxima estreia São Paulo, tece reflexões sobre o legado das criações, explorando a sua relevância atemporal e a potência do repertório da Companhia uma verdadeira gramática da arte da dança.

Amanda Queirós adentra os três eixos de atuação da Companhia, mergulhando na Produção e Circulação de espetáculos, nos Programas Educativos e de Formação de Plateia, assim como as ações de Registro e Memória da Dança. Renata Oliveira nos convida a uma análise detalhada das ações educativas da Companhia, destacando seus programas, sua evolução ao longo do tempo, seu diálogo constante com as demandas contemporâneas e diferentes áreas como escolas, estudantes, terceira idade, professores, formadores, artistas, entre outros.

Cassia Navas olha para os três eixos da Companhia respondendo a questões como: Qual a singularidade da Companhia nos dias de hoje?. Marcela Benvegnu nos conduz pelo processo de internacionalização da São Paulo Companhia de Dança dois anos e meio depois da sua criação, usando o conceito de "born global", para elucidar e validar a sua ascensão e impacto no cenário mundial hoje, quando a São Paulo chega a realizar turnês de até cinco meses no exterior com ingressos esgotados.

Gisele Kato encerra essa seção com um olhar atento para as publicações de memória, em especial a notável série *Figuras da Dança*, que em 2023 alcançou a marca de 41 títulos, preservando e difundindo a história da dança de forma brilhante, com conteúdo disponível gratuitamente no site da São Paulo Companhia de Dança e em canais de televisão de rede fechada e aberta.

Na segunda parte, oferecemos uma rica cronologia, na qual o leitor consegue ver um panorama das principais ações que moldaram a história da Companhia. Desde as emblemáticas coreografias que encantaram plateias mundo afora, as iniciativas educativas, as ações de registro e memória da dança, além dos marcos que singularizam cada ano e que tem moldado sua identidade de comprometimento e excelência ao longo deste tempo.

A terceira parte desta publicação são 15 contos de autores consagrados – curados por Rodrigo Lacerda e Felipe Franco Munhoz, que nos convida a mergulhar no universo literário inspirado livremente na dança e de profissões ligadas à esta arte, como diretora, produtor, ensaiador, coreógrafo, iluminador, bailarino, bailarina, jornalista, iluminador, músico, figurinista, entre outros.

Por fim, a última parte desvenda um recorte dos olhares críticos e as análises publicadas ao longo destes 15 anos, validando não apenas a sua presença, mas também o seu impacto e relevância no cenário artístico.

Que este livro seja não apenas um registro, mas um convite para mergulhar nas conquistas e desafios da São Paulo Companhia de Dança e que ele inspire e celebre o poder transformador da arte da dança em nossas vidas.

Rachel Coser – Presidente do Conselho de Administração da Associação Pró-Dança

UM MODO DE PENSAR A DANÇA: CAMINHOS DA SPCD SOB O OLHAR DA DIREÇÃO ARTÍSTICA

Flávia Fontes Oliveira e Marcela Benvegnu

"Pertencer é algo que se conquista. Pertencer a uma cidade, a um Estado, é habitar e dialogar". A autora da frase, Inês Bogéa, é diretora artística da São Paulo Companhia de Dança desde sua fundação, há 15 anos, e conjuga o verbo em 360 graus no seu modo de criar, dirigir e olhar para a dança. Apontou os caminhos para a criação de uma Companhia e desenvolveu modos de diálogo não somente com seus colaboradores, mas também com aqueles que veem, consomem e vivem essa dança em suas ações.

Ao idealizar o projeto, ao lado do então secretário de Estado da Cultura de São Paulo, João Sayad (1945-2021) e de Iracity Cardoso, com quem dividiu a direção entre 2008 e 2012, Inês acreditava na São Paulo como uma companhia de dança "clássica contemporânea", em trânsito intenso com ações educativas e de preservação da memória da dança. Sobre essa definição, ela disse: "Se o passado existe em nós, vamos reverenciar este passado, viver o presente e criar possibilidades de futuro". A afirmação ainda guia seu modo de entender o grupo. Sobre essa condução, a jornalista francesa Jocelyne Vaysase, no *Chroniques de Danse,* de 2023, observou: *"A Companhia atende plenamente ao compromisso inicial de 2008: apresentar a herança do passado, mas também de estar conectada ao mundo de hoje"*.

A SPCD, desde então, teve seu repertório pautado por duas linhas curatoriais: o clássico e seu desdobramento no tempo, e as pesquisas de linguagens, com artistas que criam especialmente para a Companhia. Há 15 anos, criar uma companhia nesses moldes era algo novo no cenário da dança de São Paulo – e do Brasil. Inspirado no perfil de companhias internacionais consolidadas, como o Dutch National Ballet, na Holanda, e o American Ballet Theater, nos Estados Unidos, o modelo foi um norte, não uma cópia. Sua gestão, com a diversidade de ações ao longo do caminho, segue uma cartilha própria, atualizada ao longo dos anos.

Nesse tempo, Bogéa estabeleceu números superlativos: os espetáculos foram vistos por mais de 1 milhão de pessoas, com mais de 1.100 apresentações, em mais de 160 cidades no país e no exterior. O grupo recebeu mais de 50 prêmios e indicações nacionais e internacionais, sem contar as mais de 980 ações educativas desenvolvidas, como espetáculos gratuitos para estudantes e outros públicos, palestra para educadores, oficinas de dança, oficinas de capacitação técnica, Meu Amigo Bailarino – projeto que leva dança a escolas, asilos e instituições de atendimento social – seus mais de 300 materiais audiovisuais, documentários, livros de ensaios, podcasts, entre outros.

Ao mesmo tempo em que construía, ao lado de seus colaboradores, a identidade da São Paulo, Inês também moldou o papel de principal liderança do grupo. Com uma visão ampla do entendimento dos diálogos que a dança pode alcançar no palco e para além dele, sua atuação transitou (e transita) entre diversas vertentes, com propostas de encontros entre diferentes artes e artistas. "Ninguém trabalha sozinho. A força da São Paulo está na coletividade, dos colaboradores e da equipe. Todos são singulares na sua atuação e juntos nos tornamos plurais e potentes."

Essa ligação com programas educativos e de memória não era algo novo na carreira da diretora: antes de assumir o cargo na SPCD, Inês, que foi bailarina do Grupo Corpo, era crítica de dança do jornal *Folha de S. Paulo*, além de atuar como documentarista, escritora e palestrante. Seus filmes sobre Renée Gumiel (1913-2016), *A vida na pele – Renée Gumiel* (2005), Klauss Vianna (1928-1992), *Movimento expressivo – Klauss Vianna* (2005) e Maria Duschenes (1922-2014), *Maria Duschenes – O espaço do movimento* (2006), costumavam circular em sessões de cinema e festivais de dança; ela também ministrava palestras para aproximar interessados nessa arte e havia publicado uma série de livros infantis e ensaios.

O projeto, que começou como um propósito, ganhou um lugar na cena nacional e internacional. À frente do grupo, Inês não se prendeu a um formato fechado, embora as diretrizes tenham sido um farol: as transformações do tempo e do amadurecimento foram absorvidas e refletidas na forma de dirigir artisticamente – hoje a SPCD é citada pela crítica especializada como a principal companhia de dança da América Latina e uma das melhores do mundo, como afirma Chris O'Rourke, no irlandês Thearts Review, em 2024: *"(...) a renomada e internacional São Paulo Companhia de Dança sobe ao palco do Teatro Bord Gáis Energy para mostrar por que é uma das melhores do mundo. (...) De fato, além de serem tecnicamente excelentes, criativamente brilhantes e coreograficamente emocionantes também é das mais comoventes. Como assistir a uma revoada de pássaros, assistir à Companhia é ser uma testemunha privilegiada do belo, do mistério da vida"*.

O CLÁSSICO, SEUS DESDOBRAMENTOS E NOVAS CRIAÇÕES

Em quinze anos, para falar da São Paulo Companhia de Dança é preciso compreender a extensão de suas ações: uma Companhia de repertório com obras de dança clássica, contemporânea, moderna e suas variações, que valoriza os corpos brasileiros e seus artistas. Essa vocação, por assim dizer, fruto do entendimento da direção, se equilibra em complexa curadoria artística e potência do elenco. É preciso que dentro das escolhas, os artistas transitem com segurança, tenham domínio técnico e conhecimento dos caminhos de cada criação. Um desafio, portanto, é o de garantir a unidade, sem que os corpos estejam engessados em um padrão.

A princípio a exigência de dançar um repertório múltiplo se mostrava uma apreensão entre a classe artística: lançar-se entre linguagens não era comum, artistas com base clássica e contemporânea se dividiam em companhias e interesses diferentes. Foi preciso equilibrar esses registros para trazer uma possibilidade de união entre as experiências de cada integrante. Aos poucos, a essência desse modo de dançar passou a ser mais familiar para quem chegava. "Nas audições, recebemos artistas que buscam justamente esse trânsito entre a dança clássica e a contemporânea. Este modelo tornou-se um perfil inspirador e desejado", pontua Inês.

Nos primeiros anos, para criar essa paridade no elenco – cuja primeira audição aconteceu nas cinco regiões do país e na Argentina, e recebeu mais de 800 participantes somente em São Paulo –, eram feitas aulas de clássico, contemporâneo e dança moderna. Levou tempo para que esse entendimento se assentasse. No dia a dia de uma companhia, o trabalho persistente, minucioso e, muitas vezes, exaustivo, cria orientação e harmonia "para se dançar e se estar em companhia". O resultado é que, ao longo do tempo, a SPCD formou artistas potentes, capazes de serem reconhecidos pelo público em suas singularidades, dentro de um repertório elástico. Alguns ainda seguem no grupo, outros estão em companhias pelo Brasil e mundo.

Há sempre um jogo, nem sempre simples, de instigar quem está no palco e na plateia. A costura artística e administrativa dessa cadeia de elementos leva em conta, de um lado, lançar os desafios para o elenco; de outro, apresentar ao público estilos diversos.

No lançamento, para além das obras clássicas de repertório – como *O Lago dos Cisnes* e *Giselle*, dançados ao redor do mundo e que foram montadas com sucesso pela Companhia em anos posteriores –, a SPCD se propôs a avançar nesse entendimento, e quis apresentar ao público obras canônicas do século XX com remontagens de criadores como George Balanchine (1904-1983) – *Serenade* (1935) e *Theme and Variations* (1947) – e Bronislava Nijinska (1891-1972), *Les Noces* (1923). Outro exemplo foi a coreografia de estreia do grupo: *Polígono* (2008), criação do italiano Alessio Silvestrin, que, entre outras linguagens, usava fortemente a base clássica. A construção foi se dando obra a obra, dia a dia.

O primeiro balé de noite inteira da São Paulo foi *Romeu e Julieta,* apresentado pela primeira vez em 2013. A clássica tragédia de Shakespeare (1564-1616), teve versão do coreógrafo e remontador italiano Giovanni Di Palma, com quem a Companhia mantém estreita parceria, sobre a música de Sergei Prokofiev (1891-1953). Desde então, essas grandes produções fazem parte das temporadas como *La Sylphide* (2014), *O Sonho de Dom Quixote* (2015), *O Lago dos Cisnes* (2017), *Giselle* (2021), entre outras.

ROMEU E JULIETA, 2013

No Brasil, particularmente em São Paulo, são obras com garantia de sucesso e expectativa do público. "Nos clássicos, as emoções são mais compreensíveis, é também uma beleza fora do cotidiano. A dança contemporânea nem sempre é de leitura imediata. Brinco que equilibro, às vezes em um mesmo programa, obras de comunicação mais direta com obras mais instigantes", revela a diretora.

A presença de coreógrafos internacionais reconhecidos mundialmente, como Goyo Montero, Jirí Kylián, Nacho Duato, William Forsythe, a um só tempo trouxe a "provocação" desejada pelas linguagens desenvolvidas e ajudou a solidificar e validar a Companhia não apenas no Brasil, mas no exterior. As remontagens de *Petite Mort* (1991); de Kylián, *In the Middle, Somewhat Elevated* (1987), de Forsythe; *Gnawa* (2005), de Duato – um dos grandes sucessos do grupo; e a recente criação de Montero na releitura de *Petrushka* (2023) mostram a refinada potência do elenco. Com linguagens que exigem, em diferentes intensidades, musicalidade, força, explosão e emoção, a Companhia soube colocar sua identidade nessas obras.

Ponto a destacar, esses coreógrafos cânones da cena internacional fortalecem as possibilidades de contratos fora do país. Essas obras, quando montadas aqui, são referência do trabalho e mantém o propósito inicial de apresentar ao público brasileiro tais nomes.

Outra ponte importante conquistada sob a gestão de Inês foram as parcerias internacionais, em coproduções com coreógrafos de repercussão no cenário da dança internacional, como Édouard Lock, no Canadá; Marco Goecke, na Alemanha, Joëlle Bouvier, na França; e Stephen Shropshire, na Holanda. Eles criam para a Companhia, as estreias acontecem fora do Brasil; e depois, as obras entram para o repertório do grupo.

A SPCD tem criações de nomes muito sólidos e reconhecidos da dança mundial, como os citados acima, ao lado de remontagens ou criações clássicas, como *O Lago dos Cisnes* (versão de Mario Galizzi) e *O Quebra-Nozes* (uma versão de Márcia Haydée) e, com igual importância, de criadores brasileiros, cujos trabalhos ganham projeção na circulação da Companhia.

O ano de 2013 marca outro momento importante: por sugestão de Marcelo Araújo, na época secretário de Estado da Cultura, a SPCD passou a ter duas temporadas fixas no Teatro Sérgio Cardoso, incluídas no contrato da Associação Paulista dos Amigos da Arte, gestora do Teatro. A partir dessa decisão e observando outros corpos artísticos, Inês criou um programa de assinaturas que completou 10 anos de programação em 2023, e deu a cada temporada um nome cuja ideia permeia sua curadoria artística ao longo do ano.

Amor, Vida e Morte (2013), *Passado-Futuro* (2014), *Corpo no Mundo* (2015), *Jogo de Linhas* (2016), *Pássaro de Fogo* (2017), *SPCD 10 anos* (2018), *Sem Fronteiras* (2019), *Permanência e Inovação* (2020), *Tempo de Travessia* (2021), *Cor do Arco-Íris* (2022), *Labirintos em Movimento* (2023), foram as 10 primeiras temporadas da Companhia, cujas apresentações incluem indicações de sua feitura ao público não somente nos programas de sala, mas por meio de palestras que antecedem o espetáculo e também por vídeos exibidos em algumas apresentações. "São outros modos de dançar, os quais eu acredito. Pelas imagens, pelas palavras", completa.

Em 2013, também se intensificaram as turnês internacionais, iniciadas em 2010. Desde então, o grupo segue uma periodicidade de apresentações fora do Brasil, em um alcance de internacionalização com projeção e manutenção da própria Companhia. Na temporada de 2023 e 2024, foram cerca de seis meses viajando.

Ocupar a cidade é, para Inês Bogéa, um trabalho fundamental. Ao lado de pertencer, formam verbos-guia em sua gestão. "Costumamos dançar muito, em vários palcos: das Fábricas de Cultura ao Teatro Sérgio Cardoso; de grandes teatros no interior ao metrô de São Paulo; também ocupamos museus, espaços abertos, em várias ações." Resultado por exemplo, são as apresentações na Sala São Paulo, ao lado da OSESP (Orquestra Sinfônica do Estado de São Paulo), iniciadas em 2010 na gestão de Marcelo Lopes e Arthur Nestrovski. Em 2022, os dois corpos artísticos preparam a *Noite Villa-Lobos*, com *Cartas do Brasil* coreografia de Juliano Nunes, criada a partir da *Bachiana Brasileira nº 8* e *Di*, de Miriam Druwe, com a trilha de *Choro nº 6*.

Em 2017, uma nova parceria levou a companhia para outro espaço da cidade, o Theatro São Pedro, gerido pela Organização Social Santa Marcelina, com direção de Paulo Zuben, onde fazem estreias pensadas em conjunto e com a orquestra da casa, como *Desassossegos*, de Henrique Rodovalho, em 2022, e *O Canto do Rouxinol*, de Marco Goecke, em 2023.

Quem tem ou já teve a chance de acompanhar uma rotina viu de perto um quebra-cabeça entre uma equipe grande para dar retaguarda ao palco orquestrada pela direção: planejar ensaios contemplando todas as coreografias, o elenco e as apresentações; produzir cenários, figurinos, luzes e música; cuidar da saúde dos intérpretes com fisioterapia (um cuidado essencial em companhias de alta performance); ter produção nacional e internacional; administração, comunicação, registro. Tudo precisa caminhar junto para que o público se encante com a cena.

Em seu percurso, a SPCD trouxe para seu repertório, com cada vez mais intensidade, nomes da dança nacional, brasileiros de carreira sólida, como Henrique Rodovalho (*Desassossegos* [2022]; *Só tinha de ser com você* [remontagem, 2020]; *Melhor único dia* [2018]; *Inquieto* [2010] e Rodrigo Pederneiras, (*Bachiana nº 1,* [2012]). Obras com a linguagem características dessas duas figuras fundamentais da cena nacional há décadas, com linhas, impulsos e musicalidade reconhecidas no universo da dança – e de parte do público.

Nesses anos, outros nomes passaram a figurar no repertório e a São Paulo passou a ser também uma aglutinadora de criadores e criadoras nacionais, muitas vezes desconhecidos do grande público. Criado em 2012, o Ateliê de Coreógrafos Brasileiros foi um sinalizador na aposta de novos talentos, abrindo caminhos para muitos nomes e possibilitando que a Companhia sempre tivesse seu nome atrelado a quem faz dança no país.

"É um modo de dançar do Brasil para o e com o Brasil", aponta Inês. Rui Moreira, Alex Neoral, Jomar Mesquita, Leilane Teles, Poliane Fogaça, Cassi Abranches, Rafael Gomes, são parte dos criadores que participaram do projeto. Alguns desses trabalhos passaram a integrar o repertório e, além de boas críticas e prêmios no Brasil, fazem parte das turnês internacionais.

Fora do Brasil, a condução artística construiu um repertório que também é perceptível como característica da SPCD e ainda assim consegue se adaptar a diferentes públicos: o que se apresenta na Alemanha nem sempre é o que o público da França ou do Canadá deseja assistir. As longas turnês se apoiam nessa flexibilidade e na quantidade de obras em manutenção. Importante ressaltar que essas

SSANOITE, 2009

viagens internacionais levam produções de criadores brasileiros ao grande público, alguns com bastante sucesso de crítica e público como é o caso de *Mamihlapinatapai* (2012), de Jomar Mesquita, e *Agora* (2019), de Cassi Abranches.

Nessa trajetória, a SPCD foi eleita a melhor Companhia pelo *Grand Prix de la Critique*, em 2018/2019, na França. No mesmo período, também foi escolhida como uma das melhores companhias da temporada pelo *Critic's Choice* da *Dance Europe*. Em grande medida, essa diversidade no modo brasileiro de dançar é parte dessa conquista.

PASSADO-PRESENTE

Na lista de iniciativas que circundam o andar da produção e circulação de espetáculos, com relevância similar, um dos exemplos mais marcantes desta ponte entre passado e presente é o projeto de documentários *Figuras da Dança*. "Até agora são 41 documentários que compõem a série. É uma forma de reverenciar as pessoas, e aprendi (e aprendo) muito com quem entrevisto para esses filmes", fala a diretora.

Esses documentários com personalidades da dança do Brasil sistematizam o percurso de cada um deles. Para além das homenagens, as histórias recontadas pelos próprios/as artistas acertadamente ampliam os registros do desenvolvimento da dança no país, mas também e, talvez mais importante, possibilitam que se criem identidades e pertencimentos: a ponte capaz de fazer elaborações com o presente.

O acervo com a vida e a obra desses artistas já nasceu com figuras importantes. Em sua primeira edição, por exemplo, trouxe dois nomes fundamentais para a dança paulista. Ivonice Satie (1950-2008), que logo no início da

Companhia pediu para Inês para fazer o filme sobre sua trajetória porque estava doente e faleceu pouco depois. E na mesma época, uma gravação com câmera simples seria guia de outro documentário, o de Ismael Guiser (1927-2008). Ele faleceu poucos meses depois e não houve tempo de fazer uma entrevista formal.

A ideia de cultivar a história, para além de sua própria atuação, disseminou o nome da Companhia e aproximou diversas gerações de artistas das ações da São Paulo. A singularidade da São Paulo ainda hoje está nessa união com atividades que amplificam a atuação da dança enquanto linguagem: procuram trazer para reflexão qual é o papel da arte no nosso tempo, e, algo fundamental, colocam o/a artista como figura irradiadora desse pensamento.

Nessa mesma perspectiva, os livros de ensaio produzidos nesses quinze anos se debruçam sobre o material artístico produzido pela Companhia: um registro do tempo presente, mesclando, muitas vezes, perspectivas históricas e projeções futuras. Até agora, foram nove edições (contando com este livro comemorativo), em um movimento único na dança brasileira: as ações deixam rastros, contando a história, ao mesmo tempo que estão no dia a dia do fazer artístico.

Mais um exemplo, além dos já citados, a Companhia intensificou a produção de videodanças desde a pandemia da Covid-19 e hoje são mais de 300 produções audiovisuais, dispostas em suas redes como arquivos artísticos que ampliam as formas de olhar e ver a arte.

PRESENTE-FUTURO

O nome é comprido e nem sempre fácil de decorar à primeira leitura, o Programa de Desenvolvimento de Habilidades

Futuras do Artista da Dança (PDHFAD), quando criado por Inês Bogéa, em 2013, respondia a uma inquietação pouco discutida no Brasil, a transição de carreira de artistas da dança.

"Ao parar de dançar, o bailarino ou bailarina perde parte da sua identidade. Senti isso quando deixei os palcos, me questionava: Como passar para o outro lado da cena? Que preparo as pessoas têm? Criei esse programa inspirada em companhias internacionais, particularmente as europeias, que pagam por dois anos de reconversão para essa passagem. Aqui não temos essa chance, mas quis que os artistas da dança pudessem experimentar passar para o outro lado da cena permanecendo na dança: seja na sala de ensaio, na coreografia, ensaiando, na comunicação, no figurino. Quando deixamos o palco, é importante nos reconhecermos em outro lugar. Com o programa, quando forem se retirar da cena, pode ter lugar que já experimentaram para saber para onde seguir", coloca Inês sobre a concepção do programa. Desde que foi criado, muitos artistas já passaram pelo programa, direcionando-se para áreas diversas, como comunicação, coreografia, audiovisual, ensaio ou mesmo se preparando para dar aulas.

Os programas educativos nasceram também com o projeto inicial da Companhia: espetáculos gratuitos para estudantes e outros públicos, palestras para professores, oficinas de dança, que cresceram com as oficinas de capacitação técnica, o projeto Meu Amigo Bailarino, conversas com o público antes dos espetáculos, entre outras atividades socioeducativas. A ideia de ampliar o público a partir da contextualização de cada obra, sempre foi um desejo de romper barreiras, em um esforço para que as pessoas tenham mais repertório para falar sobre dança. Por outro lado, o eixo educativo foi fundamental para o perfil inicial da Companhia porque apresentava outras formas de reverberar a dança além dos palcos: era novidade mesmo entre outras companhias no Brasil e no exterior. Cada uma das atividades procura fazer a dança "escapar" do teatro, contextualizando artista, obra e seu tempo. Um diálogo persistente não apenas do nicho da dança, em um esforço caro ao Brasil de cultivar informação.

MARCAS DO TEMPO

Quinze anos é um marco. Ainda jovem, a SPCD tem história e tempo de maturação. Muito de seu perfil está relacionado ao modo de enxergar a dança de sua diretora artística e seu incansável desejo de colocar essa arte em diferentes cenas. Nesses anos, a vocação do grupo habita nesse trânsito e na persistência de manter algo construído de forma sólida em pouco tempo. Continuidade da direção que trouxe um olhar que não deixou de se renovar e se reinventar.

A São Paulo Companhia de Dança pertence ao público ou aos públicos – são perfis distintos que se aproximam por motivos diferentes. E hoje eles conjugam o verbo, provocado no início da sua trajetória: dançam – e muito –, fazem ações educativas, de memória, entre outros, com envolvimento de mais de 60 pessoas de forma direta – funcionários da São Paulo Companhia de Dança – e outras centenas de forma indireta. Tudo isso para ter o público perto, para pertencer e "ser pertencida". Essa é uma boa medida para se olhar para o passado, viver o presente e prever o futuro. Como dizem é "a Companhia de todos nós".

PÁSSAROS POLIGLOTAS

Jomar Mesquita

O significado de "poliglota" ultrapassa a acepção que normalmente costumamos utilizar ao adjetivar pessoas que falam muitos idiomas. Aliás, achei muito mais interessante e poética uma segunda conotação desta palavra, que designa "as aves que são capazes de imitar muitos sons ou arremedar outras aves".

Segui imaginando como devem ser belos e inteligentes tais seres. Apesar de um certo tom negativo que imitação e arremedo podem sugerir, a imitação é a base dos nossos aprendizados, desde os mais primitivos. As crianças aprendem a andar, a falar e a fazer uma infinidade de outras coisas imitando os adultos e outras crianças mais desenvolvidas. Aos poucos, o seu jeito, sua personalidade, seu estilo vão dando formas próprias para aquele falar, aquele caminhar... e a criatividade então é capaz de enriquecer das maneiras mais fascinantes e únicas cada uma das capacidades aprendidas e desenvolvidas a partir da imitação, do arremedo. Aliás, arremedo está também associado à criatividade, pois arremedar não seria somente imitar, mas fazê-lo "de forma caricatural, distorcida, zombeteira". Ou seja, vai além da imitação, não é somente fazer igual, pressupõe criatividade para realizá-lo.

Esse processo, que começa com a imitação e adquire as marcas próprias de cada pessoa, chega também aos valores éticos e ao caráter; permeia durante longos anos a formação do indivíduo. Este segue aprendendo, formando-se como pessoa e cidadão através dos exemplos dados por aqueles que são seus modelos – aqueles que são alvos de sua admiração e amor. Muito mais fortes e aderentes do que o que se ensina falando, explicando, estão os exemplos dados pelas atitudes de quem se admira.

Retornando agora às aves poliglotas, gosto de crer na criatividade, inteligência e bom humor destas, que devem brincar colocando suas personalidades nos objetos de suas imitações e arremedos. Também gosto de acreditar que elas são seres imaginativos que não se limitam a fazer igual. Melhor ainda... são tão inteligentes que possuem a capacidade de fazer exatamente igual e então ultrapassam o igual, imaginam novas formas e brincam lindamente com os seus sons e cantos, impondo os seus estilos, suas vontades, personalidades e realizando belas criações... ou cri-AÇÕES, pois criar pressupõe AÇÃO, requer trabalho, inquietação, movimento. As criações estão também carregadas de reflexão e inspiração, mas somente com estes verbos, que não trazem o movimento em suas almas, não se transformam em nada além de ideias. E eu não consigo pensar em nenhuma ave – ainda mais nas nossas aves poliglotas – sem pensar em movimento, muito movimento.

Falar em aves, passarinhos, criação, cantos, imaginação, crianças, me fez pensar no poeta Manoel de Barros: "O olho vê, a lembrança revê, e a imaginação transvê. É preciso transver o mundo". Mais uma vez gosto de imaginar que as nossas aves poliglotas – digo "nossas", pois já tomei a liberdade de me apropriar delas, já me sinto amigo íntimo e profundo admirador delas – veem, reveem e transveem o mundo. Possuem seus cantos, seus idiomas próprios, suas memórias, aprendem e se apropriam de outros, imaginam e transveem outros sons, outros cantos, nos mostram outras possibilidades de mundos.

Outra associação poética que tais divagações poliglotas me trouxeram foi com as perguntas de Pablo Neruda. "Como se combina com os pássaros a tradução dos seus idiomas?". Tal qual suas outras geniais perguntas, esta também prescinde de respostas e carrega em si o movimento voador e colorido da imaginação... de uma imaginação de riqueza de criança. "Qual é o pássaro amarelo que enche o ninho de limões?". "Como se chama a flor que voa de pássaro em pássaro?".

Deixando aflorar ao máximo a criança que carrego em mim – única forma de imaginar respostas para tais perguntas –, saltitaram alguns nomes na minha mente. Não exatamente para os pássaros ou para as flores das perguntas de Neruda, mas para os idiomas que cantam os nossos pássaros poliglotas. Seriam eles: *Mamihlapinatapai*, *Gnawa*, *Peekaboo*, *Gen*, *Mira*, *Marmórea*, *Ibi*, *Ballo*, *Petrichor*, *Di*, *Ngali*... Nomes imaginários das línguas que nossos pássaros poliglotas cantam.

O leitor minimamente íntimo da São Paulo Companhia de Dança (SPCD) agora pode começar a se tranquilizar em perceber que não estava lendo um ensaio encadernado por engano aqui neste livro. Sim, os nomes das línguas imaginadas são obras do repertório da SPCD, uma companhia poliglota, um viveiro de artistas poliglotas que vivem em companhia. É totalmente brasileira sem ser regional, é completamente internacional sendo brasileira. Em meio a outras companhias – quando muito, bilíngues –, a SPCD ocupa esse importante papel na cena da dança brasileira,

GEN, 2014

fazendo a ponte com a Babel da dança mundial, por meio do seu repertório poliglota.

Interessante perceber a coincidência desse tema com a escolha que fiz para os títulos – provenientes de outros idiomas – das obras que criei para a SPCD, talvez antevendo a escrita deste texto. Coincidência ou um ato premonitório? *Mamihlapinatapai* é uma palavra do idioma Yagan, dos povos originários da Terra do Fogo. *Ngali* é uma palavra de origem aborígine, da Austrália Ocidental. Cada uma delas, um canto próprio, para pássaros com corpos de uma competência *inmejorable* – palavra do idioma espanhol sem correspondência exata em português, que descreve algo que é tão bom que pode-se dizer que é "imelhorável". Foi o único adjetivo que encontrei para descrever esses bailarinos e essa companhia... que imitam seus coreógrafos com a rapidez das asas de pássaros poliglotas. Em seguida os arremedam, e então o bom humor, necessário ao correr solto da criatividade, flutua na sala de ensaio. A partir de um determinado momento, a palavra companhia se corporifica no ambiente de criAÇÃO, onde reflexão, movimento, inquietações, inspirações, ações, unem a passarada, que aprendeu mais uma língua, de mais um coreógrafo – ou o novo sotaque de um mesmo já conhecido coreógrafo. O mundo é então transvisto! Qual idioma escolherei para tomar emprestado mais uma palavra para nomear nossa próxima criação em companhia dessa companhia poliglota?

Em *Mamihlapinatapai* o som da batida de um coração permeia toda a trilha sonora, ajudando a imprimir a densidade e a expectativa necessárias e buscadas por essa composição. O tema é traduzido na complexidade da interação entre duas pessoas atravessadas pelo olhar, onde o desejo e o romantismo estão implícitos, mas não se presentificam no ato. E o fato de não se concretizar só faz aumentar o desejo, uma forma de canalizar mais e mais energia, potencializando ao máximo a atração. Sensação metaforizada pelo duo em que a bailarina dança quase todo o tempo sem tocar o solo. *Mamihlapinatapai* é considerada uma das palavras de significado mais denso já existentes... ou, dito de outra forma, a mais sucinta, por condensar em uma única palavra toda a complexidade de uma determinada interação humana. No momento da criação da obra, utilizou-se o seu significado mais conhecido: "um olhar compartilhado entre duas pessoas, no qual cada uma espera que a outra tome a iniciativa de algo que ambas desejam, mas nem uma, nem a outra iniciam". Ao revisitar *Mamihlapinatapai* recentemente, me deparei com estudos onde desponta a hipótese de que o significado mais primitivo da palavra esteja, na verdade, relacionado ao momento de reflexão, silêncio e quietude de um grupo em volta do fogo, compartilhando olhares, após ouvir histórias contadas pelos mais velhos, transmitindo saberes e valores para gerações mais jovens. Não seria isso o que a SPCD realiza a cada espetáculo, em que o teatro se torna simbolicamente um momento de reunião em volta do fogo da dança, onde histórias e saberes são transmitidos entre elenco e plateia? *Mamihlapinatapai* acaba por metaforizar, pois, a importância da manutenção do repertório de uma companhia para a transmissão de conhecimento... e tantas reflexões silenciosas que são geradas em consequência disso.

O repertório de uma companhia é a materialização dos seus conhecimentos. Conhecimentos tácitos, por vezes recônditos e também por isso com a capacidade de exercerem tamanho fascínio. Conhecimentos das artes e dos artistas, que são inclusive um dos recursos mais valiosos nas transações que necessariamente são estabelecidas entre empresas e grupos culturais. Leia-se: patrocínios... mas que poderiam ser ampliadas – tais transações – para reais alianças entre duas organizações com recursos valiosos que podem ser mutuamente compartilhados. Recursos financeiros e outros mais, imprescindíveis para a sustentabilidade do fazer artístico. E, no sentido oposto, além de marketing, melhoria na reputação e ações de responsabilidade social corporativa para as empresas, o poder dos conhecimentos das artes e dos artistas.

Que bom seria se todos se dessem conta do valor desse recurso. Existe até um campo rico em pesquisas, denominado gestão baseada em artes. Uma busca por novos paradigmas para a solução dos problemas complexos que nos são postos na contemporaneidade. As soluções das ciências e da tecnologia não são suficientes, pois se fossem nos bastariam os números e os dados que nos sobram em tempos digitais e de informação mais que veloz. Entretanto, os problemas permanecem, pois carecem de visão holística, intuitiva e mais subjetiva para suas soluções. Aí vem o valor das artes em nos mostrar caminhos para além das ciências, dos dados, dos números e das percepções individuais, para nos possibilitar tomadas de decisões com maior sapiência, por meio das tão buscadas competências mais subjetivas, as *soft skills*, nas quais os artistas costumam ser mestres.

Não são todas as espécies de pássaros que são poliglotas, pelo contrário. Me parecem raros. Por isso a necessidade de estampar quão valiosos são e beber em suas fontes. O repertório da SPCD é uma das provas do valor dos recursos que a companhia possui, não só na esfera da cultura, intangível, mas também no âmbito econômico, como recurso tangível, moeda valiosa na mesa de negociação com empresas parceiras e patrocinadoras. Não sou eu quem o diz, pois pesquisas demonstram uma série de aspectos que compõem o tesouro de conhecimentos que pássaros poliglotas como os da SPCD podem transmitir para além do seu público, para as organizações que forem inteligentes em se interessar por esse tipo de compartilhamento: inspiração, criatividade, empatia, concentração, ludicidade, humanização, novas experiências, pertencimento, satisfação, sensibilização, relacionamento, flexibilidade, intuição, autoconhecimento, abertura para o novo. Afinal, um dos significados da palavra repertório no dicionário é: "conjunto de conhecimentos".

Ngali... traz como mote de inspiração a peça teatral *La Ronde*, de Arthur Schnitzler, escrita em 1897 e posteriormente transformada em filme. Polêmico para sua época, o tema continua atual por tratar de casais, fidelidade, traições, hipocrisia, essencialmente a inclusão de um terceiro em uma relação a dois. Aliás, "*ngali*" significa: "nós dois, incluindo você". Seria esse "você" o seu par mesmo, que é assim enfatizado de maneira pleonástica para reforçar sua importância? Ou um terceiro, um elemento externo, que está sempre a incomodar – ou aquecer e estimular – uma relação? A obra trata também dos acasos que colocam uns e outros frente a frente interferindo nos percursos de vidas alheias. O cotidiano. Levar para o palco temas tão próximos das vidas de todos nós causa identificação por parte da plateia, que também se identifica com as músicas de um repertório popular. Tais identificações produzem fascinantes ilusões nas pessoas que apreciam a obra, tornam os bailarinos mais próximos, seres reais e comuns como eles próprios. Faz o público sentir vontade de – e faz parecer que é possível – se levantar das poltronas e dançar com o elenco. O bailarino não é mais um ser sobrenatural que executa passos extraordinários, claramente impossíveis de serem realizados pelos comuns mortais. Mais uma virtude dos nossos pássaros bailarinos poliglotas, cujos corpos conseguem transitar com facilidade desde as línguas do repertório clássico de séculos

POLÍGONO, 2008

passados até idiomas com expressões simples usadas no dia a dia – mas não banais –, provenientes dos salões de baile mais populares, desconstruídas e transpostas para a cena.

Traduzir para a cena um corpo cotidiano, um corpo que dança nas festas, nos bailes, por lazer e prazer, pode parecer uma tarefa mais fácil do que preparar um ator ou um bailarino com formação clássica. Mas na prática não é tão simples. A dificuldade é achar a medida. A propósito, essa é uma das maiores virtudes dos grandes artistas, em qualquer que seja seu campo de atuação: encontrar as doses certas. Saber quanto colocar de cor, de brilho, de densidade, de energia, de contraste, variedade, repetição, sombra, tensão, harmonia, simetria... Podemos situar um corpo de formação clássica em um extremo oposto aos corpos de quem dança simplesmente por diversão, por vezes sem nenhuma técnica. Apesar da ausência de técnica, tais corpos trazem outras características que podem se tornar fascinantes em cena, como a naturalidade dos gestos, o que pode gerar, além da identificação, também cumplicidade com a plateia. A beleza singular de quem "dança como se ninguém estivesse olhando". Mas como dançar sobre o palco com tal magia, produzindo tal ilusão em quem assiste? Como então desprogramar corpos condicionados diariamente, durante anos, a falar latim e imbuí-los de uma naturalidade de línguas mestiças faladas nas ruas, sem perder a erudição? Mistério deslumbrante que os pássaros poliglotas possuem habilidade para lograr. E ao consegui-lo, alcançam também o que deve ser um dos principais objetivos de uma companhia do porte da SPCD: fazer do seu repertório um imã que atrai os públicos... sim, os públicos – no plural – desde os mais eruditos até os mais populares ou menos conhecedores das artes em geral, diversos. Somente pássaros poliglotas gozam dessa capacidade de formação de público para a dança.

Retornando ao processo de aprendizagem descrito nos primeiros parágrafos, em que ele se dá pelo exemplo, nada melhor do que a dança para metaforizá-lo. O coreógrafo às vezes sequer fala o idioma – e agora me refiro ao idioma mesmo, literal, língua nativa, falada – dos bailarinos. Porém, os pássaros do elenco aprendem; apreendem pelos movimentos, pelos cantos, pelos voos, pelos gestos e sons do coreógrafo, sem a necessidade da língua falada. Como também dito anteriormente, os bailarinos assim o fazem porque admiram o emissor dos exemplos... pois não são coreógrafos quaisquer. São criadores que falam línguas admiráveis, que foram escolhidos com cuidado e zelo por parte dos pássaros poliglotas da direção da Companhia, por serem capazes de ampliar e enriquecer ainda mais o repertório de sons, cantos e línguas. E, tornando mais rico o repertório da SPCD, esta contribui de forma singular e fundamental para o poliglotismo da dança brasileira.

No meu caso, os processos de criação foram também premonitórios com relação a esse ensaio, pois meu primeiro objetivo com os bailarinos-pássaros-poliglotas sempre foi o de ensiná-los a cantar um idioma, não para cantarem livremente, mas para se comunicarem de uma maneira nova uns com os outros: uma língua chamada conexão. Parece simples, mas trata-se de uma maneira sútil e refinada de comunicação gestual com um par com quem se dança. Onde um responde de maneira fidedigna e coerente com o estímulo emitido pelo condutor, que é quem propõe, induz, conduz o movimento a ser realizado a dois. Idioma essencial para se chegar a qualidades de movimento próprias de uma dança – de um "canto" – a dois, que difere significativamente de um *pas de deux* clássico ou de um duo de dança contemporânea. Memorável o fascínio infantil e belo que os bailarinos transparecem ao aprender a gramática dessa nova língua, ao ampliarem seus vocabulários e começarem a formar suas próprias frases, depois de imitar e arremedar o coreógrafo. Um idioma baseado na conexão com o outro. Conexão que extrapola o toque físico, que carece de atenção plena e sensibilidade aguçada, algo raro de se experienciar na contemporaneidade. Corpos que se conectam em tempos de tamanha desconexão física. Pássaros poliglotas que se comunicam entre si e comunicam sua arte com o público. A comunicação só rompe a barreira da quarta parede e conecta a plateia porque se estabelece no palco com intensidade e organicidade entre os pares. Pássaros com conexão tão forte em cena, como quando em bando ou revoada.

Aprender a falar uma nova língua não se restringe ao idioma em si, à dança em si. É ter todas as janelas da cognição abertas para apreender uma nova cultura. Conhecimentos históricos, políticos, costumes, música, arte em geral. É tornar-se universal, como a SPCD. É adquirir mais um viés de entendimento para o acolhimento do estranho. É o primeiro passo para gostar ou não do estranho, mas com a possibilidade tão necessária do convívio.

Costumamos usar ou ouvir a palavra estranho com uma conotação negativa. O estranho estaria associado ao feio, amedrontador, perigoso... quem nunca ouviu a frase "não converse com estranhos"? Eu gosto de conversar com estranhos... o estranho é o diferente, o estrangeiro, quem pode me ensinar novos idiomas e saberes, é o que pode me surpreender, me fazer brilhar os olhos, me causar admiração pela sua novidade ou fuga dos padrões. Ou não... mas é um risco que vale correr e que o verdadeiro artista gosta de correr. Nada melhor do que se surpreender com estranhamentos. Quanto mais cantos e sons estranhos os nossos pássaros poliglotas têm para imitar e arremedar, mais belos, inteligentes e criativos eles se tornam. Nenhuma nova vertente artística ou de pensamento, nenhuma novidade desponta sem o contato, o convívio com o estranho. Sem abertura para o estranho, a mesmice e o nefasto reinam. Daí mais um ponto de minha profunda admiração pelos pássaros poliglotas. Seu gosto, sua busca, seu desejo pelo estranho, por sons e cantos que lhes são estranhos. Portanto, seu apreço pela diversidade. Não há diversidade sem estranhamentos... e a SPCD gosta de estranhar.

Quando crio coreografias, minha busca é pelo estranho, por um conjunto de movimentos e células coreográficas estranhas. Quando assisto espetáculos de dança ou qualquer outra forma de arte, também anseio pelo estranho. A SPCD consegue me proporcionar estranhamentos múltiplos – porque são estranhamentos de um repertório poliglota. Estranho a companhia quando estou na plateia e a estranho quando estou como coreógrafo, na sala de ensaio. Porque esses pássaros que vivem em companhia são poliglotas no seu mais amplo sentido. Estão abertos a estranharem os novos idiomas propostos pelos coreógrafos. E são capazes de responder de maneira inteligente a provocações que me agrada fazer: "gostei desse movimento, mas ainda podemos buscar algo mais estranho".

Sob um outro olhar, a SPCD também é uma companhia poliglota das linhas. Pássaros que transitam entre as linhas retas, curvas e as retorcidas. Corpos com formações plurais que dialogam com as linhas retíssimas da dança clássica para em seguida se contorcerem, retorcerem e estabelecerem outros diálogos, em outros idiomas mais contemporâneos. As línguas que gosto de falar como coreógrafo pedem essas expressões curvas, usam palavras tortas. Porque a paixão é torta. Ninguém fala de paixão ou é passional sem movimentos ou gestos retorcidos. O amor passional e o desejo são tortos. Não se beija na boca com o corpo delineando retas. O ato sexual é um lindo diálogo que utiliza de um vocabulário de movimentos retorcidos. Foi fácil entortar esses pássaros bailarinos e conseguir que transmitissem no palco a paixão que minha dança busca numa relação de dois corpos que bailam conectados. Pois é similar à paixão com a qual a SPCD produz sua arte. Porque ninguém exerce com excelência uma função, sobretudo um fazer artístico, sem paixão. A paixão está imbricada naqueles corpos. Em alguns momentos era quase um processo de tradução simultânea... eles falavam em linhas retas e eu os entortava; eles cantavam em belos e precisos ângulos e eu os tornava ambíguos como a realidade, que é torta. Mais um novo idioma para o repertório dos nossos pássaros.

A SPCD é como uma biblioteca para a dança brasileira. Mesmo nas versões mais contemporâneas da era digital, as bibliotecas exercem o papel essencial de preservação e formação. A Companhia assim o faz. Um repositório de obras escritas em línguas vivas, línguas novas em experimentação, línguas quase extintas, línguas arcaicas, línguas clássicas. Léxicos fundamentais para a cultura de um país que não valoriza a preservação e a formação, especialmente no que diz respeito às artes, mormente no que concerne à dança. Uma língua que não possui falantes, que não é praticada, se extingue, morre. E com ela morre toda uma cultura. O repertório mantido vivo e apresentado nos palcos pela SPCD é, portanto, indispensável para manter os idiomas da dança vivos, praticados, ouvidos, assistidos. A efemeridade da dança cênica é fascinante. Precisa estar ao vivo para estar viva, precisa do jogo entre plateia e intérpretes para existir. Uma característica que torna difícil a sobrevida das obras. Porém, a SPCD – bando de pássaros poliglotas – cuida para preservar essa vitalidade com refinamento.

Mamihlapinatapai já completou mais de 10 anos sendo apresentada ininterruptamente. Um exemplo dessa capacidade de manter a vitalidade das obras, que são passadas de elenco para elenco sem perder a fidelidade à composição original criada pelo coreógrafo. Novos bailarinos aprendem a falar o idioma, até podem acrescentar sotaques agradáveis à criação, mas não se perde a essência; os sentidos das frases e de cada palavra permanecem os mesmos.

Chego ao final deste ensaio concluindo que o título estaria equivocado, visto que acabei descobrindo que o dicionário traz um outro termo para se referir a pessoas que falam mais de seis línguas. São consideradas hiperpoliglotas. Muito mais do que poliglota, portanto, a SPCD é também um exemplo de humildade, coragem e curiosidade para o repertório da dança brasileira. Pois estes são pré-requisitos para novos aprendizados. Saber que não se sabe e ter a humildade, coragem e curiosidade para buscar novos saberes são características intrínsecas aos nossos pássaros poliglotas. Um dos principais significados que o dicionário traz para a palavra curiosidade é "desejo intenso de". Desejo intenso = paixão. São Paulo Companhia de Dança: 15 anos de curiosidade, humildade, desejo intenso, criatividade, inteligência, preservação, paixão, saberes, idiomas, ação, multiplicação, inquietação, coragem... 15 anos de voos poliglotas.

COM A DANÇA, PARA A DANÇA, PELA DANÇA

Amanda Queirós

Palavras podem ter mais de um significado, mas nem sempre um sinônimo consegue dar conta do que se quer realmente dizer. Existem, por exemplo, várias formas de se referir a pessoas reunidas para dançar. De uns tempos para cá, começaram a surgir muitos "núcleos", algo bem diferente daquilo nomeado como "projeto". Em menor número, percebe-se ainda a existência de "coletivos", "associações", "blocos", "ateliês" e "trupes".

Alguns termos, reproduzidos século após século, carregam visões de mundo particulares. Um "ballet" legítima em seu cartão de visita é um jeito específico de encarar a dança e, mesmo quando trabalha um repertório para além da técnica clássica, deixa em evidência sua base de referência. Já um "corpo de baile", como sugere a pesquisadora e crítica de dança Helena Katz, "nasce das diversidades (vários corpos) compactadas no singular (Corpo de Baile), indicando que devem ambicionar serem vistos como um só"[1].

---

1 KATZ, Helena. Um trajeto de fios e teias. In NAVAS, Cássia (org.). Balé da Cidade de São Paulo. São Paulo: Formarte, 2003. pp. 109-111.

Esse entendimento é inversamente oposto ao de uma das expressões mais populares para esta designação. "Grupo" reforça a ideia de elementos diferentes alinhavados por algo comum. A palavra na qual gostaria de chegar, no entanto, é outra.

Como é corriqueiro na língua portuguesa, "companhia" tem suas origens no latim. "Com" remete a união, enquanto "panis" quer dizer pão. Nesse verbete, é possível agregar, portanto, muitas pessoas em torno de um interesse não apenas comum, mas essencial. Quando uma companhia de dança decide se batizar assim, ela transforma sua certidão de nascimento em uma carta de muitos compromissos.

Em 28 de janeiro de 2008, quando a São Paulo Companhia de Dança (SPCD) foi anunciada pelo então secretário estadual de Cultura, João Sayad (1945-2021), esta linguagem artística vivia um cenário crescente de reconhecimento, apoio e produção nas três esferas de poder público a partir de um forte engajamento da classe artística.

Na cidade de São Paulo, maior metrópole da América Latina, a Lei de Fomento à Dança, aprovada na Câmara dos Vereadores em outubro de 2005, garantia recursos a até 30 projetos por ano, selecionados via edital. Isso passou a proporcionar uma mínima estabilidade, apesar de temporária, a grupos independentes da capital.

A formação de uma assessoria em dança dentro da Secretaria Municipal de Cultura contribuiu não apenas para viabilizar a execução da Lei, mas para o fortalecimento desse campo dentro da Prefeitura, com a abertura de um Centro de Dança na então recém-revitalizada Galeria Olido, no centro da cidade. Nesse espaço, a Sala Paissandu passou a abrigar uma programação continuada de quinta a domingo, com um espetáculo diferente em cartaz a cada semana e ingressos gratuitos, impulsionando a formação de plateia.

No ano de 2006, o poder estadual também criou um mecanismo próprio de incentivo à cultura. O Programa de Ação Cultural (ProAC) previa investimentos indiretos na área artística por meio de recursos do ICMS, direcionados via mecenato, e diretos, cedidos após seleção via edital. A dança foi uma das linguagens contempladas desde a origem do ProAC, que incorporou inovações como editais específicos para criadores iniciantes e financiamento carimbado para o interior e litoral, estimulando a produção para além da capital.

Na cidade de São Paulo, em 2006, o Estado instituiu o Teatro de Dança, ocupando o antigo Teatro Itália, no centro, com uma programação 100% dedicada a essa linguagem artística e ingressos a preços populares.

No âmbito federal, o incentivo à dança se materializava, em grande parte, no surgimento do Prêmio Funarte Klauss Vianna, em 2006. Focado na distribuição de recursos Brasil adentro, os editais contemplavam critérios de regionalidade e patrocinavam a criação artística em dança em sua pluralidade, com apoio a montagens coreográficas, videodanças, instalações, performances, seminários, festivais e a circulação de espetáculos pelo país.

Nesse contexto, a SPCD preenchia uma lacuna. Até então, entre as muitas companhias públicas de dança já existentes, nenhuma se dedicava em igual medida ao clássico e ao contemporâneo, ainda mais com um repertório abrangente como o proposto, envolvendo obras dos séculos XIX, XX e XXI.

Uma iniciativa de tal envergadura exige concentração de investimentos – e isso, por sua vez, gera incômodos. Afinal, são muitas as maneiras de se fatiar o bolo dos limitados recursos para a cultura. Escolher um destinatário significa sempre preterir outro.

Quando uma decisão política é tomada nesse sentido, a responsabilidade é grande. Esse senso me levava a sempre reforçar o viés público da instituição no tempo em que estive à frente da coordenação de Comunicação e Educativo da casa. "Esta Companhia é de cada um de vocês", repetia nas aberturas de todas as apresentações em Fábricas de Cultura, escolas e oficinas.

A existência de tais ações evidencia o principal ativo da SPCD desde a sua fundação, então capitaneada por Iracity Cardoso[2] e Inês Bogéa: a estruturação de um modelo de atuação orientado justamente por sua destinação popular, estabelecendo três pilares interdependentes e de igual importância: a produção e circulação de espetáculos, a formação de plateias e a memória.

O eixo de produção e circulação de espetáculos garante emprego estável, com carteira assinada, a profissionais da dança como bailarinos, ensaiadores e professores, enquadrados todos em um plano de cargos e carreiras. Oferece, assim, alternativas para a retenção de talentos formados no Brasil, boa parte deles oriunda de escolas públicas de dança ou projetos financiados por meio de incentivo fiscal, proporcionando uma devolutiva à população dos investimentos feitos nos estudos desses artistas.

Em um mercado muito precarizado e pouco formalizado, a contratação pelos termos da Consolidação das Leis do Trabalho prevê proteção, assegurando direitos como férias, 13° salário, Fundo de Garantia por Tempo de Serviço, contagem de tempo para aposentadoria, licença-maternidade e auxílio-doença, algo essencial para garantir a longevidade em uma profissão que tem o corpo como

---

2 Iracity Cardoso foi diretora da São Paulo Companhia de Dança ao lado de Inês Bogéa, de 2008 a 2012.

material de trabalho, permitindo uma recuperação plena em caso de lesões e previsibilidade no planejamento profissional.

Esse é um aspecto para o qual a Companhia também contribui ao formular, em 2011, o Programa de Desenvolvimento das Habilidades Futuras do Artista da Dança (PDHFAD). Por meio dele, os bailarinos podem se preparar para a etapa seguinte de suas carreiras, experimentando internamente diferentes práticas de trabalho. Desse flanco, saíram professores, coreógrafos e ensaiadores espalhados pelo Brasil e exterior.

Além disso, cabe ao setor de produção a contratação de prestação de serviços de coreógrafos, músicos, remontadores, assistentes de ensaio, figurinistas, cenógrafos e aderecistas, entre outros profissionais, em um movimento de dinamização da cadeia produtiva dessa linguagem e estímulo à economia criativa nacional, um setor responsável por 3,11% do PIB brasileiro[3].

A opção de não ter coreógrafo residente único direcionou a Companhia a um diálogo permanente com a cena da dança. Esse movimento pode ser categorizado em duas frentes distintas.

Uma delas busca conectar o Brasil com a história da dança cênica ocidental a partir de remontagens de peças emblemáticas, como *Serenade* (1934), de George Balanchine (1904-1983), grande inovador do desenho coreográfico tradicional do balé clássico; *Les Noces* (1932), de Bronislava Nijinska (1891-1972), uma das raras mulheres a conquistar espaço como coreógrafa no início do século 20, com seu aceno à modernidade por meio do diálogo com a música

---

3 Referência a 2020, segundo o Painel de Dados Observatório Itaú Cultural.

de Stravinsky; *In the Middle, Somewhat Elevated* (1987), de William Forsythe, e sua subversão dos limites das linhas clássicas; e *Petite Mort* (1991), de Jirí Kylián, com um olhar poético e sensível para a materialização do prazer e a brevidade da vida.

Entre tantas outras, essas obras pavimentaram a evolução do tipo de dança ao qual a SPCD se propõe. Vê-las encenadas por corpos brasileiros lhes confere novas camadas de significados, promovendo uma reflexão sobre por que repercutem no tempo e como contribuem para o burilamento estético dessa linguagem.

Em paralelo a isso, há uma sensível questão de acesso. Ao longo do tempo, algumas dessas peças puderam ser conferidas no Brasil por meio de turnês de companhias internacionais ou mesmo remontagens, como ocorreu por exemplo com *Serenade*, dançada pelo Ballet do Theatro Municipal do Rio de Janeiro. O diferencial da SPCD, no caso, é a capacidade de fazer os trabalhos circularem, levando-os a plateias para além de São Paulo com ingressos gratuitos ou com valores mais acessíveis em relação aos comumente praticados em apresentações de grupos do exterior.

Uma segunda frente de mobilização para trazer para dentro tendências identificadas da porta para fora pode ser percebida nos muitos trânsitos estabelecidos pela Companhia com a cena da dança brasileira.

De início, a escalação de coreógrafos consagrados como Paulo Caldas (Staccato Cia. de Dança), Henrique Rodovalho (Quasar Cia. de Dança) e Rodrigo Pederneiras (Grupo Corpo) contribuiu para chancelar o trabalho de uma instituição em seus primeiros passos. Em seguida, com a instalação de um Ateliê de Coreógrafos Brasileiros, foi ela quem inverteu o jogo ao endossar uma nova leva de autores, proporcionando a eles espaço de experimentação de criação em uma estrutura profissional de grande porte para os moldes nacionais.

Esse movimento possibilitou à SPCD mapear coreógrafos com habilidades e olhares diversos, além de utilizar sua marca para apresentá-los a um público mais amplo. Dessa leva, foram pinçados nomes como Fabiano Lima, despontado em festivais competitivos; Rafael Gomes, então bailarino da própria companhia; Luiz Fernando Bongiovanni, em seu retorno ao Brasil após mais de 20 anos dançando na Europa; além de Alex Neoral e Jomar Mesquita, com grupos próprios de trajetória já destacada na Bienal de Dança de Lyon, na França. É de Mesquita, aliás, a mais longeva peça brasileira em seu repertório: *Mamihlapinatapai*, uma releitura contemporânea das danças de salão, permanece em cartaz desde 2012.

Tanto ela quanto *Ngali...*, também de Mesquita, são frequentemente requisitadas por agentes internacionais para as turnês da Companhia no exterior. O caso se repete com *Agora* (2019), de Cassi Abranches, premiada como melhor coreografia no ano de sua estreia pela Associação Paulista de Críticos de Arte. A carreira autoral dela foi oficializada com *Gen* (2014), e teve sequência na Companhia com outras duas encomendas, *Schumann ou os Amores do Poeta* (2018), dividida com Milton Coatti, e *Respiro* (2020).

Esta exposição em países ávidos pelo consumo de dança – em especial a Alemanha e a França – é uma significativa vitrine para a criatividade e vitalidade da arte brasileira, contribuindo para a inserção desses artistas em um mercado bastante consolidado e disputado.

Ao longo desses 15 anos, o movimento de levar os nomes daqui para fora operou também no sentido reverso, trazendo os nossos para um reencontro com seu país. É o caso dos jovens bailarinos e coreógrafos Thiago Bordin e

WORKWITHINWORK, 2014

Lucas Lima, respectivamente radicados na Holanda e na Noruega, a quem foram encomendados *Petrichor* (2018) e *Instante* (2017).

O mesmo ocorreu com o potiguar Clébio Oliveira, apontado em 2012 como coreógrafo revelação pela revista Tanz, da Alemanha, onde está radicado desde 2008. Para a Companhia, criou *Primavera Fria* (2017) e *Céu Cinzento* (2015) – esta última, inclusive, foi incorporada quatro anos depois ao repertório de outro coletivo paulista, a Divinadança.

Recentemente, foi a vez do carioca Juliano Nunes, mais um brasileiro baseado na Alemanha. Depois de já ter coreografado para companhias como o Balé Real de Flandres, o Nederlands Dans Theatre 2, Balé do Teatro Mariinsky e o Ballet de Zurique, ele pôde apresentar seu trabalho pela primeira vez no Brasil com a inédita *Cartas do Brasil* (2022).

E por que não falar de um valoroso resgate histórico responsável por conectar importantes personalidades com as novas gerações? Nessa seara está Antônio Gomes. Quarenta anos após deixar o posto de bailarino do Corpo de Baile Municipal de São Paulo para dançar no Ballet du Grande Théâtre de Genève, radicando-se como coreógrafo na Suíça, e 15 anos após sua última criação no Brasil, ele retornou ao país para a concepção de *Madrugada* (2021).

Impossível não mencionar a relação estabelecida com Márcia Haydée, uma das maiores estrelas da dança nacional. Musa de John Cranko (1927-1973) e diretora do prestigiado Ballet de Stuttgart de 1975 a 1996, ela fez de *O Sonho de Dom Quixote* (2015) sua primeira encomenda para um conjunto brasileiro. De tão bem-sucedida, a parceria se repetiu com *O Quebra-Nozes no Mundo dos Sonhos* (2022).

Existe ainda um respeitável trabalho de memória quando Ana Botafogo aceita remontar um trabalho como *Les Sylphides (Chopiniana)*, de Mikhail Fokine (1880-1942), carregando consigo a experiência de quatro décadas como primeira-bailarina do Ballet do Theatro Municipal do Rio de Janeiro e toda uma tradição de dança clássica já moldada ao corpo brasileiro.

Algo semelhante acontece diante da remontagem do contemporâneo *Só Tinha de Ser com Você* (2005), da Quasar Cia. de Dança, como ocorrido em 2020. Trata-se de um movimento raro no Brasil, especialmente quando a obra em questão parte de uma companhia amalgamada a seu coreógrafo residente – no caso, Henrique Rodovalho. Quando isso acontece, a peça se torna mais uma vez acessível a uma nova audiência e a novas gerações de bailarinos, que trazem para a própria carne um repertório paradigmático e contribuem para levar essas referências adiante sob novas perspectivas.

O reconhecimento da cena independente paulistana faz parte do pacote, com encomendas a nomes como Ricardo Gali (*A Quadratura do Círculo*), Ana Catarina Vieira (*Aparições*), Miriam Druwe (*Di*) e Gal Martins (*Ibi – Da Natureza ao Caos*). Em comum, todos têm longos anos de pesquisas de linguagem com seus próprios núcleos e consistência nas propostas apresentadas.

A presença de Gal neste rol, ao lado de Leilane Teles, faz um aceno importante à necessidade de ampliação das narrativas negras em um espaço fundamentado em um modelo essencialmente branco e de origem europeia.

Isso passa pela incorporação de um olhar mais atento à questão étnico-racial nas audições da Companhia. Nos últimos anos, o aumento da diversidade entre os selecionados possibilitou discussões sintonizadas com a realidade social vigente.

Após intensas conversas entre elenco, criativos e direção, as apresentações do segundo ato do clássico *Giselle*, remontado em 2021 por Lars van Cauwenbergh, viram as bailarinas dançarem sem meias-calças e com sapatilhas da cor da pele de cada uma. Se no passado ter no palco diferentes matizes seria uma afronta à premissa de uniformidade esperada em qualquer balé, no presente a inclusão de representatividade significa um entendimento de que a arte responde a seu tempo e as tradições se perpetuam apenas quando se atualizam.

Por se enquadrarem na lógica de orientação de consumo do jornalismo cultural deste início do século 21, as ações do eixo de produção e circulação de espetáculos da SPCD são seu braço mais visível. Mas, dada a faceta pública da Companhia, não poderia ser o único.

Como já apontado, atividades de formação de plateia são um pilar estruturante. Elas representam um retorno mais direto à população do investimento feito por meio do pagamento de impostos, atuando em prol da popularização dessa linguagem ao proporcionar o contato com repertórios variados via apresentações gratuitas, palestras para professores e para o público em geral, além de oficinas para estudantes de dança e produção de materiais impressos com informações sobre os espetáculos encenados.

Com o tempo, outras ações foram incorporadas, como visitas a escolas, hospitais e instituições assistenciais por meio do projeto *Meu Amigo Bailarino*; oficinas de capacitação para interessados em áreas como cenotécnica, iluminação, audiovisual e comunicação, além de produções voltadas ao campo infantil, como o podcast *Contos do Balé*, inspirado no livro homônimo da diretora artística Inês Bogéa, e a websérie *Brincar e Dançar*, propondo às crianças momentos lúdicos que instigam a exploração do movimento a partir de provocações das arte-educadoras Elizabeth Menezes e Márcia Strazzacappa.

Concebidos e executados durante a pandemia de Covid-19, esses dois resultados foram frutos da forte expertise da Companhia com o audiovisual, adquirida por conta de um terceiro eixo ainda menos evidente, mas essencial para sua continuidade: a memória. Tudo o que ali se faz é extensivamente documentado em foto e vídeo. São processos coreográficos acompanhados de perto, bem como entrevistas com criadores e filmagens de bastidores e turnês.

Produzido praticamente em tempo real, com uma preocupação urgente de não se perder nada de uma arte acostumada por séculos a ter poucos vestígios concretos de sua materialidade, esse acervo de muitos terabytes de informação, cuidado quase desde o seu início, com carinho, por Charles Lima, acumula cada vez mais dados à espera de pesquisadores em investigações futuras.

O vasto material coletado permitiu uma rápida resposta ao contexto de isolamento social, com a transmissão de obras completas sob o selo #SPCDdigital. A ideia surgiu da noite para o dia, em março de 2020, após uma rápida conversa por telefone com Inês, e materializou um desejo antigo que tinha, enquanto espectadora e jornalista especializada em dança, de revisitar o vasto e pulsante repertório da Companhia.

Pelo selo, novos documentários foram criados e exibidos, e conteúdos já existentes foram revitalizados, dando origem a webinars e materiais que abasteceram as redes sociais – sem contar com a transmissão ao vivo de temporadas completas, um esforço artístico, técnico e tecnológico até então sem precedentes, impulsionado pelo desejo de fazer a arte chegar mais longe. Este *case*, retratado e discutido até por pesquisas acadêmicas, demonstrou no presente o valor do passado para a dança, inspirando companhias por todo o Brasil.

Frente a um espaço midiático cada vez mais fragmentado, livros com textos como este movimentam pesquisadores, jornalistas e atores culturais devotados a registrar, pensar e tensionar as potencialidades das danças feitas pela São Paulo, enquanto a série *Figuras da Dança* corre contra o tempo para documentar o máximo de personalidades referenciais, legando seus depoimentos para novas gerações dispostas a saber de onde vêm as danças às quais dão continuidade. Com mais de 40 documentários produzidos desde 2008, é uma das mais longevas iniciativas brasileiras dedicada a registrar a dança de forma sistemática.

Essa constância se dá a despeito de sobressaltos. Se no início eram produzidos cinco filmes ao ano, a partir de 2015 eles variam entre um ou dois no mesmo período. É um reflexo do encurtamento financeiro imposto à Companhia, desdobrado em outras áreas com o enxugamento do quadro de bailarinos, a extinção dos planos de construção de um teatro como sede própria e uma reorientação de escolha dos repertórios internacionais por conta do enfraquecimento do real frente ao dólar.

Nesse contexto, surgem parcerias, vendas de espetáculos para o exterior e um intensivo trabalho de captação junto a instituições privadas e à sociedade civil, por meio de um programa de patronos. Tudo isso ajuda a compor uma carteira de financiamento mais equilibrada entre recursos públicos e próprios.

A diversificação das fontes de receita encaminha uma proposta de financiamento condizente com os tempos atuais, com um *know-how* a ser estudado por outros grupos. Afinal, o cenário adverso é sistêmico, motivado por uma crise orçamentária mais ampla e decisões que afetam a cultura como um todo.

Tanto o Teatro de Dança quanto a programação da Sala Paissandu foram descontinuados, e os editais do Fomento à Dança, do ProAC e do Prêmio Klauss Vianna não têm sido suficientes para abarcar o crescimento da quantidade de núcleos artísticos e a multiplicidade de propostas criativas surgidas desde a instalação desses mecanismos de apoio.

Com sua forte capacidade de realização, adaptação e resiliência para driblar dificuldades, a SPCD assume um protagonismo maior diante dessa realidade, produzindo uma coreografia de existência e persistência, reconfigurada o tempo inteiro enquanto acontece e em diálogo com o público. Para isso, mobiliza diferentes agentes, com encomendas de obras cênicas, videodanças, instalações coreográficas e realização de oficinas, escrita de artigos, produções audiovisuais, fazendo a linguagem da dança avançar mesmo com todos os percalços.

Dessa forma, é instada com mais força a se lembrar da missão imposta a si mesma ao se denominar uma companhia. Afinal, este é ainda um lugar de muitas pessoas, cada uma com seus saberes e contribuições específicas. Que todas elas possam manter sua energia, inspiração e potência para seguir partilhando a paixão por essa expressão tão essencial – com a dança, para a dança e pela dança.

LES NOCES, 2008

REFLEXÕES, AÇÕES E EMOÇÕES, PASSAGENS DO EDUCATIVO DA SÃO PAULO COMPANHIA DE DANÇA PELA DANÇA

Renata de Oliveira

> "A educação é um processo social, é desenvolvimento.
> Não é a preparação para a vida, é a própria vida".
> (John Dewey)

Ações educativas estão presentes em todas as áreas do desenvolvimento individual e coletivo, não se restringem ao ambiente familiar e escolar, não se restringem a crianças e jovens, se estendem por toda a vida, num processo permanente de aprendizagem, evolução e renovação. A reflexão serve para apontar a abrangência do termo "Educativo" e a relevância de sua escolha.

A São Paulo Companhia de Dança foi criada com três eixos de atuação: Produção e Circulação de Espetáculos, Programas Educativos e de Formação de Plateia e de Registro e Memória da Dança, que em ações conjuntas ou isoladas representam a Companhia. O toque educativo transpassa todas as suas movimentações, mas é no eixo de mesmo nome que assume o papel principal. O Educativo é um segmento que atua para ampliar o acesso à arte da dança e o entendimento de seu significado para a sociedade. Por meio de um leque de ações – que englobam atividades didáticas, artísticas, formativas, palestras, seminários e muita provocação sobre a dança – constrói bases para que

essa arte possa expandir seus campos de atuação, chegar a mais pessoas e revelar sua potencialidade como ferramenta educacional e agregador social.

Quando esta autora pensa no Educativo, pensa em transformação. Durante esses 15 anos desde a criação da SPCD, quantas vidas foram transformadas por suas ações? Ações e suas reverberações provocadas em pessoas, comunidades, bens culturais, políticas, áreas de conhecimento e economia que geram movimento e que se tornam educativas de várias maneiras. Transformações que são o impulso para a dança se fazer mais presente e participativa na sociedade e dentro das entidades governamentais, promovendo a expansão de seus campos de atuação, a expansão de seu alcance artístico e de sua contribuição para transformar vidas e os rumos da dança no Brasil. Transformações que abastecem de esperança muitos corações.

A movimentação do Educativo é incessante, a equipe está sempre em atividade, seja na sede da Companhia, nas cidades por onde leva suas ações, nas redes sociais, nos teatros, nas escolas públicas, nas instituições... seus gestos se multiplicam e repercutem, fazendo a dança fluir e contagiar esses espaços. Um núcleo pulsante de ideias, motivação e realizações, que se faz mais pulsante pela energia e potencial criativo das pessoas extraordinárias que acreditam na força transformadora da arte e que são a alma da SPCD, pela competência e excelência desses profissionais que buscam incessantemente caminhos para comunicar a dança e levá-la para perto das pessoas. Por trás de cada atividade do Educativo existe muita pesquisa e planejamento, as criações passam por várias etapas até chegar no formato apresentado. Divulgação e comunicação eficiente são ferramentas essenciais para ligar as ações com o público e também são foco de dedicado trabalho da equipe.

Na sequência, elenco algumas ações que demonstram a importância socioeducativa, cultural e humana das ações deste eixo da São Paulo Companhia de Dança.

PALESTRAS E OFICINAS DE DANÇA E DE CAPACITAÇÃO TÉCNICA

Assim é a dança: tem muitas faces, percorre muitos caminhos, projeta muitos nomes e se mantém em constante movimento, numa intrínseca relação com o ambiente e o tempo. Na cadência de seus movimentos carrega registros da nossa história; nos desenhos de seus passos atravessa vários campos ligando saberes e fazeres. História viva transcrita em gestos, ritmos e emoções.

Como abordar o extenso caminho percorrido pela dança desde os primórdios até as formas atuais dentro do currículo escolar? Como entender seus desdobramentos, sua importância na construção social e educacional, sua força comunicadora e suas transposições? Com o objetivo de compartilhar com professores e educadores informações sobre história, arte, possibilidades e repercussões da dança, o Educativo oferece as Palestras de Dança. Uma ação pensada desde a criação da SPCD para ampliar o entendimento de professores e interessados sobre a dança, sugerindo meios para aliá-la no processo educativo de crianças e jovens e vias para inseri-la em diferentes contextos.

As palestras se convertem num momento de troca, de formação e interação entre estes que formam e educam gerações e a equipe do Educativo. Conduzidas de forma descontraída, aproximam dança e educação, campos pares por natureza, e estabelecem um canal de comunicação aberto e contínuo entre a SPCD e os participantes. Para enriquecer a conversa e propor ferramentas mais específicas para a abordagem da arte da dança, o Educativo criou um rico material de vídeo e literário, sendo que alguns deles dialogam com os cadernos de artes da Secretaria da Educação do Estado de São Paulo. São obras que abordam de forma clara e pontual diversos temas relacionados com a dança, destacam pontos de intersecção com outros conhecimentos e sugerem atividades para serem realizadas com os alunos. O material é apresentado e distribuído gratuitamente nas palestras realizadas, como alguns dos DVDs produzidos: *A Escrita da Dança*, *Uma Roupa que Dança*, *Vida de Bailarino*, entre outros, e é possível acessar e fazer o download dos livretos que acompanham o material no site oficial da SPCD, na área de Educativo.

O contato com a arte melhora as habilidades cognitivas, estimula a criatividade e ajuda no autoconhecimento. O canal estabelecido entre SPCD e professores/educadores contribui com o desenvolvimento institucional e pessoal dos alunos, escola e sociedade e projeta a dança mais ativamente no cenário da Educação.

Nessa toada é possível refletir que a construção de um espetáculo envolve uma diversidade de funções, e as Oficinas de Capacitação Técnica direcionam o foco para estas que indiretamente compõem a dança, oferecendo capacitação e informações sobre suas práticas. São oficinas gratuitas, abertas para estudantes, profissionais, artistas e outros interessados mediante inscrição antecipada, e abordam múltiplos temas como Iluminação Cênica, Fotografia, Cenografia, Comunicação, entre outros.

Para os interessados-entusiastas é uma ótima oportunidade de explorar em detalhes os processos dessa cadeia produtiva. Para artistas e profissionais da área, uma valiosa contribuição para melhorar suas habilidades, para somar conhecimento e apontar diferentes possibilidades. Para os estudantes, além do aprendizado técnico apresenta opções que podem despertar interesse, profissões associadas a dança, artes e espetáculo. O sucesso de uma produção depende do trabalho conjunto de todos os setores envolvidos, a troca de informações e experiências durante as oficinas abre vias para uma boa comunicação e entendimento técnico entre áreas que dialogam. Mostra a direção para melhor organização futura nos trabalhos e criações dos participantes. Assim como as palestras, essas oficinas podem acontecer em formato presencial e online.

O corpo que dança é curioso, gosta de experimentar. Às vezes tímido, outras vezes não, se enrola e desenrola sem vergonha diante do espelho. Cria formas e desenha caminhos para se expressar. A realização de Oficinas de Dança existe desde a criação da SPCD, é uma oportunidade de compartilhar um pouco de sua experiência, técnica e arte por meio de aulas de balé clássico, dança contemporânea e trechos de obras que compõem o repertório da Companhia. A proposta são aulas ministradas por professores e ensaiadores da SPCD e/ou convidados na sua sede ou nas cidades visitadas pelo Brasil e exterior. É uma atividade oferecida gratuitamente mediante inscrição antecipada, tendo número de vagas limitado.

O aluno de dança, bailarino ou aspirante que participa das oficinas sente no corpo a energia e a potência da dança profissional, o contato com os reconhecidos profissionais da Companhia faz o coração acelerar diante da grandiosidade dessas personalidades e do saber que transmitem. É uma vivência única conhecer a mesma técnica usada pela Companhia através daqueles que estão lá. De tal magnitude é o desafio de aprender com os mesmos mestres trechos das obras que integram o repertório da Companhia, algo que te transporta mesmo que por breves momentos para dentro daquela coreografia. Surge uma intimidade com a obra que se revela mais forte ao assistir "seu momento coreográfico" nos corpos dos talentosos bailarinos durante as apresentações da Companhia. Uma conexão física, que desperta o desejo de aprimorar os estudos e evoluir profissionalmente. Que aproxima o participante da SPCD com desejo de quero mais.

ESPETÁCULOS GRATUITOS PARA ESTUDANTES E TERCEIRA IDADE E MEU AMIGO BAILARINO

Tendo como objetivos principais formação de plateia e democratização do acesso à cultura, os Espetáculos Gratuitos para Estudantes e Terceira Idade são voltados para escolas das redes públicas de ensino do estado de São Paulo, instituições sociais, faculdades, Fábricas de Cultura, CEUs, público da terceira idade e demais interessados. Os participantes são convidados a conhecer o processo de criação e montagem dos espetáculos da temporada e depois assistem as coreografias. A Companhia não mede esforços para melhorar o acesso às suas atividades, dispõe de recursos de acessibilidade comunicacional para acesso e está preparada para acolher e conduzir com segurança pessoas com deficiências e dificuldade de mobilidade, garantindo que cada indivíduo e/ou grupo receba a atenção e orientação necessárias para desfrutar de bons momentos junto da Companhia.

Para promover os espetáculos, um cuidadoso planejamento é iniciado bem antes dos encontros. O percurso começa no contato entre as instituições, gestores, educadores via equipe da SPCD, com o propósito de preparar esses que serão mediadores e fornecer material educativo sobre os temas que compõem o espetáculo, como release, imagens, pequenos vídeos. Com essas informações os educadores são convidados a desenvolver atividades para preparar os alunos antes da ida ao teatro, criando uma conexão entre eles e o conteúdo que apreciarão. Posteriormente acontece a vivência do aluno no teatro, e na volta à escola o professor propõe outra ação na sala de aula (desenhos, escritas, pinturas, colagens...) resgatando as sensações e impressões da experiência cultural. Para fechar o circuito, o resultado dessa proposta volta para o Educativo, completando seu percurso de 360° graus, como é denominado por eles. O material é apreciado possibilitando um diagnóstico da ação proposta pelo Educativo e seus resultados. Por fim é guardado carinhosamente no rico arquivo de percepções e histórias com a dança que o projeto mantém.

É uma ação que faz transbordar o coração da produção, cujo olhar se divide entre duas danças: aquela que flui harmoniosa e brilhante no palco e aquela que transita vibrante nas poltronas. Dois espetáculos, duas realizações. Como não se contagiar com os olhos brilhantes, expressões entusiasmadas e postura oscilante de quem está apreciando pela primeira vez uma apresentação teatral de dança?

Curiosidade e euforia acompanham os estudantes nas visitas ao teatro, para muitos é a primeira vez que entram nesse espaço cultural. Animam-se ao receber os folhetos interativos, algumas vezes com a chance de conhecer os bastidores e desvendar a misteriosa caixa preta composta de panos, varas, cordas, fios e luzes, que pode construir diferentes ambientes. Entender que, além dos bailarinos, profissionais de áreas diversas desempenham papéis fundamentais na construção do espetáculo é esclarecedor. Com atenção, escutam as explicações da diretora da Companhia,

Inês Bogéa, sobre o processo de criação das obras, e reproduzem animados alguns movimentos de dança propostos por ela e alguns bailarinos; os mais desinibidos arriscam até uma subida ao palco. A plateia pode conversar com alguns bailarinos e ver de perto nos espetáculos clássicos a tão inspiradora bailarina de tutu e sapatilhas de ponta, e nos contemporâneos, a roupa e o movimento do dia a dia que ganha outro tom na cena. Por fim, se encantam com o esperado espetáculo! Momentos que sensibilizam e aproximam a arte da vida, geram conhecimento, saberes com novidades artísticas e informações técnicas, que colaboram com o desenvolvimento do gosto pela dança e que estimulam a busca por essa expressão. Que formam o público do futuro e despertam o artista de amanhã.

E se a plateia não consegue ir aos espetáculos ou mesmo aos espetáculos educativos, *Meu Amigo Bailarino*, que carrega no nome o poder da amizade, e nas ações o valor deste elo, leva até instituições, hospitais, escolas, asilos, entre outros espaços, coreografias do seu repertório e conversa com os participantes sobre o universo da dança e o trabalho da Companhia, em uma atividade conectada com a cultura da inclusão e a acessibilidade às ações culturais.

O palco se transfere para o ambiente da instituição, o lugar dos bailarinos é o mesmo dos espectadores. Sem barreiras, público e artistas dividem o mesmo espaço, bem como as emoções. A comunicação se estabelece por vários sentidos, o encantamento de tocar os figurinos, adereços e bailarinos; a emoção de sentir o toque curioso e ouvir o riso envolvente, olhares que perguntam, gestos que respondem, movimento ensinado, movimento repetido. Nessa permuta de descobertas a aprendizagem é recíproca e a satisfação também, lembranças que ficarão impressas na memória e guardadas no coração.

Essa dança que se faz por ambientes além dos convencionais alcança um público que não pode ir até o teatro, mas que se realiza e sente-se valorizado com a visita e comunicação. Assistir as coreografias, interagir com os bailarinos, conversar com a equipe e expor suas sensações fortalece o convívio social desses grupos e reafirma sua posição na sociedade. A arte gera alegria, esperança e desperta interesses.

> *"Sempre acreditei que a dança é uma linguagem universal que transcende barreiras e aproxima as pessoas."*
> (Margot Fonteyn)

MATERIAIS EDUCATIVOS E DE SENSIBILIZAÇÃO

No período de isolamento social causado pela pandemia de Covid-19, a equipe da SPCD não mediu esforços para estar perto de seu público e ajudar a população a atravessar de forma mais interativa as imposições dessa fase. O trabalho seguiu em ritmo acelerado para criar obras que pudessem se adequar à orientação daquele momento: "fique em casa". Com muita criatividade, competência e união, a produção foi farta, gerou um vasto conteúdo digital que se tornou atemporal. Dentre algumas produções do eixo Educativo destaco a websérie *Brincar e Dançar* e o podcast *Contos do Balé*.

Brincar e Dançar é uma websérie que conta com duas temporadas e 20 episódios. Cada um propõe uma atividade diferente, utilizando materiais e objetos que facilmente são encontrados em casa para compor a brincadeira ou para elaborar brinquedos, e convida o espectador a brincar explorando o espaço que habita com movimentos e imaginação.

Crianças e adultos se divertem, se equilibram e desequilibram nas bem-humoradas experimentações. Com propostas de atividades em pares ou grupos reduzidos, laços familiares e amizades se estreitam. As brincadeiras foram pedagogicamente elaboradas, são apresentadas e demonstradas de forma simples e explicativa. Atividades que instigam a criatividade, despertam habilidades físicas e artísticas, exercitam a coordenação motora e orientação espacial. Ao incorporar no repertório de brincadeiras clássicos jogos infantis, histórias e elementos folclóricos como *Cadê o toucinho que estava aqui?*, *Peteca*" e *Amarelinha*, reforça os laços com nossa memória cultural e a perpetuação desta. A concepção do projeto e direção geral é de Inês Bogéa, com concepção pedagógica de Elizabeth Menezes e Márcia Strazzacappa, e contou com a participação da pianista Rose Pavanelli, bailarinos da Companhia, músicos convidados e a equipe técnica de produção e comunicação.

Contos do Balé, por sua vez, é um podcast que compartilha histórias dos balés de repertório e elucida detalhes históricos sobre a produção de cada um, como o ano de estreia, o coreógrafo, o compositor da música, a inspiração ou criação do conto, entre outros. Os contos ganham vida embalados pelas vozes de Inês Bogéa, Rodolfo Dias Paes, Luca Baldovino e convidados, além dos bailarinos da Companhia. A imaginação do ouvinte ilustra personagens e lugares, as emoções são a passagem para o mágico universo de cada episódio, a escuta se transmuta num exercício de imaginação e criatividade. Cisnes e pássaros, príncipes e princesas, fadas, piratas e camponeses são alguns dos personagens que protagonizam 18 contos como: *O Lago dos Cisnes*, *O Corsário* e *Dom Quixote*. Para estimular a participação das crianças e jovens, eles são convidados a interagir com o eixo Educativo enviando seus desenhos ou histórias.

Tocantes recordações que fazem parte do acervo histórico da SPCD. O podcast é inspirado no livro homônimo de autoria da diretora artística da SPCD Inês Bogéa, publicado pela editora SESI-SP.

DESAFIO, ARTE OU PASSATEMPO?

Desde sua fundação a SPCD cria e oferece materiais gratuitos que aproximam as pessoas da linguagem e poesia da dança. *Brincadeiras de Dança* são livretos que podem ser distribuídos durante os espetáculos gratuitos para estudantes e nas visitas às escolas, e estão disponíveis para download no site oficial da SPCD, na área de Educativo. Um divertido desafio que leva o leitor a saber mais da Companhia e conhecer melhor as obras de seu repertório conectando essas informações com atividades como caça-palavras, ligue os pontos, labirinto e palavra-cruzada. Para completar a diversão, ele é convidado a ser o artista e soltar a imaginação.

O tom alegre e provocador sempre existiu nessa perspectiva com os folhetos dinâmicos distribuídos durante as apresentações gratuitas para estudantes. Eles explicam as obras desafiando o leitor com perguntas, curiosidades e outras interações. Ilustrados por grandes artistas da atualidade, a expressividade das imagens estabelece o diálogo entre os jovens espectadores e as obras. Ainda no mesmo tema, vale observar que os programas de sala das temporadas da SPCD são obras primorosas. A riqueza de informações reflete o cuidado em manter o público contextualizado e a preocupação em apresentar criadores, artistas, elenco e cada participação que viabilizou a produção, bem como a visão artística da diretora da Companhia, Inês Bogéa, sobre a escolha do tema e das coreografias da temporada e dados sobre outras ações da Associação Pró-Dança. Permeados por depoimentos e encantadoras imagens que despertam ainda mais admiração pelo universo da dança, são um trabalho informativo e histórico, referência para pesquisadores e estudantes. Também estão disponíveis para download no site oficial da SPCD, na área de Espetáculos.

TEORIA E PRÁTICA PARA PENSAR A DANÇA

Para pensar a dança, na teoria e na prática, a Companhia também realiza diversas ações. O 1º Seminário Internacional de Dança foi realizado em 2013, com a proposta de discutir a dança em diversas esferas. Contou com a presença de artistas nacionais e internacionais e representantes de célebres instituições culturais do Brasil, Argentina, França e EUA. Oferecido gratuitamente, mediante inscrição antecipada, foi voltado para estudantes, professores, educadores, artistas e interessados na área, com a duração de três dias.

Estruturado com conferências para discutir e pensar sobre a realidade dessa arte em diferentes cenários, os desafios, expectativas e soluções, de gestão de pessoal à mobilização de plateia, propiciou uma enriquecedora troca de experiências. Gestores de instituições nacionais e dos países participantes apresentaram um panorama de como e por quem a dança é vista e apoiada em outras nações e aqui no Brasil. Como exemplo de aplicação prática, mesas de conversa estabeleceram uma potente colaboração entre arte, educação e demandas sociais. As oficinas práticas e apresentações de dança imprimiram ritmo e movimento. A impecável mediação e organização da SPCD estabeleceu uma via de comunicação aberta e interativa entre os participantes e a produção, também provocando muitas reflexões e reverberações. O Seminário representa um marco na trajetória da dança no Brasil, firmou a posição do país na cena da dança mundial, reunindo grandes movimentadores, gestores, artistas da dança nacional e internacional, além de ter deixado um construtivo legado de conhecimento e proposições. Funcionou como um potente refletor de informações, ideias e ações, indicando a potência da SPCD para transformar o futuro da dança nacional.

E nessa perspectiva, mais que um evento, um acontecimento pensado e organizado para uma vivência colaborativa entre áreas ligadas à dança, está o Ateliê Internacional SPCD. Voltado para bailarinos profissionais e pré-profissionais, estudantes, professores de jornalismo e fotografia, as três edições realizadas (duas em Piracicaba e uma em Campos do Jordão) foram gratuitas mediante inscrição e seleção.

Minuciosamente planejados desde a complexa estrutura física para abrigar todos os participantes e atividades, até a extensa programação direcionada para cada grupo participante, as edições promoveram uma verdadeira imersão no mundo da dança profissional. A iniciativa presenteou os participantes com a presença de personalidades do cenário da dança nacional e internacional, ícones atuando em aulas técnicas e teóricas, montagens coreográficas, espetáculos e discussões temáticas. Para jornalismo e fotografia, renomados profissionais ofereceram as mesmas possibilidades formativas em suas áreas de conhecimento, porém voltadas ao trabalho com dança. Durante os dias de imersão o participante desenvolveu técnica, versatilidade, pensamento crítico e conhecimento, em uma experiência formativa inalcançável fora desse contexto. Na apresentação do processo coreográfico construído para o encerramento fica claro o crescimento técnico e artístico que o Ateliê proporcionou

SÃO PAULO

aos bailarinos. Da mesma forma, por meio da exposição final de fotos e matérias desenvolvidas no evento, é notável o amadurecimento e aperfeiçoamento dos fotógrafos e jornalistas.

Em suas três edições uniu bailarinas e bailarinos, professoras e professores, fotógrafos, jornalistas e apreciadores da arte, conectou com a rede mundial a comunidade da dança nacional, estabeleceu novos parâmetros e iluminou muitos caminhos.

PARA UNIR ESTUDANTES E ESCOLAS: *SPCD DE PORTAS ABERTAS* E *NA DANÇA COM A SPCD*

A anfitriã é a SPCD, os convidados: escolas e academias de dança que desejam levar seus alunos para conhecer de perto a "casa" da Companhia, onde tudo começa. O SPCD de Portas Abertas é uma ação que apresenta as instalações da sede, oferecendo um kit educativo e convidando os participantes a assistirem ensaios de trechos das coreografias do repertório da Companhia, além de oferecer um bate-papo sobre os bastidores da dança a fim de entenderem como a SPCD se organiza para além dos palcos. As instituições interessadas precisam agendar a data de interesse via Educativo previamente – ela acontece com exclusividade aos participantes no dia e é uma atividade com custo ao interessado.

Grande parte dos estudantes de dança almeja integrar uma companhia profissional, um sonho que exige muita dedicação, disciplina e estudo para ser realizado. O contato próximo com o dia a dia da Companhia é revelador e motivador. É a prova de um caminho possível e das alegrias da conquista. Também é o espelho da preparação necessária para atingir a meta; dessa forma; é um encontro muito educativo sobre o presente e o futuro daquele estudante de dança. Ao assistir os ensaios, podem observar o rigor técnico e o brilho artístico dos bailarinos, e entender que são qualidades em constante desenvolvimento. O bate-papo é essencial para a compreensão da grandeza organizacional da Companhia e da comprometida rotina dos bailarinos. A visita motiva o aluno de dança ou bailarino iniciante a buscar aperfeiçoamento, tonificar seus músculos e sonhos. E inspira diretores e professores ao aprimoramento do ensino aplicado em suas instituições.

Se o *SPCD de Portas Abertas* traz o interessado à sede da SPCD, o *Na dança com a SPCD* o leva ao teatro em dia de espetáculo da Companhia. Nessa atividade os participantes conhecem a rotina dos bailarinos nos dias de apresentação no teatro, lugar que durante o percurso profissional do artista se converte num segundo lar. Os convidados são os mesmos, escolas e academias de dança, mudando o espaço e a experiência, pois nesta ação o foco é o dia a dia no teatro. As instituições interessadas também precisam agendar previamente, sobretudo por conta do número de espetáculos previstos, realizando o pagamento do ingresso. Cada aluno recebe um kit com materiais produzidos pela SPCD.

Antes da luz dos holofotes, antes dos aplausos, horas de treino e muito suor. Dia de apresentação é dia de aula também, de ensaio, de correções e ajustes para um bom resultado e sucesso da performance. Os alunos participantes acompanham a rotina de aulas, treinos específicos e ensaios que antecedem as apresentações, confrontando suas expectativas com a realidade de um bailarino profissional. A criação de uma obra é um processo fascinante e particular de cada artista-criador; para cada montagem uma estrutura diferente é planejada. A palestra explica parte do caminho da criação das obras que serão apresentadas e seus bastidores, mediação que transforma a experiência do espectador e que conduz o olhar e sensações para dentro da obra. A vivência termina com a apresentação das coreografias ensaiadas. Participar da rotina da Companhia no teatro aproxima o aluno da realidade da dança profissional e impulsiona seus anseios profissionais. Para diretores, gestores e professores que acompanham os alunos, confere momentos de boa aprendizagem no âmbito técnico e artístico.

A singular contribuição do Educativo da SPCD cintila em suas múltiplas ações. O setor educativo da companhia beneficia-se diretamente do olhar atento da direção e da liderança experiente de profissionais renomados nesta área. Ao longo dos últimos 15 anos, contribuíram significativamente para o crescimento da área educativa como líderes na Companhia: Alexandra Itacarambi, Flávia Fontes, Marcela Benvegnu, Amanda Queirós, Morgana Lima, além das equipes e de inúmeros outros profissionais contratados em diversas ações. Estes incluem professores de dança, ensaiadores, fotógrafos, videomakers, artistas e produtores, todos dedicados a enriquecer as atividades da Companhia. É um esforço coletivo que tem impulsionado vigorosamente o cenário da dança no Brasil.

A força de sua atuação imprime respeito e dignidade para essa arte e seus artistas. A abrangência de suas propostas exprime um incontestável amor à arte da dança e a confiança em seu poder transformador para a sociedade. Somado a tudo há um toque especial da SPCD: a humanização e a proximidade com o público.

Obrigada, São Paulo Companhia de Dança, pelos 15 anos nos presenteando com sua arte! Vida longa!

LA SYLPHIDE, 2014

SOBRE UM CRISTAL: 15 ANOS DA SÃO PAULO COMPANHIA DE DANÇA

Cássia Navas

Considerei um desafio a proposta do artigo, que ora compõe este livro, uma publicação que, em paralelo a outras ações comemorativas, também é celebração dos 15 anos da SPCD (São Paulo Companhia de Dança). Desafio aceito, como me chegaram os seus contornos? Eles vieram em forma de indagações: *"O que a criação da SPCD fez/faz com a cena da Dança Brasileira ao longo desse tempo? O que mudou? Quais são essas características? Que/Quais são essas singularidades?"*.

Destas questões ao ato da escrita, passo a comentar estes temas. Não todos e não necessariamente na ordem em que me foram lançados. São questões muito amplas, na verdade instigações para debates sobre um enorme conjunto de ações desta companhia de São Paulo, que se consolida sob um considerável arco de realizações: de produções, ações educativas e de formação de plateias, de memória/informação. A companhia abre estas veredas que partem e voltam para seu escopo de base: constituir-se como uma companhia de dança, agregando profissionais que visam, prioritariamente, a colocação em cena de obras coreográficas, dia após dia.

Há 15 anos seu nome se faz nome a partir de atividade ininterrupta, apesar da diminuição de recursos, que se abateu não somente sobre esta companhia mas, como um todo, sobre a importante e fundamental rede da dança paulista, em razão de sucessivas crises e mudanças de modelos e práticas em gestão da cultura e arte.

A crise tolheu a todos os profissionais da cultura e arte, tanto por conta da pandemia de Covid-19, entre 2020 e 2021, quanto por termos nos tornado um campo do conhecimento humano que chegou, até mesmo, a ser combatido dentre outros, por pretensamente não ser um lugar de gente séria e responsável com os aportes financeiros recebidos de financiamento direto ou por leis de mecenato. Sobre isso, ressalte-se que este nunca foi o caso da APD (Associação Pró-Dança), Organização Social de Cultura que gere a SPCD e, desde 2022, a novíssima SPED (São Paulo Escola de Dança).

Em muitos graus, tempos recentes e difíceis para todos, mesmo para as assim chamadas "companhias estáveis", como no texto *As Companhias Estáveis* (2023), de Linneu Dias, ou naquele de Henrique Rochelle, (2023) *Dança em São Paulo Hoje: Continuidade e Instabilidade*, de 1992 a 2022. Neste último, a partir do termo "estabilidade", trabalhado por Dias (em contraste com a sustentabilidade precária de grupos/companhias da cena independente da capital do estado nos anos 1990), Rochelle passa a abordar o território da "instabilidade" da produção/difusão em dança.

Essa instabilidade não se refere ao necessário terreno do incerto e instável, que está (ou deve estar) presente nos processos da invenção e produção da dança. Refere-se ao instável, muitas vezes extremo, presente na sustentabilidade da dança, a demandar mais continuidade das políticas públicas a ela específicas nos campos da invenção, da criação/produção, da difusão e da formação em muitas das suas formas.

A "instável estabilidade" de 15 anos que vem garantindo a existência da SPCD se dá mediante um sistema que permite a Organizações Sociais da Sociedade Civil, especializadas em campos da cultura e arte, participarem de editais da Secretaria da Cultura, Indústria e Economia Criativas. Frente a esses editais, apresentam projetos que, depois de aprovados, geram contratos de gestão entre essas entidades privadas e o ente público que tem por função, dentro de suas especificidades, determinar e fomentar (direta ou indiretamente) as políticas públicas da cultura e arte do estado de São Paulo.

UM NOME QUE SE FEZ NOME: MARCA

Nestes 15 anos, poderíamos afirmar, mesmo sem termos uma pesquisa qualitativa sobre o tema, que na capital, interior e litoral do estado a São Paulo Companhia de Dança é um nome citado por muitos e muitas, quando se trata de se lembrar de alguma personalidade ou ente da dança?

Minha opinião sobre esta hipótese é a de que sim, a SPCD é uma espécie de marca dentro de uma categoria maior – a dança –, que se fixa como um bem cultural, do qual lembramos pela qualidade, variedade de ofertas, frequência e insistência de presença em muitas das cenas paulistas, tanto pela sua dança quanto por programas educativos e de memória, como o *Figuras da Dança*, que conta com grande número de edições documentais sobre artistas de renome nacional, difundidos pelo site da companhia e em emissões da TV Cultura/ Fundação Padre Anchieta, dos canais Arte1 e Curta. Além desse precioso conjunto de "biografias em vídeo", a companhia produziu vários documentários, todo este acervo sendo fundamental e rapidamente difundido quando a dança passou inteiramente para o "modo tela", durante a pandemia de Covid-19.

Por outro lado, temos companhias de dança, como dito acima, por Linneu Dias, chamadas de "estáveis", como o Ballet Stagium (São Paulo/SP), que em 2024 cumpre 53 anos de existência, que também seriam lembrados, caso uma pesquisa sobre as "marcas" da dança fosse inquirida de maneira qualitativa. Ouso dizer que este longevo grupo paulistano, dada a lembrança de sua preciosa e longa trajetória, também estaria marcado em vários cantos do Brasil. Todavia, essa sua marca de origem estaria mais localizada nos anos 1980, restando aos anos 1990 a coruscante marca (e ainda atual) do Grupo Corpo (Belo Horizonte/MG).

Nos anos 2000 esta marca, enquanto memória a ser resgatada como um emblema, seria aposta à Companhia de Dança Deborah Colker (Rio de Janeiro/RJ), sobretudo na cidade do Rio de Janeiro, que sempre marcou, entre outras, sua presença em longas temporadas, lotadas de pessoas de muitas partes, no Teatro João Caetano. Observar as filas que se formavam à porta deste teatro carioca sempre me causou grande contentamento, assim como me causava alegria ver filas à frente do Theatro Municipal de São Paulo para assistir ao Ballet Stagium ou estar numa plateia lotada duma récita do Grupo Corpo ou do Balé da Cidade de São Paulo.

A ESTRUTURA (ATRÁS) DO NOME

Ao longo dos 15 anos de vida, a SPCD passaria a lotar as temporadas que segue realizando no Teatro Sérgio Cardoso (São Paulo/SP), o que também me gera uma esperança de que mais plateias se interessem em assistir dança, aqui e agora. Nos bastidores da formação dessa plateia específica, há uma estratégia de fidelização de público realizada diuturnamente pela SPCD.

Ela se dá mediante a venda de assinaturas anuais, criação de uma estrutura de patronos para a companhia, conversas sobre dança antes dos espetáculos, enciclopédia online com verbetes de dança, espetáculos voltados a espaços fora das cenas tradicionais, sete importantes livros, miniturnês pela cidade de São Paulo, turnês e estreias apresentadas por vários municípios paulistas, em récitas das quais geralmente participam um grupo/companhia da cidade que recebe a São Paulo, apelido pelo qual a companhia é tratada nos bastidores de sua produção e comunicação. Isso tudo realizado, sem aqui citar-se as turnês nacionais e internacionais.

Somadas às obras apresentadas cena após cena, teatro após teatro, todo esse imenso arco de ações realizadas ao longo de 15 anos de existência coloca a SPCD como um precioso e inédito espaço de informação, pesquisa, produção de arte e memória, difusão e distribuição de conhecimento estético precioso para o campo e classe da dança. Um espaço a ser celebrado a cada dia, mas sobretudo nos seus 15 anos de existência, que ora comemoramos.

GESTÃO E POLÍTICA PÚBLICA: FIDELIZAÇÃO DE PLATEIAS PARA TODA A DANÇA

Ao longo de sua história, a São Paulo tem como foco primordial a fidelização de públicos. Esta é uma demanda que requer muito trabalho e recursos. E como em outras companhias de dança a ela semelhantes em seu formato, para

ITORAL, 2015

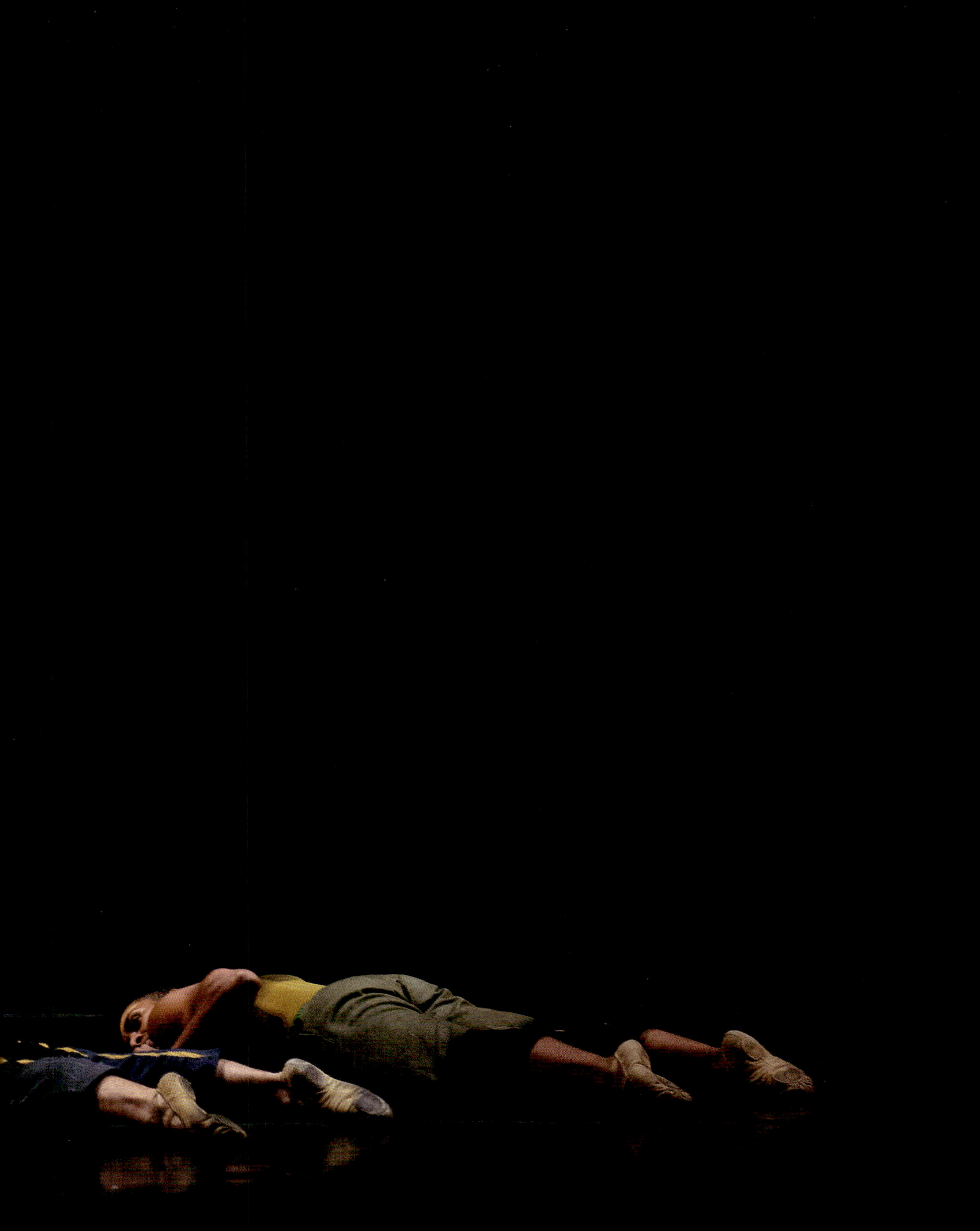

além da diminuição de aportes financeiros, a SPCD vive o perpétuo desafio de uma economia interna, que garante um constante "estar/ser junto" de bailarinos, criadores, músicos, professores, cenógrafos, figurinistas, iluminadores, sonoplastas, produtores e gestores, num esforço poucas vezes entendido por quem assiste a seus espetáculos.

Grupos e companhias, sejam elas originárias do desejo de um mestre, professor ou criador ou uma proposição de política pública, como foi o caso da SPCD, não podem prescindir dessa "economia interna", uma espécie de força centrípeta (menos, mais ou intensamente atuada). Essa força organiza todos os saberes e fazeres necessários, que nos ensaios e depois nos palcos conjuntamente se encarnam em centros pulsantes de criação e difusão. A partir deles, o íntimo da hipótese inicial de cada criador constrói-se (ou se reconstrói, no caso de remontagens e recriações) no embate que se realiza quase todos os dias, em estúdios e salas de aula/ensaios, quase sempre bem distantes, e mesmo desconhecidos, das plateias.

Um dia, o produto desses embates quase privados, posto serem compartilhados por poucos dentro de um estúdio de criação, o íntimo das hipóteses dos coreógrafos pode se encarnar em profissionais da dança, num ensaio final. Depois disso a obra estreará, tornando-se pública, publicizada frente a plateias, que esperamos ser crescentemente muitas e múltiplas.

A partir do século XX, muitas formas de estar/ser junto, "em companhia", consolidam-se no campo da dança, apresentando-se maneiras diversas de agrupamentos de artistas que diferem do modelo da SPCD, mesmo que, em determinadas de suas criações, este grupo seja atravessado por outros modos de produção, muito semelhantes àqueles de grupos que se estruturam em torno de um único criador, coordenando projetos de curta duração ainda que baseados em pesquisas de longo termo.

A variedade das coreografias montadas e apresentadas pela SPCD constitui-se de obras dos séculos XIX, XX e XXI, exigindo-se de suas bailarinas e de seus bailarinos identidades de vários tipos, corpos fortes e bastante flexíveis e sempre "à escuta" corporal e artística de novas criadoras e de novos criadores, num trânsito constante entre propostas cênicas diferentes.

UM NOVO NAVIO NO OCEANO DA DANÇA

Quando de seu lançamento, há 15 anos, tendo sido anunciada a sua criação e orçamento, tive a impressão de que um novo navio estava entrando no mar, ainda sendo lançado em construção, porém já a provocar ondas gigantescas que desestabilizariam alguns outros navios, barcos e jangadas da dança. Pelo entusiasmo e a corrida de profissionais até a Companhia, percebi que essa impressão não era somente minha, muita gente quis e queria estar neste navio.

Todavia, o navio ainda estava a ser construído, passo a passo, inicialmente a quatro mãos de duas diretoras – Iracity Cardoso e Inês Bogéa –, escolhidas pelo então secretário de estado da cultura, João Sayad (1945-2021), um conhecedor e admirador da dança, ao contrário de outros mandatários, até aquele momento à exceção de João Batista de Andrade (gestão 2005-2008). Sayad traçou a rota desse navio quando se preocupou em consolidar o conselho da Associação Pró-Dança com pessoas que compartilhavam de sua visão de cultura. Para tanto, seria fundamental juntar representantes do mundo dos negócios e das finanças a representantes da cultura e da arte. E assim foi feito.

PEEKABOO, 2013

O início da Companhia também contou com uma certa calmaria entre aquelas e aqueles que compõem o que costumamos chamar de "classe da dança". Em minha opinião, tal viria a acontecer por conta de um inédito, fundamental e poderoso instrumento de fomento à dança na cidade de São Paulo, a Lei Nº 14.071, de 18 de outubro de 2005. A partir de seus sucessivos editais, mediante esta lei, a Secretaria Municipal de Cultura passa a apoiar várias companhias e grupos da cidade, por Dias (1992), chamados de "independentes", posto que pertencentes à cena independente da cidade e estruturados por modos de produção/gestão diferentes das – também por Dias denominadas – "companhias estáveis", como o Balé da Cidade de São Paulo, Ballet Stagium ou a Cisne Negro Companhia de Dança.

A Lei de Fomento à Dança de São Paulo foi aprovada pela Câmara de Vereadores desta cidade no rastro da Lei de Fomento ao Teatro (Lei Nº 13.279, de 8 de Janeiro de 2002), forjada pela pressão do movimento "Arte contra a Barbárie" (2002), notadamente organizado por gente de teatro, na verdade gente de "todo o teatro". Diferentemente do ocorrido neste texto legal, foi introduzido, no texto da Lei de Fomento à Dança, um adjetivo que não encontramos na Lei de Fomento ao Teatro, como a especificar que determinadas variedades de grupos de teatro pudessem ser fomentados. Na Lei de Fomento à Dança, o adjetivo "contemporânea" foi agregado ao substantivo "dança", segmentando de forma originária territórios da dança da cidade de São Paulo, que contava (e conta) com grupamentos de todos os tipos da linguagem.

Por outro lado, diferentemente do que acontecera com a lei dedicada ao teatro, que a partir da qual, desde 2002, já se tinham gerado editais periódicos, a Lei de Fomento à Dança, tendo passado pela Câmara de Vereadores, teve alguns de seus artigos vetados pelo então prefeito da cidade, o economista José Serra.

A partir desses vetos, o "fomento à dança", distintamente do que ocorre no "fomento ao teatro", não teve seu orçamento vinculado diretamente ao aumento ou diminuição da arrecadação de impostos municipais. Seus orçamentos seriam, e são até o dia de hoje, determinados pela Secretaria Municipal de Cultura de São Paulo, tendo os editais e seus orçamentos ligados a esta lei sofrido ajustes muito violentos nos anos 2000, o que gerou uma movimentação, sem precedentes, dos artistas da dança contra a Secretaria Municipal de Cultura e a Prefeitura da Cidade de São Paulo. Tais convulsões ainda estão a merecer pesquisas muito profundas, e não será aqui que elas serão abordadas.

Aponta-se para o período de 2005 a 2008 (este último o ano da fundação da SPCD) e para os anos a ele subsequentes, para indicar uma falta de reação mais contundente dos artistas da dança em relação ao navio que se estava a lançar – a SPCD – em estaleiro de grande estilo. É um momento que reflete uma grande mudança na forma de sustentabilidade da dança paulista, que começa a produzir mais, suavizando-se uma maior e mais intensa mobilização por mais bem elaboradas políticas públicas, dentre outras, uma completamente necessária: a difusão do que se produzia e do muito que se produziria.

Foi um período em que, por conta da lei de fomento à dança paulistana, que claramente apontava (e aponta) para tempos de "estável instabilidade" de grupos/companhias, contribuiu-se para "baixar a poeira", podendo o trajeto da SPCD ser pavimentando por uma certa paz político-artística.

Essas circunstâncias fazem parte do contexto em que a SPCD inicia seus trabalhos. No entanto, este navio ainda está navegando, a aportar em muitos cais-palcos daqui, de lá e de acolá, pela força do trabalho ali realizado, em muitos sentidos, tateando-se o universo da dança – sobretudo através do consolidado –, indo de encontro ao gosto mais conservador das plateias paulistas e de alhures, mas também comportando algumas experiências que tangenciam o experimental das formas da linguagem da arte da dança, como se verá a seguir.

DE SAPATILHAS, PÉS DESCALÇOS E TÊNIS BAILARINOS DANÇAM DENTRO E POR SOBRE UM CRISTAL

A pesquisadora e crítica de dança Sally Banes, no livro *Terpsichore in Sneakers* (1980), apresenta uma síntese da história da dança através dos calçados (ou de sua ausência) com os quais os bailarinos tocam o chão do palco: das sapatilhas (de meia-ponta e/ou ponta), passando pelos pés descalços – sem meias ou quaisquer sapatos – em direção ao uso dos tênis. Hoje em dia, a essa tríade poderíamos acrescentar as meias soquetes, bem usadas por alguns criadores atuais.

De uma maneira bastante sintética, as bailarinas e os bailarinos da SPCD poderiam ser definidos por essas três (ou quatro) formas básicas de pisar as cenas por onde trafegam. Como já mencionado acima, a Companhia estrutura um repertório de obras (recriadas ou inéditas) que vão do século XIX ao século XXI, um tanto quanto inspirada pelo modelo de certas orquestras sinfônicas, que executam partituras de vários séculos.

Diferentemente de uma orquestra, os bailarinos da SPCD não são instrumentos fabricados industrialmente, oferecendo-se, a partir da qualidade de sua performance, também reconhecida internacionalmente, para dançar, com empenho, toda essa variedade de repertório em programas onde as diferenças de assinaturas coreográficas e contextos dramatúrgicos se distinguem entre si, demandando interpretações muitas vezes contrastantes.

Como esses artistas, ensaiadores, professores da SPCD, produção e direção, desde 2012 exercida somente por Inês Bogéa, dão conta dessa tarefa tão singular e desafiadora? Com trabalho intenso, centenas de aulas e infinitos ensaios, coragem, teimosia e profissionalismo, conjunção de fatores que nem sempre resultam em interpretações de identidades completamente marcadas. Ou seja, algumas vezes percebemos um base formativa e artística atuando em cena, potente e forte. Essa base de dança lá está, a matizar-se de novos elementos, passos, dinâmicas, direções, peso, tempo-espaço de cada criador e remontador.

Tal base é como um cristal de várias e irregulares faces, por onde os raios de luz, ou a sua ausência, deixam passar luz ou sombra de cada criação, em programas compostos de récitas – geralmente compostos de três obras – feitas para contemplar muitos olhares e, portanto, muitas percepções do que a dança possa ser, atualmente.

Essas récitas merecem ser vistas por conta de uma imensa capacidade de produção, criação e difusão em dança, também muito voltada à formação de públicos. Essa formação é um traço especial da São Paulo: ao misturar obras de balé clássico de repertório – obras de curta ou média duração, *pas de deux* ou suítes – a criações contemporâneas de coreógrafos brasileiros e de fora do país, ela abre o leque de opções para que as plateias possam se reconhecer, em algum momento, como fruidores do bem cultural dança.

Essa escolha criteriosa que forma as récitas compostas por mais de duas obras opera com o desejo de dança que aquelas e aqueles das plateias trazem consigo; saciam-lhes

PULCINELLA, 2017

este desejo, mas lhes oferecem outras possibilidades de fruição e consumo, mediante a possibilidade de surpresas que em cena são colocadas, a partir de uma dança que não conheciam até aquele momento.

AINDA, CRISTAL

Para além das apresentações acima descritas, a SPCD lançou-se a outro desafio: a criação e/ou recriação de obras de "noite inteira", como foi o caso de *Romeu e Julieta* (2013, coreografia de Giovanni di Palma), *La Sylphide* (2014, coreografia: Mario Galizzi, a partir de August Bornounville), *O Lago dos Cisnes* (2018, coreografia: Mario Galizzi, a partir de Petipa/Ivanov), *O Sonho de D. Quixote* (2015) e *O Quebra-Nozes no Mundo dos Sonhos* (2022), estes últimos montagens da grande mestra brasileira Marcia Haydée.

Além de oferecerem ao elenco oportunidades de mergulhos mais verticais no cristal de base da companhia, a ênfase na escolha destas obras insere-se num desejo antigo (mas também atual) das plateias de dança: ter acesso aos balés de repertório da dança clássica e a novidades que emergem, preponderantemente desta técnica, reinventando-se em estéticas novas.

Sim, o gosto pelo balé sempre esteve – de forma residual, ou nem tanto – presente entre as plateias de todo o mundo. Algumas vezes, esse gosto manifestou-se menos intensamente, sobretudo em territórios estéticos (cidades e/ou países) em que a dança moderna/contemporânea veio a imperar, fosse pela importante e fundamental iniciativa de seus criadores, fosse pelo grande incentivo à sua consolidação por parte de instituições governamentais. Essa situação afetou, por vezes de forma um tanto predatória, as trajetórias consolidadas ou inventivas da dança clássica, do jazz dance ou da dança moderna.

O repertório composto de contrastes entre o balé clássico, balé moderno, dança contemporânea, dança experimental – dança, enfim – vem recuperar, nas possibilidades de uma companhia subvencionada por novo modelo de gestão em arte da dança, e para as plateias de São Paulo, um equilíbrio de forças entre as formas de dança atuais. São bens culturais diferentes a serem fruídos/consumidos de formas diversas, vindos de contextos atuais, propondo-se como dramaturgias coreográficas que nos apresentam não somente aquilo que nos separa, mas também aquilo que nos une.

UMA COMPANHIA DE MUITAS FACES

A variedade de repertório não instiga somente plateias do Brasil, notadamente aquelas do estado de São Paulo. A SPCD realiza turnês internacionais, sobretudo em países europeus, atingindo públicos por essa sua característica de base: ser um cristal com várias faces, irradiando vozes coreográficas de criadores brasileiros e de outros países. Nessas faces as plateias internacionais, curadores, profissionais da dança também podem se mirar, estabelecendo-se o precioso jogo da emissão-recepção do espetáculo das artes da cena, nas quais as dramaturgias circulam entre palco e plateia.

Nas viagens internacionais, compondo-se as récitas de mais de uma obra, a SPCD costuma apresentar, em política de difusão da escrita coreográfica de nosso país, programas compostos de obras de criadoras e criadores do Brasil, dentre eles Cassi Abranches (Belo Horizonte/São Paulo),

Jomar Mesquita (Belo Horizonte) e Henrique Rodovalho (Goiânia), coreógrafo brasileiro que também atuou como artista-residente do grupo, numa ação de incentivo à criação coreográfica continuada da SPCD, ao colocar seu elenco e suas capacidades de produção e difusão a serviço da invenção e reinvenção do novo.

Com isso, a São Paulo estabelece-se em casas cênicas de outros países, de lá também trazendo o rastro do bem-querer de quem os assiste, mas também fundos monetários que se somam ao orçamento da Companhia, permitindo-lhe novos horizontes artísticos.

Não é um resultado de pouca montagem para um grupo que cumpre 15 anos de existência, persistindo em "estável instabilidade" numa cidade e num estado onde há muita e talvez todo tipo de dança. Muitas dessas danças talvez ainda nem tenham nome ou se encaixem em classificações histórico-coreográficas já conhecidas.

Podem estar em seus nascedouros, tenras e inventivas, a aguardar políticas públicas de toda a sorte para, à maneira da dança, arte do corpo por excelência, exigente e diária, cotidianamente se impregnar pelas culturas por onde seus artistas trafegam. Podem estar incorporando pensamentos deste tempo, o nosso, num agora, quando se prepara o futuro.

Num ambiente complexo e extremamente competitivo, a SPCD se põe em jogo para seguir em frente, procurando rastros anteriores, estabelecendo linhas de passe com aqueles que a precederam, convivendo com os que aqui estão em embates múltiplos, dos quais se esperam consensos, sendo os dissensos esperados, respeitados e acolhidos.

Vida longa à São Paulo Companhia de Dança!

REFERÊNCIAS BIBLIOGRÁFICAS

BANES, S. *Terpsichore in Sneakers*. Boston: Houghton Mifflin, 1980

BOGÉA, I. *Oito Ou Nove Ensaios Sobre o Grupo Corpo*. São Paulo: Cosac Naif, 2001

BOGÉA, I. *São Paulo Companhia de Dança, 10 anos*. São Paulo: Martins Fontes, 2019

BOTTONI, F. "Isso aqui ô ô é um pouquinho do país". In *Folha Top of the Mind 2023*/ Edição 1° novembro. São Paulo: Folha de São Paulo, 2023

CALDAS, P. & GADELHA, E. *Dança e Dramaturgia (s)*. São Paulo: N-1 / Nexus, 2018

DIAS, L. "As companhias estáveis". In *Dança Moderna* 1992 2022. Ed. NAVAS, C. Bauru: Mireveja, 2023

DIDI-HUBERMAN, G. *O que nos vê, o que nos olha*. São Paulo: Editora 34, 1988

GUY, J. *Les Publics de la danse*. Paris: La Documentation Française, 1991.

HAWKINS, E. "What is the most beautiful dance?" In *The Dance has many faces*. Org. SORELL, W. 3ª Ed. Chicago: Cappela Books, 1966

HOMANS, J. *Apollo's Angels, A history of Ballet*. New York: Random House, 2010

J. GANS. H. *Cultura Popular e alta cultura*. São Paulo: Edições Sesc, 2014

MACAULAY. A. "Is Ballet dying? Sure, It´s died many times". In www.nytimes.com/2011/01/05/arts/dance/05homans.html, New York: *New York Times*, 2011

NAVAS. C. *Do íntimo, do particular e do público: subsídios para a gestão em dança*. Seminário Políticas Culturais: Reflexões e Ações. Rio de Janeiro: Fundação Casa Rui Barbosa/MINC e Itaú Cultural, 2010

ROCHELLE, H. “Dança em São Paulo hoje: continuidade e instabilidade, de 1992 a 2022”. In *Dança Moderna* 1992 20022. Ed. NAVAS, C. Bauru: Mireveja, 2023

WOKOVIER, A. Bailarinos, São Paulo Companhia de Dança. São Paulo: Ipsis / J. P. Morgan, 2021

WOSNIAK, C. *Balé do Teatro Guaíra, 52 anos de uma história da dança paranaense*. Curitiba: Associação Brasileira de Apoiadores Beneméritos do Teatro Guaíra / Centro Cultural do Teatro Guaíra, 2021

WEB

São Paulo Companhia de Dança website. Secretaria do Estado da Cultura e Economia Criativa & APD- Associação Pró-Dança, 2023. spcd.com.br. (Acessado em 29/11/2023)

MADE IN BRAZIL: A INTERNACIONALIZAÇÃO DA SÃO PAULO COMPANHIA DE DANÇA

Por Marcela Benvegnu

Dois anos e meio após o lançamento oficial da São Paulo Companhia de Dança (SPCD) pelo Governo do Estado de São Paulo, em 28 de janeiro de 2008 – a SPCD, sob direção artística de Iracity Cardoso[1] e Inês Bogéa, embarcou rumo à sua primeira apresentação internacional em um país vizinho do Mercosul: o Paraguai, na 10ª edição da Gala Latino-Americana de Ballet Clássico e Moderno. No repertório, a dualidade do *pas de deux de Gnawa* (2005), obra contemporânea de Nacho Duato, e *Tchaikovsky Pas de Deux* (1960), clássico de George Balanchine (1904-1983), reafirmavam o propósito do mote de criação de uma companhia de repertório: apresentar obras clássicas e contemporâneas de criadores e grandes nomes da dança, além de unir e desdobrar linguagens.

---

1 Iracity Cardoso atuou como diretora artística da São Paulo Companhia de Dança de janeiro a dezembro de 2008, tendo Inês Bogéa como sua diretora artística adjunta. Posteriormente, ambas assumiram conjuntamente a direção artística da companhia de 2009 até abril de 2012.

Começava ali, timidamente, em 2010, atrelado à criação de uma marca, múltiplas estéticas e linguagens, o processo de internacionalização da Companhia, que ao longo de 15 anos veio a se consolidar como uma das mais importantes companhias de dança da América Latina, realizando longas incursões por diferentes países do mundo com verba 100% subsidiada pelos programadores, que compram os espetáculos e ações da SPCD.

A São Paulo Companhia de Dança já levou a dança do Brasil para 20 países[2] – Alemanha, Argentina, Áustria, Bélgica, Canadá, Chile, Colômbia, Emirados Árabes Unidos, Estados Unidos, França, Holanda, Israel, Irlanda, Itália, Luxemburgo, México, Paraguai, Reino Unido, Suíça e Uruguai – em mais de 240 apresentações, para um público superior a 320 mil pessoas.

> A primeira noite da décima edição da Gala Latino-americana de Ballet Clássico e Moderno ofereceu uma interessante variedade cênica, com a presença de artistas nacionais e internacionais. (...) Também figuraram os brasileiros com a peça *Tchaikovsky Pas de Deux*. Demonstraram boa resistência em passos complexos, em especial para giros e movimentos de duetos. (por Sérgio Ritter, em "*Beleza Estilística que Hipnotiza*", para o Jornal Última Hora, em 14/08/2010, Paraguai).

Muito já se escreveu e se pensou sobre o conceito de internacionalização. Fatores como globalização, estrutura organizacional, relações internacionais, comunicação, marca, tecnologia, produto, preço, distribuição, compra, foram estudados e analisados como variáveis desse processo que

---

2 Lista contabilizada até o final do mês de fevereiro de 2024.

analisa questões internas e externas para darem respostas técnicas de como uma instituição ganha o cenário mundial. Mas em dança é preciso adicionar uma nova e importante dimensão a todas às teorias, que nasce da ordem prática: o material humano e a capacidade de se ter uma equipe preparada para gerir relações internacionais em diferentes âmbitos e culturas, as quais diferem de país para país.

Utilizado pela primeira vez pela McKinsey & Co. e por Michael Rennie, em 1993, na publicação "*Global Competitiveness: Born Global*", o termo "*born global*", traduzido como "nascido global", adequa-se à trajetória da São Paulo Companhia de Dança neste contexto. Rennie escreve sobre pequenas e médias empresas que são exportadoras de produtos com alto valor agregado e possuem um padrão de internacionalização diferenciado. A expressão "*born global*" acabou sendo utilizada para fazer referência a empresas com processos de internacionalização precoces – em até três anos – e, em sua pesquisa, é possível analisar empresas de estruturas semelhantes, pois abarcam: estratégias globais de ação, capacidade de inovação, orientação ao consumidor, uso de parcerias, uso de sazonalidade, reforço à marca e ao posicionamento, valores e crenças; estabelecem planejamentos, sejam eles sociais, políticos e/ou econômicos, atuam com estratégias de comunicação, crise e marketing e estão prontas para as variáveis burocracias de cada país.

Segundo Kunyi Lin e Zheng Wang em "*Internationalization Process and Strategy of Born Global*", "os empreendedores são importantes para o desenvolvimento internacional da empresa e uma análise em nível individual deve ser importante para a compreensão do comportamento internacional dela". Ou seja, configura-se uma via de mão dupla. Empresa e empreendedor. Na operação da São Paulo Companhia de Dança, podemos substituir a palavra "empreendedores" por "agentes internacionais", que são os responsáveis, ao lado da direção artística e do superintendente de produção, por criar e estabelecer as relações e, sobretudo, entender o comportamento de cada uma das ações programadas e vice-versa. Mas como a Companhia se torna essa "Embaixadora da Cena Brasileira", com 15 anos de existência, como escreveu Rosita Boisseau, no título da matéria publicada no mais importante jornal francês, "Le Monde", em 20 de dezembro de 2023?

BATER OS PÉS NO CHÃO: A DANÇA DO APLAUSO ALEMÃ

O ano de 2011 inaugura a temporada de dança da São Paulo Companhia de Dança na Europa, que se sucede ano a ano até os dias de hoje. A cidade: Baden-Baden, Teatro Festspielhaus. No repertório, parte da sua identidade: As criações *Polígono* (2008), de Alessio Silvestrin, *Os Duplos* (2010), de Maurício de Oliveira, e as remontagens de *Sechs Tänze* (1986), de Jirí Kylián e *Serenade* (1935), de George Balanchine. A jornalista Sabine Rahner, na crítica "Um Público Jovem Descobre uma Jovem Companhia de Dança", publicada pelo Badisches Tagblatt, em julho de 2011, escreveu: "Essa apresentação no Festspielhaus foi um importante passo na carreira da SPCD. E para o público presente foi uma oportunidade única para se descobrir uma nova companhia de dança". A Companhia chega a esse palco por meio das negociações de Luca Baldovino, Superintendente de Produção da Companhia, em diálogo com Meinrad Huber, agente e consultor internacional.

Fundador de uma das mais importantes agências de dança europeias, a Ecotopia Dance Productions, que trabalha com nomes como Batsheva Dance Company, Nederlands Dans Theater, Gauthier Dance, além de companhias brasileiras desde 1992, Meinrad Huber conheceu a São Paulo Companhia de Dança por meio de Iracity Cardoso. "Nos conhecemos quando a Iracity estava saindo do Ballet du Grand Théâtre de Genève e indo para a direção do Balé Gulbenkian, em Portugal. Anos depois, quando ela chegou à SPCD me disse que deveria conhecer a Companhia para agenciá-la", relembra. "Não seria fácil começar a internacionalização da SPCD, tendo duas companhias estáveis com o nome de São Paulo na cidade[3]. As pessoas não conheciam esse novo projeto. Então começamos apresentando a Companhia com um repertório que era clássico, em diálogo com a dança contemporânea para diferenciá-la do que já existia. Foi uma estratégia, e quando a Companhia foi ganhando mais corpo e foi ficando conhecida, isso mudou", cita.

> O ritmo explosivo sul-americano encontra o formalismo norte-americano. Assim se poderia supor da São Paulo Companhia de Dança que tem somente três anos de idade, em sua primeira apresentação na Europa. (...) Na versão da SPCD, *Serenade* foi representada com passos enérgicos, empolgantes e cheios de vitalidade. (...) *Polígono Revisitado*, concebido pelo italiano Alessio Silvestrin especialmente para a Companhia, mostra os dançarinos com uma perspectiva de pássaros voando, como notas musicais dançantes. Com *Os Duplos*, Maurício de Oliveira criou um trabalho que impressiona. Os aplausos foram intensos também para

---

3 Ele se refere ao Balé da Cidade de São Paulo, corpo estável do Theatro Municipal, fundado em 1968, que iniciou suas turnês para Alemanha em 1997.

SERENADE, 2008

> Jirí Kylián, de *Sechs Tänze*, com dez minutos de júbilo. (por Nikolaus Schmidt, em "*O Compromisso com o Clássico*", para o Badische Neueste Nachrichten, em 07/2011, Baden-Baden).

Segundo Huber, o sucesso da internacionalização da São Paulo Companhia de Dança, na Europa, sobretudo na Alemanha, país em que a Companhia mais se apresentou nestes 15 anos, se dá por muitos fatores. "Não se nega a qualidade dos bailarinos, a escolha do repertório e o modo de se trabalhar da equipe. É uma Companhia em que se pode confiar e isso se reflete na cena. É um prazer trabalhar com a São Paulo porque temos a certeza de que as coisas irão funcionar", revela.

Ainda para citar Baden-Baden, a Companhia voltou aos palcos do Festspielhaus em 2018 e 2023. Em 2018, com um balé clássico completo: *O Sonho de Dom Quixote* (2015), de Márcia Haydeé, obra que se autovenderia pela relação de Márcia com o país – ela foi primeira-bailarina e diretora do Stuttgart Ballet por décadas –, e depois em 2023, já com um novo contexto, para apresentar um repertório com cara de Brasil: *Odisseia* (2018), criação da francesa Joëlle Bouvier, *Cartas do Brasil* (2022), criação de Juliano Nunes, brasileiro radicado na Europa, *Agora* (2019), criação da brasileira Cassi Abranches, e *Duo Pássaro de Fogo* (2010), remontagem do alemão Marco Goecke.

Na Alemanha, a arte da São Paulo Companhia de Dança já foi vista em 70 espetáculos, em 16 cidades, incluindo Baden-Baden, Bonn, Colônia, Friedrichshafen, Fürth, Gütersloh, Hannover, Leverkusen, Ludwigsburg, Ludwigshafen, Mainz, Neuss, Recklinghausen, Remscheid, Viersen e Wolfsburg. Nesta última, em 2013, o festival Movimentos Festwochen der Autostadt recebeu a estreia mundial de *Peekaboo* (2013), criação do alemão Marco Goecke para a

São Paulo Companhia de Dança, em um formato de coprodução. Esse evento representou um marco significativo para a Companhia. Vale dizer que a obra já foi remontada pelo Theater Augsburg (2015) e pelo Boston Dance Theater (2020). Na noite, o repertório se completou por outras duas criações de brasileiros: *Bachiana nº 1* (2012), de Rodrigo Pederneiras, e *Inquieto* (2011), de Henrique Rodovalho.

Além disso, *Trick Cell Play* (2019), segunda criação de Édouard Lock para a SPCD, teve sua estreia europeia no Teatro Hafen 1, em Wolfsburg, na Alemanha, também com uma coprodução do Movimentos Festwochen der Autostadt. E foi apresentada ao lado de *Gnawa*, de Duato, e de *Agora*, de Cassi Abranches. Adicionalmente às obras já citadas aqui, foram apresentadas em cidades alemãs as criações: *The Seasons* (2014), de Édouard Lock, *Ngali...* (2016), de Jomar Mesquita, *Anthem* (2019), de Goyo Montero, *Gen*, de Cassi Abranches, *Céu Cinzento* (2015), de Clébio Oliveira, *Pas de Deux de Romeu e Julieta* (2013), de Giovanni di Palma, e *Melhor Único Dia* (2018), de Henrique Rodovalho, além das remontagens: *Pas de Deux de Fada do Amor* (1993), de Márcia Haydée, e *Supernova* (2009), de Marco Goecke.

"O que nos interessa é a forma como a Companhia dança um coreógrafo alemão, como Marco Goecke por exemplo, ou como dança remontagens como *In The Middle, Somewhat Elevated* (1987), de William Forsythe ou *Suíte para Dois Pianos*, (1987) de Uwe Scholz (1958-2004). A Companhia tem um modo diferente de dançar", fala Huber. "As criações também são muito bem-vindas. O alemão também quer ver *Mamihlapinatapai* (2012), de Jomar Mesquita, *Umbó* (2021), de Leilane Teles, e o que mais vier por aí", diz. "As temporadas internacionais são preparadas com antecedência mínima de um ano. Vamos entendendo as datas em diálogo para preencher a agenda e ver como tornar tudo ainda mais viável em termos financeiros, haja vista que as turnês são subsidiadas com estes valores. É preciso pensar na sustentabilidade", completa.

Na Alemanha, não é somente o elenco da São Paulo Companhia de Dança que dança. Interessante observar a dança dos pés do público ao final do espetáculo, que reflete a cena. Um costume alemão: aplaudir batendo os pés no chão, que reverbera de forma especial na caixa cênica, em que a vibração dos corpos e das cortinas atinge os bailarinos de forma direta em muitas cidades por mais de 10 minutos consecutivos. O corpo vibra. Esse encontro entre público e artista deixa uma marca que atravessa o tempo e que faz jus e talvez vá além, ao conceito de "*born global*".

UNE HISTOIRE D'AMOUR: FRANCE

Assim como as paisagens mais românticas e apaixonantes da França, que criam sensações que perduram no imaginário coletivo, é a relação da SPCD com o país. A França recebe a Companhia desde 2015 – Le Carré du Perche, foi o primeiro local – e desde então já foram realizadas 64 apresentações[4] em 24 cidades: Alès, Annecy, Antibes, Bèziers, Biarritz, Blagnac, Chalon, Chambery, Creteil, Foix, Grenoble, Le Carré du Perche, Le Havre, Lyon, Massy, Merignac, Mortagne- Au-Perchem, Narbonne, Nîmes, Paris, Perpignan, Rueil-Malmaison, Saint Etienne e Sète.

Diferentemente da Alemanha, que recebe um programa que mistura coreógrafos brasileiros e internacionais, nos últimos anos, os franceses optam pela brasilidade de temporadas que ganham nomes como *Aquarela do Brasil*, na

---

4 Contabiliza das até o mês de fevereiro de 2024.

qual o repertório é 100% assinado por criadores em noites com programas de até quatro obras, como o apresentado em 2023, na Maison de La Danse de Lyon, com: *Cartas do Brasil*, de Juliano Numes, *Umbó*, de Leilane Teles, *Só Tinha de Ser Com Você* (2020), remontagem de Henrique Rodovalho e *Partita* (2022), criação de Stephen Shropshire.

Na França, a relação internacional se dá por meio de outro agente e consultor, o francês Guy Darmet, figura conhecida no mundo da dança pela criação e direção artística da Bienal de Dança de Lyon (1984-) e pela direção artística da Maison de La Danse, por mais de 20 anos. "Conheci a São Paulo Companhia de Dança pela figura da sua diretora artística, a Inês Bogéa. Conheço Inês desde quando ela era bailarina do Grupo Corpo, de Belo Horizonte, que frequentemente se apresentava na França", conta. "Inês sabia que eu estava saindo da direção da Bienal e da Maison de La Danse e quis me apresentar a Companhia. Então eu lhe disse: 'Vou a São Paulo conhecer a SPCD', e à primeira vista me encantei pela qualidade apresentada. Conheço a dificuldade da dança do Brasil e desde a primeira apresentação, o que me impressionou foi o nível técnico dos bailarinos e a generosidade de cada integrante da Companhia", relembra.

Guy Darmet pontua que o processo de internacionalização da São Paulo Companhia de Dança na França foi inicialmente baseado em confiabilidade e qualidade, porque a concorrência de companhias de dança que disputam espaços em teatros para suas apresentações é grande. "As pessoas confiaram em mim, na indicação, mas sobretudo, viram qualidade no que apresentamos. Quando mostramos os teasers, as imagens, o material da Companhia, se vê que é um grupo de alto nível. E foi assim que a Domenique Hervieu, minha sucessora na época, me disse: 'Ok! Iremos

ODISSEIA, 2018

apresentar a São Paulo Companhia de Dança na Maison de La Danse por uma semana. É um bom início'.", relembra.

"O destaque desta primavera de dança é uma companhia brasileira. A todo vapor, a São Paulo Companhia de Dança vem coreografada por dois mestres: o espanhol Nacho Duato (com *Gnawa*) e o quebequense Édouard Lock (*The Seasons*)", escreveu o Lyon Capilate. E o jornalista David Tran, do Le Progrès, completou:

"Para sua primeira vinda a Lyon, a companhia brasileira surpreende por sua habilidade técnica. (...) Os bailarinos, de fato, são formidáveis, passando com uma técnica impecável, de um clássico revisitado a uma forma de transe oriental". Assim a SPCD chegou a Maison de La Danse, em 2016, para apresentar cinco espetáculos com sessões esgotadas, feito que se repetiu nesta casa em 2018, 2022 e 2023.

Confiabilidade também foi verbo conjugado por Inês Bogéa, diretora artística da Companhia, quando Guy Darmet lhe apresentou a coreógrafa francesa Joelle Bouvier, para uma coprodução com Théatre National de Chaillot. É deste encontro que nasceu *Odisseia*, que estreou em Paris em 2019 e, segundo Darmet, é uma ponte entre Brasil e França, com inúmeras apresentações e sucesso de crítica. "Faz parte da função do agente e do consultor propor à companhia novos nomes, procurar similaridades", diz.

Segundo Darmet, a França gosta muito do Brasil e vice-versa, e o desejo do público é o de ver coreógrafos brasileiros. Guy salienta que apesar de o público francês desejar ver um repertório brasileiro, isso não significa que a Companhia não possa apresentar obras de outros coreógrafos, assim como afirmou Huber. "A SPCD apresenta uma parte da alma brasileira quando dança coreógrafos brasileiros e é esse o Brasil para os franceses. Os espetáculos aqui se esgotam com meses de antecedência e não tem um só lugar disponível. São raras as companhias que passam cinco meses em tour no mundo. Na América Latina, com certeza é somente a SPCD. E 15 anos pode parecer muito para uma companhia, mas não é. Eu tenho orgulho desta Companhia, do trabalho da Inês, dos bailarinos e de todos que trabalham ali. Vocês têm ações educativas, de memória, dançam de *Giselle* a *Umbó*, com um nível técnico único. As pessoas têm prazer em trabalhar com cada um e isso é visto no palco e fora dele. É recíproco. Tem sorrisos na saída, dos bastidores e da plateia", finaliza.

A São Paulo, apresentou ao país, além das obras já citadas aqui: *Bachiana nº 1*, de Rodrigo Pederneiras, *Mamihlapinatapai* e *Ngali...*, de Jomar Mesquita, *Céu Cinzento*, de Clébio Oliveira, *Gen* e *Agora*, de Cassi Abranches, *Melhor Único Dia*, de Henrique Rodovalho, além de obras como *Peekaboo* e *Pássaro de Fogo Pas de Deux*, de Marco Goecke, *Gnawa*, de Nacho Duato, *The Seasons*, de Édouard Lock, e *Suíte para Dois Pianos*, de Uwe Scholz.

Em 2024, a São Paulo Companhia de Dança tem uma turnê de 10 espetáculos agendada para a França nos meses de maio e junho para as cidades de Nîmes, Sète, Tarbes, Chalon, Foix, Perpignan e Bèziers. "*Enfin*[5]": *born global*!

> O prêmio de Melhor Companhia da Temporada 2018-2019, concedido à São Paulo Companhia de Dança pelo Sindicato Profissional da Crítica de Teatro, Música e Dança de Paris, após sua turnê no Chaillot-Théâtre National de la Danse (Paris), atesta a evolução do grupo. (...) Esta noite brasileira entusiasmante transpira a sensualidade febril dos corpos e o impulso empático das almas, oferecidos a um público satisfeito. Inês Bogéa se junta aos seus bailarinos no palco

---

5 Termo em francês que significa enfim, em português.

> durante a saudação final. Sob sua direção, a companhia atende plenamente ao compromisso inicial assumido em 2008: "apresentar a herança do passado, mas também estar conectada ao mundo de hoje". Isso é evidente esta noite e continua com uma grande turnê pela França. (por Jocelyne Vause, para o Croniques de Danse, 12/23, França).

PELO MUNDO E ALÉM DOS PALCOS

> (...) Esta é a São Paulo Companhia de Dança. Há três anos, a jovem companhia brasileira esteve pela primeira vez na Holanda. Até então desconhecida. No caso, foi um presente. Essa é a graça de um festival internacional como o Holland Dance. Você não sabe por onde começa, no entanto, se surpreende e, por vezes, paira uma atmosfera diferente e muito uniforme no mundo do balé moderno e da dança moderna. (por Miriam Van der Linden para Holland-dance.com, em 02/2012, Haia).

Além da Alemanha, da França e do Paraguai, o passaporte da SPCD já foi carimbado inúmeras vezes pela Argentina (2011, 2013, 2015), Holanda (2012, 2019), Uruguai (2013), Israel (2014, 2017), Áustria (2014, 2018, 2014), Chile (2014), Itália (2014), Luxemburgo (2015, 2018), Suíça (2016, 2019, 2020, 2021), Canadá (2016, 2022), Estados Unidos (2016), Colômbia (2016), Bélgica (2017), México (2018), Emirados Árabes Unidos (2021), Irlanda (2024) e Reino Unido (2024).

"A maior validação que podemos receber é que a Companhia volta às cidades. Os programadores nos querem de volta, o público local quer ver a Companhia. Para mim esse retorno é muito importante". A frase é do Superintendente de Produção da São Paulo Companhia de Dança, Luca Baldovino, que desde 2008 desenha ao lado de Inês Bogéa, diretora artística, os caminhos da circulação de espetáculos no Brasil, assim como as ações internacionais. Com passaporte carimbado para todos esses destinos, ele reafirma o olhar de Meinrad Huber e Guy Darmet, para além da cena. "Somos e temos um time potente que trabalha de forma profissional para que a SPCD possa ganhar o mundo", completa.

Baldovino inclui nesse *roll*: Antônio Magnoler, Gerente de Produção, e Antônio Dias, o conhecido Titão, Gerente Técnico, que o acompanham e ajudam a planejar as ações da Companhia em todas as turnês internacionais. Porém, o trabalho não seria realizado sem a produção de André Souza, a iluminação de Pedro de Christo, a sonoplastia de Alexandre Ciriaco Vianna, o trabalho da camareira Edmeia Evaristo e do técnico de palco Espedito dos Santos. "Uma equipe e tanto, que dialoga com as outras equipes da Companhia. Sem a comunicação, por exemplo, a gente também não consegue vender o espetáculo para os agentes, porque não temos o material, o release, as imagens. Sem o audiovisual a gente não grava, edita. Sem o administrativo, não recebemos, pagamos... Tudo precisa estar em movimento", fala Luca. São essas equipes que atuam diretamente com a operacionalização das turnês em termos práticos. Desde o envio da carga – se de navio ou avião –, compra de passagens, vistos, rooming lists, traslados, montagens e desmontagens nos teatros, mapas de luz, organização dos figurinos, logística, envio de material de vídeo e comunicação, ações com os programadores locais, entre outros.

Com relação ao processo de internacionalização, a visão de Baldovino se destaca para fortalecer ainda mais o conceito de "*born global*", no quesito que diz respeito ao investimento. Ele conta que na primeira viagem da Companhia para a Europa, para Baden-Baden, já referenciada neste texto, viajaram em média 50 pessoas: "Era preciso apresentar quem éramos, mostrar um resultado. O elenco era enorme por conta da escolha do repertório e porque era preciso investir na imagem da SPCD". Hoje viajam ao exterior aproximadamente 30 pessoas (22 bailarinos, direção, superintendente de produção, gerente de produção, gerente de ensaio, gerente técnico, iluminador, técnico de som, camareira), e somente quando dançamos obras clássicas de noite inteira voltamos a viajar com mais pessoas.

Em diálogo quase que diário com os agentes e programadores internacionais, o trabalho de Baldovino para essas pontes, afinado com a direção, também atua diretamente na escolha das obras. "Quando a Inês vai encomendar uma obra temos que pensar se ela é viável em uma turnê, ou seja, se vende.", explica. Assim se olha para o investimento, para o retorno e sua viabilidade de aplicação em termos mais conceituais.

Para Ruben Ortiz em *Influence of Relationship Networks on the Internationalization Process: the Moderating Effect of Born Global*, "a experiência é uma das principais variáveis que explicam o sucesso na internacionalização". Isso a SPCD já adquiriu ao longo de seus 15 anos, tendo em vista algumas de suas obras que são coproduções – como as já citadas aqui *Peekaboo*, *Odisseia*, *Trick Cell Play*. É preciso também destacar as obras de Stephen Shropshire: *Rococó Variations* (2020), *Marmórea* (2021), *Partita* (2022) e *The Eighth* (2024), que foram criadas em parceria com o The Dutch Performing Arts Program do Performing Arts Fund NL (Holanda), sendo que *The Eighth* tem coprodução com o Bruckner Festival e estreia em abril de 2024, em Linz, na Áustria. "É uma coprodução dupla", comenta Luca. Shropshire foi coreógrafo residente da SPCD para a criação destas quatro obras e foi indicado à Companhia por Meinrad Huber.

E vale ampliar ainda o repertório. Das obras já citadas aqui, também podemos incluir as remontagens de *Ballet 101* (2006), de Eric Gauthier, o *Grand Pas de Deux de O Corsário* (1958), com remontagem da SPCD, *Indigo Rose* (1998), de Jirí Kylián, e a criação *Paixões Brasileiras* (2021), de Milton Coatti, que ganharam os palcos do exterior ao longo destes 15 anos.

> Os brasileiros ainda têm de provar o fato de que são os campeões do mundo de futebol. Que eles são os campeões mundiais de dança, isso eles têm demonstrado claramente na noite de domingo no festival de dança Tanzsommer de Innsbruck. A São Paulo Companhia de Dança superou todas as expectativas e define novas referências!". (por Moni Brüggeller, para o Kronen Zeitung, em 07/2014, Innsbruck – Áustria).

Também é preciso dizer que as ações internacionais da São Paulo Companhia de Dança vão além da cena. Ao longo da sua trajetória foram realizadas três audições internacionais, duas em Baden-Baden (2011 e 2012), na Alemanha, ocasião em que uma bailarina brasileira entrou para o elenco, e outra audição em 2013, em Buenos Aires, na Argentina, quando dois argentinos também passaram a integrar a Companhia. Foi um modo de propiciar que bailarinos brasileiros pudessem voltar a dançar no país como uma forma de repatriação, e que outros, do Mercosul, pudessem integrar o elenco a tornando ainda mais "global".

As atividades educativas e de formação de plateia também ganharam asas. São frequentemente realizadas oficinas de dança – seja de balé clássico ou de repertório em movimento –, além de palestras sobre o repertório das noites e sobre a história da Companhia, nos países visitados, como Alemanha, França, Israel, Itália, Reino Unido, Uruguai, entre outros; em 2023, estivemos em Portugal para uma consultoria de comunicação à equipe do Teatro Viriato e palestras sobre as ações educativas e de memória, no Encontro Internacional de Arte e Acessibilidade a convite do Dançando com a Diferença e do Teatro Viriato.

Ruben Ortiz elenca uma lista de "resultados" sobre ações globais, que nos fazem olhar para a São Paulo Companhia de Dança e (re)conhecer seu trabalho de internacionalização. São eles: prestígio, reconhecimento de marca, poder de negociação, variedade de canais, recursos de relacionamento, propriedade intelectual.

Com isso conclui-se que a São Paulo Companhia de Dança é uma "*born global*", que ainda tem um universo enorme a explorar, muitos passaportes para carimbar, mas que não deixa de lado seu propósito inicial: o de dançar na cidade, no Estado de São Paulo e em diferentes Estados no país, revelando essa dança "*made in Brazil*" não somente no exterior, mas também para nós mesmos.

AGORA, 2019

5, 6, 7... 8! AÇÃO!

Gisele Kato

Depois de dois anos de estudos na The Royal Ballet School, de Londres, a bailarina Márcia Haydée foi orientada para tentar uma vaga no Ballet de Cuevas, companhia de prestígio fundada pelo chileno Marqués de Cuevas em 1947, em Paris. Ela lembra que a audição foi no palco do Teatro Colón, de Buenos Aires, e que saiu de lá com a promessa de contrato assinado com a equipe francesa logo em janeiro de 1956. Mas Márcia chegou em Paris e descobriu que a vaga havia sido cancelada. Com 19 anos, sem nada a perder, ela decidiu frequentar os espaços da companhia mesmo assim, fazendo aulas meio que de penetra, ministradas por estrelas como as russas Lubov Egorova e Olga Preobrajenska. Foram oito meses passados entre classes extraoficiais e refeições entregues às novidades da gastronomia francesa.

A rotina amanteigada de Márcia foi interrompida com um chamado surpresa do próprio Marqués de Cuevas. O mecenas queria dar uma segunda chance à bailarina determinada que seguia em Paris mesmo sem uma vaga na companhia. Mas a jovem com o corpo cheio de curvas que se apresentou naquele dia não tinha mais as medidas exigidas pelo balé clássico na época. Márcia chegou a ouvir

coisa. O programa conseguiu derreter a distância sólida que costuma se impor entre um bailarino consagrado e o público no Brasil. A imagem de uma Márcia intocável, inalcançável, sobre as sapatilhas de ponta, diluiu-se para dar lugar a uma Márcia mais humana, mais próxima, e nem por isso menos sedutora e admirável.

Idealizado pela São Paulo Companhia de Dança logo em 2008, ano de sua criação como um corpo artístico da Secretaria de Cultura, Economia e Indústria Criativas do Estado de São Paulo, o projeto *Figuras da Dança* soma atualmente 41 episódios, cada um deles dedicado a um protagonista da área, que percorre sua própria carreira sob pontos de vista bem intimistas, desmistificando mesmo ideias preconcebidas e fortalecendo o vínculo com o público, ponto essencial no trabalho de um bailarino. Dos movimentos modernos de Ruth Rachou em São Paulo, passando pelas propostas interdisciplinares que Angel Vianna estreou em Belo Horizonte, chegando à estética singular que Paulo e Rodrigo Pederneiras imprimiram nos espetáculos do Grupo Corpo: a série *Figuras na Dança* firmou-se, ao longo desses 15 anos, como uma iniciativa importante para a documentação e a construção de memórias sobre a dança no Brasil.

Distribuída gratuitamente para instituições educativas e culturais, incluindo bibliotecas públicas, ONGs, escolas e universidades, exibida na TV, nos canais TV Cultura, Arte1 e Curta!, e disponível ainda no canal da SPCD no YouTube, *Figuras na Dança* reúne histórias individuais muito diversas entre si e que, juntas, além de comporem um painel rico sobre como a dança evoluiu no Brasil e sua projeção na cena internacional, vislumbram posturas e políticas que podem ser adotadas no futuro. Trata-se de um panorama capaz de instrumentalizar gestores da área, nos setores público e privado, coreógrafos, bailarinos e plateia. E este é só um dos projetos que a companhia paulista desenvolve no audiovisual.

Com o nome de *Canteiro de Obras*, um conjunto de documentários produzido entre 2008 e 2014 voltou-se para o registro dos bastidores do grupo e mostrou a rotina dos integrantes, entre salas de aula e ensaios, e os mais variados processos criativos adotados ao longo desses anos para chegar ao resultado final das quase 40 peças em repertório. Dirigido por Kiko Goifman e Jurandir Müller, o filme de 2013, por exemplo, acompanha o trabalho da companhia durante aquele ano, dedicado aos três grandes temas da humanidade: vida, amor e morte. Em 2013, o coreógrafo italiano Giovanni di Palma fez sua versão de *Romeu e Julieta* para a SPCD, com música do russo Sergei Prokofiev. E o alemão Marco Goecke criou *Peekaboo*, um espetáculo que parte da imagem sugerida pela brincadeira infantil do esconde-esconde para dividir os bailarinos em solos, duos, trios e conjuntos, e falar de medo e solidão.

Desde 2021, a websérie *Conheça o Artista* perfila os próprios integrantes da companhia. Com esse programa, temos a chance de mergulhar nas biografias de quem vemos literalmente no palco. Não à toa, a estreia dos perfis gravados foi com Yoshi Suzuki, cria da casa, e que junta o carisma, a técnica e a versatilidade marcantes na trajetória e nas montagens do grupo. E, desde 2022, a SPCD produz ainda um podcast com o nome de *Contos do Balé*. Em episódios curtinhos, de 10 a 15 minutos em média, a diretora artística Inês Bogéa narra as histórias dos balés mais clássicos de todos os tempos, como *O Lago dos Cisnes*, *O Quebra-Nozes*, *Giselle*.

A lista de iniciativas da São Paulo Companhia de Dança no audiovisual é grande. E, ao se conhecer o trabalho

uma recusa mas, indignada, conseguiu dizer à banca de professores e ao marquês o quanto achava aquilo tudo injusto com ela. Márcia Haydée entrou para o Ballet de Cuevas, seu primeiro trabalho profissional, naquele dia. Permaneceu na companhia por cinco anos, até 1961, graças a seu talento e empenho. Mas, a vaga mesmo, talvez a gente deva dizer que ela conseguiu pela boa argumentação lá, naquela hora.

A Márcia de 2010 conta essa história de um jeito delicioso. E a plateia do programa *Figuras na Dança* ri solto. Mais de cinquenta anos separam a Márcia que precisou vencer o medo e botar para fora o que pensava da situação a que foi submetida na companhia estrangeira e a Márcia que conversa com a diretora da São Paulo Companhia de Dança, Inês Bogéa, dona de uma carreira premiada, sabedora de que, depois daquele começo difícil, veio o percurso no The Stuttgart Ballet, onde brilhou como primeira-bailarina e chegou à direção. Depois de Paris, veio o encontro com o coreógrafo sul-africano John Cranko, vieram as parcerias com o britânico Kenneth MacMillan, o norte-americano John Neumeier, o francês Maurice Béjart.

A trajetória da Márcia Haydée é um ótimo exemplo de um caminho bem-sucedido nas artes no Brasil, e isso já é mérito suficiente para a gente destacar aqui. Acontece que essa história é sobre a Márcia, mas é também sobre balé clássico. É sobre a Márcia, mas também é sobre um tipo de dança que pouquíssimos de nós ousamos vislumbrar como uma profissão possível. Falta acesso a informações de todo o tipo sobre a área: desde a oportunidade de aulas práticas propriamente ditas até a chance de se assistir a espetáculos. Então, aquela risada espontânea das pessoas que participaram da gravação do episódio com a Márcia Haydée para o *Figuras da Dança* significa muita

pra juntar num produto inédito a dança, a música e os recursos audiovisuais. As videodanças vão além de meros registros de espetáculos, até porque a diretora Inês Bogéa não gosta muito da ideia de oferecer ao público uma versão gravada de uma coreografia feita pra ser vista ao vivo. "Parte da fruição se perde", disse ela para mim muito tempo atrás. Pensadas para fazerem sentido para além da captação de uma montagem, as videodanças são a resposta da Inês para esse dilema. E desde o primeiro conteúdo realizado esbanjam disposição para funcionarem com essa independência.

Com direção de Inês Bogéa e Luciano Cury, produção executiva de João Marcello Bôscoli e coreografia de Milton Coatti, *Mira*, a primeira videodança da SPCD, foi gravada em 2018, na Oca, no parque do Ibirapuera. Com recursos de realidade virtual, a criação foi desenvolvida para ser vista em 360°, de preferência com óculos VR, o que subverte a relação do espectador com a obra. Em vez do distanciamento comum entre plateia e palco, *Mira* coloca o público também no centro da ação, assistindo ao espetáculo como parte integrante e ativa do grupo, imerso nos espaços entre um bailarino e outro, próximo o suficiente para perceber e sentir os movimentos dos corpos de uma maneira única, com autonomia para escolher pontos de vista e perspectivas. E esse foi só o começo.

No ano passado, a SPCD lançou cinco videodanças em parceria com o Museu do Ipiranga. Dirigidas por Inês Bogéa e Alexandre Cruz, com trilha sonora de André Mehmari, as peças revelam os bailarinos da Companhia vivenciando os novos ambientes do museu histórico, até então fechado para visitações por conta de uma reforma e restauração que se estenderam por nove anos. Os episódios "*SPCD no Museu*" sugerem aos espectadores novos olhares

de perto, percebe-se o quanto essa política e essa vontade de comunicação está intrínseca ao funcionamento do corpo de balé como um todo, de uma forma quase orgânica mesmo. Aqui é preciso quebrar nem que seja um pouquinho o ritmo do texto para garantir que todos entendam de fato a dimensão dessa conduta da Companhia. Porque estamos falando de muitos programas com abordagens diferentes, realizados com uma periodicidade rara no Brasil, com uma abrangência de temas e períodos da nossa história, ainda distribuídos para plateias amplas, e que, beneficiados pela era digital, extrapolam fronteiras e causam ações e reações que talvez a gente nem consiga prever. Sim, porque os objetivos primordiais dessa proposição da Inês Bogéa são o de registrar a cena da dança no país, reunir informação e preservar nossa memória. Mas as iniciativas certamente fazem mais do que isso. Já falamos no trabalho de formação de plateia que direta ou indiretamente ocorre. Pois eu também não consigo deixar de imaginar uma criança ou um jovem que, numa tarde dessas qualquer, inadvertidamente, entre um vídeo do YouTube e outro, assista a um dos conteúdos da SPCD. Pode ser que seu ímpeto inicial até seja clicar para sair da tela, mas por algum motivo continue lá, e assim, como mágica mesmo, começa uma nova história de amor com a dança. E essa criança ou jovem vira um espectador assíduo de espetáculos. Ou um bailarino(a). Ou um coreógrafo(a). Ou tudo isso junto. E verdade seja dita: muito antes de a tragédia pandêmica acelerar e tornar obrigatórias ações nesses suportes por parte de todas as instituições culturais no mundo, a SPCD já explorava formatos e linguagens.

As *Videodanças*, em que a companhia investe desde 2018, resultam dessa experiência acumulada na área. Já são 18 peças lançadas, cada uma com uma proposta inusitada

para a arquitetura do prédio, numa costura de poses, gestos e ângulos singulares tanto com relação ao corpo humano propriamente dito quanto no que diz respeito ao espaço físico mesmo.

Essa ousadia e busca constante por resultados diferentes vindos do casamento da alta tecnologia com os movimentos dos bailarinos da SPCD me remete a um outro episódio do *Figuras da Dança*, dedicado a um mestre que perdemos para a Covid-19, em 2021. Dez anos antes dessa tragédia mundial, no finzinho de 2011, durante a gravação do programa, o coreógrafo e bailarino Ismael Ivo se pergunta por que, àquela época com 56 anos de idade, ele continuava entrando, todos os dias, num estúdio de dança. E com a voz serena, inclina-se para frente e responde logo na sequência: "Porque eu quero ser feliz. (...) Encontro a alegria de ver o meu corpo, os outros corpos desenhando coisas no ar, dentro dessa disciplina que é tão etérea."

O garoto da Vila Ema, na periferia de São Paulo, fez carreira pelo mundo. Criou um festival internacional de dança em Viena, assumiu a direção da Bienal de Dança de Veneza, dirigiu tempos mais tarde o Balé da Cidade de São Paulo. De gestos expressionistas, Ismael assinou muitos espetáculos que têm a teatralidade como um ponto central. Os desenhos no ar a que se referiu no programa, no seu caso, foram traçados sempre carregados de emoção, intensos, numa procura deliberada pela reação da plateia.

Também no episódio de Ismael Ivo para o *Figuras da Dança*, a certa altura, sua história encontra-se com a da bailarina e coreógrafa Márcia Haydée, com quem abrimos este ensaio. Em 1999, a montagem de *Tristão e Isolda*, dançada pelos dois, marcou o The Stuttgart Ballet e a cena da dança na Alemanha. O encontro no palco da musculatura dramática de Ismael com o corpo lânguido e clássico da

Márcia mostrou-se explosivo. Por quatro anos, eles trabalharam em dupla, emendando peças festejadas pela crítica e pelo público.

Esse *Figuras da Dança* termina com Ismael Ivo refletindo sobre o desejo inerente ao ser humano de deixar sinais de sua existência. Para ele, a vida era um grande baile sublinhado por movimentos que o ajudavam a ver e absorver o mundo. Ismael dizia que a dança era sua forma de enxergar todas as coisas ao redor. Com os projetos audiovisuais da São Paulo Companhia de Dança, voltados para a preservação da memória e documentação na área, podemos voltar a Ismael Ivo e ir além. A história da nossa dança pode ser uma forma de a gente entender muito sobre nossa própria história como país. E pode ser um ponto de partida para projetarmos outras possibilidades de futuros. Assim, no plural.

MARCOS DA SPCD

VADIANDO, 2013

2008

Instituição da Companhia.

PRODUÇÃO ARTÍSTICA

Polígono, de Alessio Silvestrin; *Les Noces*, de Bronislava Nijinska; *Entreato*, de Paulo Caldas; *Serenade*, de George Balanchine

CIRCULAÇÃO

40 espetáculos

ESTADO DE SÃO PAULO: Caraguatatuba, Ribeirão Preto, Santos e São Paulo

BRASIL: Belém (PA), Curitiba (PR), João Pessoa (PB)

PRODUÇÃO AUDIOVISUAL

Estreia dos documentários *Figuras da Dança* em parceria com a TV Cultura: Ady Addor, Ismael Guiser, Ivonice Satie, Marilena Ansaldi, Penha de Souza

Documentários voltados a educadores (*Corpo-a-Corpo com o Professor*): *A dança no tempo*, *Nos Passos da Dança*

Documentário sobre os bastidores dos processos criativos (*Canteiro de Obras*): *Construindo Polígono*

PUBLICAÇÕES EDUCACIONAIS

Corpo-a-Corpo com ilustrações de grandes cartunistas: Laerte para *Polígono;* Maria Eugenia para *Les Noces;* Caco Galhardo para *Entreato;* Alex Cerveny para *Serenade*

OUTROS DESTAQUES

Início da parceria com a marca Uma – Raquel Davidowicz

2008

GNAWA

2009

2009

PRODUÇÃO ARTÍSTICA

Ballo, de Ricardo Scheir; *Passanoite,* de Daniela Cardim; *Gnawa,* de Nacho Duato; *Tchaikovsky Pas de Deux,* de George Balanchine

CIRCULAÇÃO

61 espetáculos

ESTADO DE SÃO PAULO: Araraquara, Bauru, Caraguatatuba, Indaiatuba, Ourinhos, Piracicaba, São Carlos, São José do Rio Preto, São José dos Campos e São Paulo

BRASIL: Belo Horizonte(MG), Fortaleza (CE), Joinville (SC), Porto Alegre (RS), Salvador (BA)

PRODUÇÃO AUDIOVISUAL

Documentários *Figuras da Dança* em parceria com a TV Cultura: Antônio Carlos Cardoso, Hulda Bittencourt, Luis Arrieta, Ruth Rachou, Tatiana Leskova

Documentários para professores (*Corpo-a-Corpo com o Professor*): *Vida de bailarino*, *Caixa Preta*

Documentário sobre os bastidores dos processos criativos (*Canteiro de Obras*): *Sobre a SPCD*

PUBLICAÇÕES EDUCACIONAIS

Corpo-a-Corpo com ilustrações de grandes cartunistas: Marcelo Cipis para *Ballo*; Odilon Moraes para *Passanoite*; Paulo Caruso para *Gnawa*; e Ionit Zilberman para *Tchaikovsky Pas de Deux* de George Balanchine

Programas de sala: *Gnawa e Ballo* (março/abril); *Passanoite* (outubro)

LIVROS

Lançamento do primeiro livro de ensaios e fotos da SPCD

Primeira Estação – Ensaios Sobre a São Paulo Companhia de Dança com textos de Beatriz Cerbino, Ciane Fernandes, Inês Bogéa, Iracity Cardoso, José Possi Neto, Lilia Moritz Schwarcz, Marcelo Coelho, Modesto Carone, Roberto Gambini, Vadim Nikitin e fotografias de João Caldas e Jurandir Muller

2010

PRODUÇÃO ARTÍSTICA

Os Duplos, de Maurício de Oliveira; *Sechs Tänze,* de Jíri Kylián; *Prélude à L'aprés-midi d'un Faune,* de Marie Chouinard; *Theme and Variations,* de George Balanchine

CIRCULAÇÃO

65 espetáculos

ESTADO DE SÃO PAULO: Campos de Jordão, Caraguatatuba, Indaiatuba, Jundiaí, Paulínia, Piracicaba, Presidente Prudente, Santa Bárbara d'Oeste, Santos e São Paulo

BRASIL: Curitiba (PR), Fortaleza (CE), Recife (PE) e Salvador (BA)

EXTERIOR: Assunção (Paraguai)

PRODUÇÕES AUDIOVISUAIS

Documentários *Figuras da Dança* em parceria com a TV Cultura: Angel Vianna, Carlos Moraes, Décio Otero, Márcia Haydée, Sônia Mota

Documentários para professores (*Corpo-a-Corpo com o Professor*): *Uma Roupa que Dança*

SECHS TÄNZE

2010

Documentário sobre os bastidores dos processos criativos (*Canteiro de Obras*): SPCD 2010

PUBLICAÇÕES EDUCACIONAIS

Programas de sala: *Os Duplos* e *Theme and Variations* (maio); *Sechs Tänze* e *Prélude à L'aprés-midi d'un Faune* (setembro)

LIVROS

Sala de Ensaio – Textos sobre a São Paulo Companhia de Dança Textos de Antônio Prata, Manuel da Costa Pinto, Sandra Meyer, Inês Bogéa, Francisco Bosco, Márcia Strazzacappa, Flávia Fontes Oliveira, Fabrício Corsaletti e Agnaldo Farias. Ilustrações de Caco Galhardo. Fotografias de João Caldas, Alceu Bett, Sílvia Machado, André Porto e Reginaldo Azevedo

OUTROS DESTAQUES

Primeira apresentação fora do Brasil, como convidada na 10ª Gala Latino-Americana de Ballet, no Paraguai

2011

PRODUÇÃO ARTÍSTICA

Legend, de John Cranko; *Inquieto*, de Henrique Rodovalho; *Supernova*, de Marco Goecke

CIRCULAÇÃO

76 espetáculos

ESTADO DE SÃO PAULO: Americana, Araraquara, Botucatu, Caraguatatuba, Espírito Santo do Pinhal, Garça, Itatiba, Jaú, Jundiaí, Limeira, Ourinhos, Piracicaba, Santa

2011

Bárbara d'Oeste, Santo André, Santos, São Bernardo do Campo, São João da Boa Vista e São Paulo

BRASIL: Belém (PA), Fortaleza (CE), Rio de Janeiro (RJ), Salvador (BA), São Luís (MA) e Vitória (ES)

EXTERIOR: Baden Baden (Alemanha) e Buenos Aires (Argentina)

PRODUÇÃO AUDIOVISUAL

Documentários *Figuras da Dança* em parceria com a TV Cultura: Ana Botafogo, Célia Gouvêa

PUBLICAÇÕES EDUCACIONAIS

Corpo-a-Corpo com ilustrações de grandes cartunistas: Laurabeatriz para *Inquieto* e *Legend*; e Daniel Bueno para *Supernova*

Programas de sala: *Inquieto* e *Legend* (junho); *Supernova* (agosto)

LIVROS

Terceiro Sinal – Ensaios Sobre a São Paulo Companhia de Dança Textos de Alcino Leite Neto, Eliana Caminada, Inês Bogéa, Noemi Jaffé, Marcela Benvegnu, Sidney Molina, Alberto Martins, Sayonara Pereira e Daniel Galera. Fotos de João Caldas, Wilian Aguiar, Silvia Machado, Alceu Bett e Tom Lisboa

OUTROS DESTAQUES

Criação do Programa de Desenvolvimento das Habilidades Futuras do Artista da Dança (PDHFAD), que tem como objetivo abrir espaço para que os bailarinos da São Paulo Companhia de Dança possam desenvolver outras habilidades profissionais ligadas à área da dança – coreógrafo, assistente de ensaio, professor, fotógrafo, designer, assistente de comunicação, e outras – durante seu tempo de atuação na Companhia.

2012

PRODUÇÃO ARTÍSTICA

Bachiana nº1, de Rodrigo Pederneiras; *In the Middle, Somewhat Elevated*, de William Forsythe; *Dois a Dois* (*Grand Pas de Deux de Dom Quixote,* remontagem de Tatiana Leskova e o *Grand Pas de Deux de O Quebra-Nozes*, remontagem de Manoel Francisco); *Ballet 101* (2006), de Eric Gauthier

Produções no Ateliê de Coreógrafos Brasileiros: *Azougue,* de Rui Moreira; *Mamihlapinatapai,* de Jomar Mesquita; *Pormenores*, de Alex Neoral

CIRCULAÇÃO

74 espetáculos

ESTADO DE SÃO PAULO: Caieiras, Caraguatatuba, Catanduva, Garça, Ilhabela, Indaiatuba, Paulínia, Piracicaba, Presidente Prudente, Salto, Santo André, Santos, São Paulo e Sorocaba

BRASIL: Belo Horizonte (MG), Fortaleza (CE), Goiânia (GO), Porto Alegre (RS), Recife (PE) e Vitória (ES)

EXTERIOR: Neuss (Alemanha) e Den Haag (Holanda)

PRODUÇÕES AUDIOVISUAIS

Documentários *Figuras da Dança* em parceria com a TV Cultura: Lia Robatto, Ismael Ivo, Marilene Martins, Edson Claro

Documentário sobre os bastidores dos processos criativos (*Canteiro de Obras*): *Ensaio Sobre o Movimento* de Evaldo Mocarzel

2012

PUBLICAÇÕES EDUCACIONAIS

Corpo-a-Corpo com ilustrações de grandes cartunistas: Madalena D'Agostinho para *Bachiana nº 1* e *Ballet 101*; Manoel Britto para *Dois a Dois*; Rafael Coutinho para *In The Middle, Somewhat Elevated*

Programas de sala: *Bachiana nº 1* (junho); *In The Middle, Somewhat Elevated* (agosto)

LIVROS

Em Cena – Ensaios sobre a São Paulo Companhia de Dança Textos de Inês Bogéa, Marcio Junji Sono, Ernesto Gadelha, Arnaldo Siqueira, Ana Terra, Arnaldo Alvarenga, Jerusa Pires Ferreira

PRÊMIOS

Bachiana nº 1 | Veja São Paulo – Melhor Espetáculo de Dança do Ano

In the Middle, Somewhat Elevated | Guia da Folha de S. Paulo – 2º Melhor Espetáculo de Dança do Ano (voto do júri)

OUTROS DESTAQUES

Lançamento do programa Ateliê Coreográfico que estreou o *1º Ateliê de Coreógrafos Brasileiros* com a participação de Alex Neoral, Jomar Mesquita e Rui Moreira

Criação da ferramenta *Dança em Rede*, enciclopédia colaborativa online de dança

2013

PRODUÇÕES ARTÍSTICAS

Peekaboo, de Marco Goecke; *Por Vos Muero*, de Nacho Duato;

ROMEU E JULIETA

2013

Petite Mort, de Jirí Kylián; *Romeu e Julieta*, de Giovanni di Palma

Produções no Ateliê de Coreógrafos Brasileiros: *Utopia ou o Lugar que Não Existe*, de Luiz Fernando Bongiovanni e *Vadiando*, de Ana Vitória

CIRCULAÇÃO

96 espetáculos

ESTADO DE SÃO PAULO: Araçatuba, Araraquara, Bauru, Campinas, Caraguatatuba, Ilhabela, Indaiatuba, Jundiaí, Limeira, Mogi das Cruzes, Mongaguá, Piracicaba, Praia Grande, Presidente Prudente, Ribeirão Preto, Santos, São Carlos, São José do Rio Preto, São Paulo, Sorocaba e Tatuí

BRASIL: Fortaleza (CE) e Vitória (ES)

EXTERIOR: Bregenz (Áustria); Fulda, Ludwigsburg, Ludwigshafen e Wolfsburg (Alemanha); Montevideo (Uruguai); Rosário (Argentina)

PRODUÇÕES AUDIOVISUAIS

Documentários *Figuras da Dança* em parceria com a TV Cultura: Hugo Travers, Eva Schul, J.C. Violla, Cecília Kerche, Janice Vieira

Documentário sobre os bastidores dos processos criativos (*Canteiro de Obras*): *Amor, Vida e Morte* de Kiko Goifman e Jurandir Muller

PUBLICAÇÕES EDUCACIONAIS

Corpo-a-Corpo com ilustrações de grandes cartunistas: Renato Moriconi para *Por Vos Muero*; Arnaldo Angeli Filho para *Peekaboo*; Marcos Alberto Garuti para *Petite Mort*; Zélio Alves Pinto para *Romeu e Julieta*

Programas de sala: *Por Vos Muero* e *Utopia* (junho), *Petite Mort* (agosto) e estreia de *Romeu e Julieta* (novembro)

LIVROS

Jogo de Corpo – Ensaios sobre a São Paulo Companhia de Dança. Textos de Lucia Santaella, Nelson Ascher, Paulo Caldas, Evaldo Mocarzel, Kathya Godói, Maria Eugênia de Menezes e Inês Bogéa. Ensaio fotográfico de Marcelo Maragni

PRÊMIOS

Romeu e Julieta | Guia da Folha de S. Paulo – Melhor Espetáculo de Dança do ano (voto do júri)

OUTROS DESTAQUES

Início da parceria com o canal Arte1!

Início do Programa de Assinaturas

SPCD se tornou companhia residente do Teatro Sérgio Cardoso

2014

PRODUÇÕES ARTÍSTICAS

La Sylphide, de Mário Galizzi; *The Seasons*, de Édouard Lock;

Duo Clássico Moderno: Le Spectre de la Rose + *Grand Pas de Deux de O Cisne Negro*, Mário Galizzi

Produções no Ateliê de Coreógrafos Brasileiros: *Gen*, de Cassi Abranches; *Bingo!*, de Rafael Gomes

CIRCULAÇÃO

93 espetáculos

ESTADO DE SÃO PAULO: Amparo, Campinas, Caraguatatuba, Catanduva, Cerquilho, Indaiatuba, Itararé, Jacareí, Limeira, Mogi Guaçu, Mogi Mirim, Paraguaçu Paulista, Piracicaba, Poá, Praia Grande, Presidente Prudente, Ribeirão Preto,

2014

Rio Claro, São João da Boa Vista, São José do Rio Preto, São Paulo, São Simão e São Vicente

BRASIL: Belo Horizonte (MG), Recife (PE) e Salvador (BA)

EXTERIOR: Beer Sheva, Haifa, Herzliya, Petah Tikva (Israel); Bolzano (Itália); Colônia (Alemanha); Frutilllar (Chile); e Innsbruck (Áustria)

PRODUÇÕES AUDIOVISUAIS

Documentários *Figuras da Dança* em parceria com a TV Cultura: Paulo Pederneiras, Mara Borba, Jair Moraes, Eliana Caminada

Documentários para professores (*Corpo-a-Corpo com o Professor*): *A Escrita da Dança*

Documentário sobre os bastidores dos processos criativos (*Canteiro de Obras*): *Notas para um Olhar Dançar*

PUBLICAÇÕES EDUCACIONAIS

Corpo-a-Corpo com ilustrações de grandes cartunistas: Zélio Alves Pinto e Luiza Whitaker para *Brincadeiras de Dança;* Milla Pizzi para *La Sylphide;* Takako Nayama para *Le Spectre de La Rose;* Erasmo Spadotto para *Grand Pas de Deux de O Cisne Negro*

Programas de sala: *La Sylphide* (junho); *Workwithinwork* (agosto) e *The Seasons/ Gen e Bingo!* (novembro)

LIVROS

Passado-Futuro – Textos e Fotos sobre a São Paulo Companhia de Dança. Textos de Marcela Benvegnu, Roland Clauzet, Felipe Chaimovich, Cacá Machado, Peter J. Rosenwald, Amanda Queirós e Rodrigo Lacerda. Ensaio fotográfico de André Porto

PRÊMIOS

The Seasons, de Édourd Lock | Guia da Folha de S. Paulo – Melhor Espetáculo de Dança do ano (voto do júri)

OUTROS DESTAQUES

Exposições de fotos: abordando o tema *Amor, Vida e Morte* nas estações de metrô Clínicas, Sé e Luz

2015

PRODUÇÕES ARTÍSTICAS

Litoral, de Mauricio Wainrot; *O Sonho de Dom Quixote,* de Márcia Haydée; *Indigo Rose,* de Jirí Kylián; *Grand Pas de Deux de O Corsário,* da SPCD a partir do original de 1858 de Marius Petipa

Produções no Ateliê de Coreógrafos Brasileiros: *Céu Cinzento,* de Clébio Oliveira; *Epiderme,* de Binho Pacheco

CIRCULAÇÃO

80 espetáculos

ESTADO DE SÃO PAULO: Barra Bonita, Bauru, Campinas, Caraguatatuba, Cerquilho, Franca, Ilhabela, Indaiatuba, Jacareí, Jundiaí, Lençóis Paulista, Limeira, Mogi-Mirim, Paulínia, Piracicaba, Pirassununga, Praia Grande, São Caetano do Sul, São João da Boa Vista, São Paulo, Sorocaba, Ubatuba e Votuporanga

BRASIL: Brasília (DF), Caldas Novas (GO), Fortaleza (CE) e Joinville (SC)

EXTERIOR: Bonn, Friedrichshafen, Leverkusen e Viersen (Alemanha); Buenos Aires (Argentina); Luxemburgo (Luxemburgo); Montevidéu (Uruguai); e Mortagne-Au-Perche (França)

2015

PRODUÇÕES AUDIOVISUAIS

Documentários *Figuras da Dança* em parceria com a TV Cultura: Nora Esteves, Maria Pia Finócchio

PUBLICAÇÕES EDUCACIONAIS

Programas de sala: *Indigo Rose e Litoral* (junho) e *O Sonho de Dom Quixote/ Epiderme e Céu Cinzento* (novembro)

PRÊMIOS

Indigo Rose, de Jirí Kylián | Guia da Folha de S. Paulo – Melhor Espetáculo de Dança do ano (voto do público)

O Sonho de Dom Quixote, de Márcia Haydée | Guia da Folha de S. Paulo – 2° Melhor Espetáculo de Dança do ano (voto do júri)

AÇÕES COM PARCEIROS

Museu Dançante, com MASP e Conspiração Filmes

2016

PRODUÇÕES ARTÍSTICAS

Six Odd Pearls, de Richard Siegal; *Suíte para Dois Pianos*, de Uwe Scholz; *Ngali...*, de Jomar Mesquita; *O Talismã Pas de Deux*, de Pablo Aharonian; *Fada do Amor e Carmen Pas de Deux*, de Márcia Haydée

Produções no Ateliê de Coreógrafos Brasileiros: *Pivô*, de Fabiano Lima

CIRCULAÇÃO

81 espetáculos

ESTADO DE SÃO PAULO: Araras, Barueri, Campinas, Ilhabela, Indaiatuba, Itapeva, Jacareí, Jundiaí, Osasco, Pindamo-

2016

nhagaba, Praia Grande, Santa Bárbara d'Oeste, Santos, São Paulo, Sorocaba e Votuporanga

BRASIL: Belo Horizonte e Uberlândia (MG), Goiânia (GO), Joinville (SC), Londrina (PR)

EXTERIOR: Biel, Bulle, Monthey, Morges, Winterthur e Zurique (Suíça); Montreal e Ottawa (Canadá); Bogotá (Colômbia); Lyon (França); Nova York (Estados Unidos)

PRODUÇÕES AUDIOVISUAIS

Documentários *Figuras da Dança* em parceria com a TV Cultura: José Possi Neto

PUBLICAÇÕES EDUCACIONAIS

Programas de sala: *Six Odd Pearls e Suíte para Dois Pianos* (junho); *Pivô e Ngali...* (novembro)

PRÊMIOS

Ngali..., de Jomar Mesquita – Guia da Folha de S. Paulo | Melhor Espetáculo de Dança do ano (voto do público) e 3° Melhor Espetáculo de Dança do ano (voto do júri)

The Seasons, de Édouard Lock | Grand Prix de La Danse de Montréal – Coreógrafo vencedor pela criação da obra e por sua carreira

Pivô, de Fabiano Lima | Guia da Folha de S. Paulo – 3° Melhor Espetáculo de Dança do ano (voto do júri)

2017

PRODUÇÕES ARTÍSTICAS

Pássaro de Fogo Pas de Deux, de Marco Goecke; *14'20"*, de Jirí Kylián; *Primavera Fria*, de Clébio Oliveira; *Pulcinella*, de Giovanni Di Palma (em parceria com a Organização

Social de Cultura Santa Marcelina); *II Ato de O Lago dos Cisnes,* de Mário Galizzi

Produções no Ateliê de Coreógrafos Brasileiros: *Suíte de Raymonda,* remontagem de Guivalde de Almeida e *Instante,* de Lucas Lima

CIRCULAÇÃO

99 espetáculos

ESTADO DE SÃO PAULO: Atibaia, Barueri, Bauru, Campos do Jordão, Diadema, Franca, Garça, Ilhabela, Jundiaí, Pindamonhangaba, Piracicaba, Praia Grande, Salto, São Caetano do Sul, São Paulo, Sorocaba, Taubaté e Ubatuba

BRASIL: Curitiba (PR), Fortaleza (CE), Joinville (SC) e Recife (PE)

EXTERIOR: Alès, Annecy, Chambéry (França); Colônia, Gutersloh, Hanôver, Ludwisburg, Mainz (Alemanha); Herzliya, Jerusalém e Yagur (Israel); e Antuérpia (Bélgica)

PRODUÇÃO AUDIOVISUAL

Documentário *Figuras da Dança* em parceria com a TV Cultura: Aracy Evans

PUBLICAÇÕES EDUCACIONAIS

Programas de sala: *14'20"/ Pássaro de Fogo/ Primavera Fria e Suíte de Raymonda* (junho)

PRÊMIOS

SPCD | Prêmio Gütesiegel – Melhor Performance do ano da temporada 2016/2017 na Alemanha (voto popular)

SPCD | Prêmio Gütesiegel – Melhor Companhia de Dança do ano da temporada 2016/2017 na Alemanha (voto popular)

SPCD | Tanz Jahrbuch / Tanz Magazine – Indicada como a

DUO PÁSSARO DE FOGO

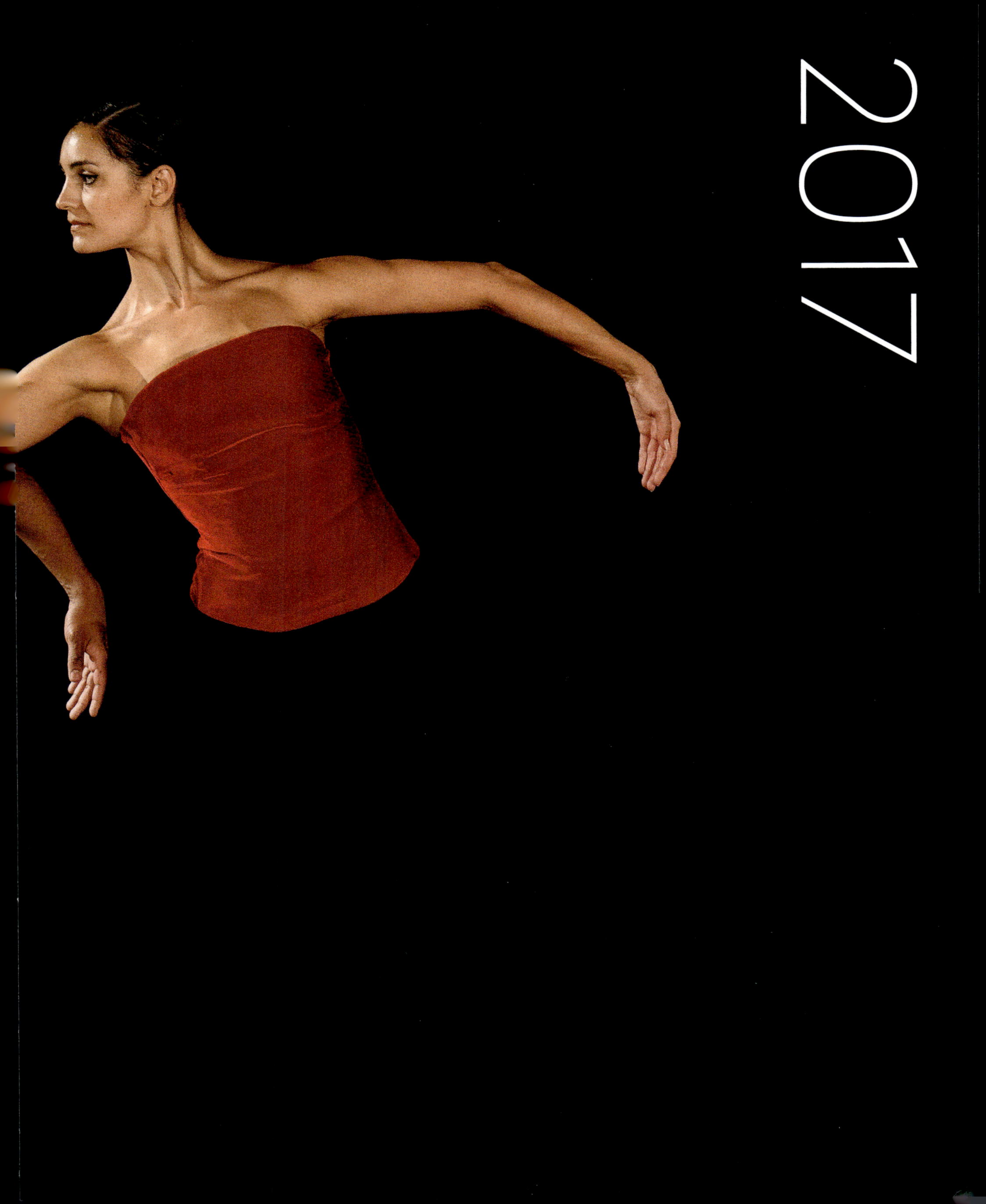
2017

Melhor Espetáculo do ano pela crítica Nicole Strecker, da Alemanha

II Ato O Lago dos Cisnes | Guia da Folha de S. Paulo – Melhor Espetáculo de Dança do ano (com a apresentação na Sala São Paulo com a Orquestra Sinfônica do Estado de São Paulo)

Pulcinella | Prêmio Revista Concerto – Melhor Espetáculo de Ópera do ano (com o espetáculo *Pulcinella & Arlecchino*, em parceria com a Orquestra do Theatro São Pedro)

14'20" | Prêmio da APCA – Prêmio de Melhor Interpretação do ano para os bailarinos Ana Paula Camargo e André Grippi

Primavera Fria | Prêmio da APCA – Indicado na categoria Coreografia/Criação

OUTROS DESTAQUES

Parcerias com seis Organizações Sociais de Cultura (OSESP, Santa Marcelina Cultura, Catavento, POIESIS, ACAM Portinari, APAA)

2018

PRODUÇÕES ARTÍSTICAS

Melhor Único Dia, de Henrique Rodovalho; *Odisseia*, de Joelle Bouvier; *Schumann ou Os Amores do Poeta, de* Cassi Abranches e Milton Coatti; *Bernstein 100*, de Erika Novachi e Edson Guiú; *O Lago dos Cisnes*, de Mário Galizzi

Produções no Ateliê de Coreógrafos Brasileiros: *Petrichor*, de Thiago Bordin e *Mira*, de Milton Coatti

CIRCULAÇÃO

138 espetáculos

ESTADO DE SÃO PAULO: Araras, Barueri, Cotia, Franco da Rocha, Guarulhos, Ilhabela, Indaiatuba, Jundiaí, Lorena, Piracicaba, Ribeirão Preto, Santo André, Santos, São José dos Campos, São Paulo, Sorocaba, Suzano e Taubaté.

BRASIL: Belo Horizonte (MG)

EXTERIOR: Baden Baden, Fürth, Ludwigshafen (Alemanha); Cidade do México (México); Creteil e Lyon (França); Linz (Áustria); e Luxemburgo (Luxemburgo)

PRODUÇÕES AUDIOVISUAIS

Documentário *Figuras da Dança* em parceria com a TV Cultura: Tindaro Silvano

Videodança*: Mira*

PUBLICAÇÕES EDUCACIONAIS

Programas de sala: *Petrichor/ Instante e Melhor Único Dia* (junho) e *O Lago dos Cisnes* (novembro)

LIVROS

São Paulo Companhia de Dança (10 anos). Textos de Ana Terra, Ernesto Gadelha, Iara Biderman, Marcela Benvegnu, Maria Eugênia de Menezes. Depoimento de Ammanda Rosa. Fotografias de Wilian Aguiar

PRÊMIOS

Melhor Único Dia | Prêmio APCA – Melhor Estreia do ano; Guia da Folha de S. Paulo – 3° Melhor Espetáculo do ano (voto do júri)

O Lago dos Cisnes | Guia da Folha de S. Paulo – 2° Melhor Espetáculo do ano (voto do público e do júri); Prêmio APCA – Prêmio Técnico para Vivien Buckup, pela dramaturgia

O LAGO DOS CISNES

2018

da obra; Prêmio APCA – Indicação de Yoshi Suzuki na categoria Interpretação
Odisseia | Guia da Folha de S. Paulo – 3° Melhor Espetáculo do ano (voto do público)
Schumann ou Os Amores do Poeta | Prêmio APCA – Indicado na categoria Coreografia/Criação (voto do público)

AÇÕES COM PARCEIROS
Ainda Arde – Performance, com Vera Martins
Gestos – Ocupação

2019

PRODUÇÕES ARTÍSTICAS
Agora, de Cassi Abranches; *A Morte do Cisne*, de Lars Van Cauwenbergh; *Trick Cell Play*, de Édouard Lock; *Anthem*, de Goyo Montero; *Vai*, de Shamel Pitts
Produções no Ateliê de Coreógrafos Brasileiros: *A Quadratura do Círculo*, de Ricardo Gali

CIRCULAÇÃO
79 espetáculos
ESTADO DE SÃO PAULO: Araras, Caieiras, Campinas, Guarulhos, Ilhabela, Mongaguá, Praia Grande, Santos, São José dos Campos, São Paulo, Taboão da Serra e Taubaté
BRASIL: Fortaleza (CE)
EXTERIOR: Annecy, Antibes, Paris e Sainte Maxime (França); Cologne, Ludwigshafen, Mainz e Wolfsburg (Alemanha); Fribourg (Suíça); Heerlen (Holanda)

PRODUÇÕES AUDIOVISUAIS
Videodanças: *Dobras; Máscaras*

PUBLICAÇÕES EDUCACIONAIS

Programas de sala: *Agora e A Morte do Cisne* e pré-estreia de *Trick Cell Play* (junho); *Anthem e Vai* (novembro)

PRÊMIOS

SPCD | Critics' Choice of Dance Europe – Melhores Companhias de Dança da temporada 2018/2019

SPCD | Grand Prix de la Critique – Melhor Companhia de Dança da temporada 2018/2019 na França

Agora | Prêmio APCA – Melhor Coreografia do ano; Guia da Folha de S. Paulo – 2° Melhor Espetáculo do ano (voto do público); Prêmio APCA – Indicação de Prêmio Técnico para Sebastian Piracés, pela trilha sonora

Trick Cell Play | Guia da Folha de S. Paulo – 2° Melhor Espetáculo do ano (voto do júri); Indicado na categoria Espetáculo/Estreia do ano

Anthem | Guia da Folha de S. Paulo – 3° Melhor Espetáculo (voto do público)

Dobras, curta-metragem dirigido por Cristian Borges, de livre adaptação da coreografia *Peekaboo* | Festival Internacional de Curtas-Metragens de São Paulo – 10 filmes Favoritos do Público

AÇÕES COM PARCEIROS

World Ballet Day | Primeira Companhia de balé da América Latina a participar da 5ª edição do World Ballet Day (#WorldBalletDay)

OUTROS DESTAQUES

Novo Contrato de Gestão da São Paulo Companhia de Dança para os próximos 5 anos (dezembro de 2019 a novembro de 2024) com a Associação Pró-Dança

2019

2020

2020

PRODUÇÕES ARTÍSTICAS

Só Tinha de Ser com Você, de Henrique Rodovalho; *Rococo Variations,* de Stephen Shropshire; *Respiro,* de Cassi Abranches

Produções no Ateliê de Coreógrafos Brasileiros: *Aparições,* de Ana Catarina Vieira; *Pas de Deux de Carnaval em Veneza,* de Duda Braz

Obras para vídeo: *Dança Hoje,* formada por 8 coreografias contemporâneas; *Cantares e Dançares*, com *Imaginária Serenata e Matrizes*, de Igor Vieira; *Gala Clássica* com vários autores

CIRCULAÇÃO

25 espetáculos presenciais e início dos virtuais com 18 espetáculos/transmissões

ESTADO DE SÃO PAULO: Araras, Bauru, Piracicaba, Santa Bárbara d'Oeste, São Paulo, Taboão da Serra e Ubatuba

EXTERIOR: Winterthur e Neuchâtel (Suíça)

PRODUÇÕES AUDIOVISUAIS

Documentários *Figuras da Dança* em parceria com a TV Cultura: Gisèle Santoro, Neyde Rossi

Documentário *Temporada em Construção* por Galeria Produções: *O Lago dos Cisnes*

Documentário *Videodanças* sobre *Amálgama*

Videodanças: *Dança Hoje*; *Amálgama*; *Cantares e Dançares* (São Paulo Companhia de Dança e Theatro São Pedro: *Matrizes* e *Imaginária Serenata*)

Websérie *Brincar e Dançar*

Podcast *Contos do Balé*

PUBLICAÇÕES EDUCACIONAIS

Programas de sala: estreia de *Rococó Variations* e *Só Tinha de Ser com Você* (setembro)

PRÊMIOS

SPCD | Prêmio APCA – Indicada na categoria Ação de Sustentabilidade pela manutenção e ampliação das atividades de criação, comunicação, residência artística e memória da Companhia ao longo da pandemia de Covid-19

AÇÕES COM PARCEIROS

Corpus – Alma e Esperança, com o Balé da Cidade (Theatro Municipal de São Paulo)

World Ballet Day

OUTROS DESTAQUES

Selo #SPCDdigital, em acordo com as diretrizes do programa #CulturaEmCasa da Secretaria de Cultura e Economia Criativa

Parceria com a Secretaria de Estado da Educação para divulgação dos espetáculos da SPCD através da Intranet da Instituição

2021

PRODUÇÕES ARTÍSTICAS

Madrugada, de Antônio Gomes; *Les Sylphides (Chopiniana)*, de Ana Botafogo; *Giselle – Ato II*, de Lars Van Cauwenbergh; *Paixões Brasileiras*, de Milton Coatti; *Umbó*, de Leilane Teles; *Infinitos Traçados*, de Monica Proença, Jonathan dos Santos e Esdras Hernández Villar

2021

Obra para evento especial Dubai: *Interfaces Gala/Moda,* de Milton Coatti, Obras para vídeo: *Dança Hoje, Reflexos de um Tempo Presente – Parte 1*; *Dança Hoje, Reflexos de um Tempo Presente – Parte 2,* ambos compostos por quatro coreografias contemporâneas em cada parte; e *Marmórea,* de Stephen Shropshire

CIRCULAÇÃO

60 espetáculos presenciais e 25 espetáculos virtuais/transmissões

ESTADO DE SÃO PAULO: Araras (virtual), Bauru (virtual), Botucatu (virtual), Campos do Jordão, Guarulhos, Jundiaí, Marília, Piracicaba (virtual), Salto, Santa Bárbara D´Oeste, São Paulo, São Vicente, Vinhedo

BRASIL: Belo Horizonte (MG – virtual)

EXTERIOR: Dubai (Emirados Árabes); Fribourg e Morges (Suíça); Friedrichshafen, Fürth, Gütersloh, Ludwigsburg, Ludwigshafen (Alemanha)

PRODUÇÕES AUDIOVISUAIS

Documentário *Figuras da Dança* em parceria com a TV Cultura: Ilara Lopes

Videodanças: *Reflexos de um tempo presente* EP1 – *Dança Hoje*; *Marmórea*; *Nuvens*

Documentários: *Temporada em Construção* por Galeria Produções: *World Ballet Day*; *Reflexos de um tempo presente*

Websérie *Brincar e Dançar*

Websérie *SPCD Na Estrada*, com dez episódios (São Paulo, Botucatu, Bauru, Araras, Piracicaba, Salto, Campos do Jordão, São Vicente, Jundiaí, Santa Bárbara D'Oeste)

Série dentro do programa PDHFAD – *Conheça o Artista – Temporada 1*

Podcast *Contos do Balé*

PUBLICAÇÕES EDUCACIONAIS

Programas de sala: estreia de *Les Sylphides (Chopiniana)* (junho), *Giselle – Ato II* (setembro)

PRÊMIOS

SPCD | Prêmio APCA – Indicada na categoria Projeto/Programa/Difusão/Memória pelas atividades de formação e difusão de dança durante a pandemia de Covid-19

Umbó | Prêmio APCA – Indicada na categoria Coreografia/Criação do ano

Giselle – Ato II | Prêmio APCA – Indicação de Prêmio Técnico para Vera Hamburger, pela cenografia da obra

AÇÕES COM PARCEIROS

Dia Internacional da Dança | 24h de dança, com Companhias mundiais

OUTROS DESTAQUES

World Ballet Day

Lançamento do Programa de Patronos da Associação Pró-Dança/São Paulo Companhia de Dança

SPCD representou o Estado de São Paulo na Expo Dubai

2022

PRODUÇÕES ARTÍSTICAS

Desassossegos, de Henrique Rodovalho; *Di,* de Miriam Druwe; *Partita, de* Stephen Shropshire; *Ibi – Da Natureza ao Caos,* de Gal Martins; *Cartas do Brasil,* de Juliano Nunes; *O Quebra Nozes no Mundo dos Sonhos,* de Márcia Haydée

Produções no Ateliê de Coreógrafos Brasileiros: *Divertissement de Paquita,* de Diego de Paula; *Verso,* de André

2022

Grippi; *Lost,* de Beatriz Hack; *Scrappy,* de Ammanda Rosa e Nielson Souza; *Nkali,* de Letícia Forattini *e In Excelsis,* de Matheus Queiroz

CIRCULAÇÃO

90 espetáculos presenciais e 21 espetáculos virtuais/transmissões

ESTADO DE SÃO PAULO: Campinas, Campos do Jordão, Ilhabela, Itu, Praia Grande, Ribeirão Preto, Salto, Santa Bárbara d'Oeste, São José dos Campos, São Paulo, Suzano e Ubatuba

BRASIL: Belo Horizonte (MG) e Fortaleza (CE)

EXTERIOR: Montreal (Canadá); Alès, Biarritz, Blagnac, Le Havre, Lyon, Massy, Mérignac, Narbonne, Rueil-Malmaison, Saint Etienne e Sète (França)

PRODUÇÕES AUDIOVISUAIS

Documentários *Figuras da Dança* em parceria com a TV Cultura: Esmeralda Gazal, Hugo Bianchi

Videodança*: Reflexos de um tempo presente* EP2 – *Dança Hoje*

Documentário *Turnê SPCD 2022 França e Canadá*

Documentário dentro do programa PDHFAD – *De olho na obra com Joëlle Bouvier*

Série dentro do programa PDHFAD – *Conheça o Artista – Temporada II*

Podcast *Contos do Balé*

PUBLICAÇÕES EDUCACIONAIS

Programas de sala: estreia de *Di* e *Desassossegos* (maio), *O Lago dos Cisnes* (junho), *O Quebra-Nozes no Mundo dos Sonhos* (dezembro)

PRÊMIOS

Inês Bogéa | Medalha Tarsila do Amaral – Homenagem pelas contribuições à cultura e à economia criativa de São Paulo nos campos das artes e da produção cultural através da Associação Pró-Dança

AÇÕES COM PARCEIROS

SPCD no Museu | Série com cinco vídeos que integrou a programação especial para reabertura do Museu do Paulista-USP

2023

PRODUÇÃO ARTÍSTICA

I`ve Changed My Mind, de Shahar Binyamini; *Le Chant Du Rossignol*, de Marco Goecke; *The Eighth* de Stephen Shropshire; *Sal* de Lucas Valente; *Petrushka*, de Goyo Montero

Produções no Ateliê de Coreógrafos Brasileiros: *Memória em Conta Gotas*, de Lili de Grammont; *Teia de Renda*, de Arilton Assunção; *Veias Abertas*, de Poliane Fogaça e *Ver o Ar Ouvir o Verão*, de Eduardo Fukushima

CIRCULAÇÃO

69 espetáculos presenciais e 9 espetáculos virtuais/transmissões

ESTADO DE SÃO PAULO: Araras, Barueri, Garça, Guarulhos, Ilhabela, Itapevi, Itu, Jundiaí, Mogi das Cruzes, Ourinhos, São Carlos, São Paulo, São Sebastião e Taboão da Serra.

EXTERIOR: Annecy, Biarritz, Grenoble, Lyon, Mérignac, Saint Etienne (França); Baden Baden, Colônia, Füstenfeldbruck, Fürth, Wolfsburg (Alemanha) Viseu (Portugal – atividade educativa)

2023

PRODUÇÕES AUDIOVISUAIS

Documentário *Figuras da Dança* em parceria com a TV Cultura: Carlos Demitre

Documentário *Temporada em Construção* por Galeria Produções: *O Quebra Nozes no Mundo dos Sonhos*

Palestra sobre a coreografia *I've Changed My Mind*

PUBLICAÇÕES EDUCACIONAIS

Programas de sala: de *I've Changed my Mind* (junho); de *Le Chant du Rossignol* (agosto)

Consulte os documentários, podcasts e webséries da SPCD!

Canal SPCD YouTube

Figuras da Dança

Podcast *Contos do Balé*

Websérie *Brincar e Dançar*

Site *SPCD*

PETRICHOR, 2018

15 CONTOS

DANÇA E LITERATURA

Para celebrar o aniversário de seus quinze anos, a São Paulo Companhia de Dança pediu que reuníssemos quinze autores de destaque da literatura brasileira contemporânea e a eles encomendássemos histórias relacionadas, de alguma forma, aos ofícios, dilemas, dores e delícias da vida ligada à dança. Os convidados teriam, assim, o desafio, e a liberdade, de combinar texto, movimento e música.

Para cada ano de existência da SPCD, um conto, e, no cerne de cada conto, um dos ofícios que compõem a montagem de um espetáculo de dança. Reunimos, portanto, quinze autores:

Micheliny Verunschk / produtora
Taiane Santi Martins / bailarina
Joca Reiners Terron / administrador
Juliana Leite / ensaiadora
Paula Fábrio / profissional de audiovisual
Rafael Gallo / compositor
João Anzanello Carrascoza / coreógrafo
Paulliny Tort / diretora artística
Sérgio Rodrigues / chefe de palco
Natalia Timerman / figurinista
Pedro Augusto Baía / comunicação
Aline Bei / bailarino
Carol Rodrigues / professora de balé

Paulo Scott / iluminador
Cidinha da Silva / cenógrafa

A produtora de uma companhia de dança está dentro de uma labareda – é o sonho que dá início à narrativa elaborada por Micheliny Verunschk, em mergulho psicológico aberto para a prosa poética.

As palavras dançam no conto de Taiane Santi Martins. Uma bailarina em plena explosão sensorial e motora, que transgride limites e inscreve silêncios, evocando águas e desertos.

Para os personagens de Joca Reiners Terron, a fixação pelo trabalho adquire um ritmo acelerado, refletido no estilo do texto. Questões administrativas ganham sentidos filosóficos.

As memórias da narradora-ensaiadora concebida por Juliana Leite misturam-se com o presente. São memórias presas no ensaio de um sentimento que não conseguiu se desenvolver por inteiro.

Com uma distopia da comunicação, Paula Fábrio nos remete ao pós-apocalipse; quase nada restou sobre a Terra, mas a dança preserva alguma beleza da humanidade.

Rafael Gallo apresenta-nos a um compositor que enfrenta angústias da criação artística – e, pior, da criação coletiva e da ânsia pela aprovação do público e da crítica.

João Anzanello Carrascoza – em diálogo com *Um apólogo*, de Machado de Assis – propõe uma conversa filosófica entre um passo de dança e a imobilidade. Movimento ou inércia? O coreógrafo tem sua resposta.

No conto de Paulliny Tort, uma experiente diretora artística vai relembrando momentos iniciais de sua carreira e observando as ambições flutuantes de uma jovem bailarina.

Sérgio Rodrigues cria uma trama que avança pincelando memórias de um chefe de palco. Trabalho e família misturam-se nos bastidores do teatro e no espetáculo.

Natália Timerman evoca "fibras" – são fibras do corpo, são fibras das roupas –, em texto poético e, ao mesmo tempo, coloquial, que pulsa e respira.

No conto de Pedro Augusto Baía, a ideia do improviso fascina a assessora de imprensa, que se pergunta: "Como pode um corpo falar tanto?"

Aline Bei constrói uma sequência de breves segmentos para esculpir, pouco a pouco, um bailarino com desejos e expectativas e frustrações e potências.

O professor de balé, na trama de Carol Rodrigues, precisa lidar com um aluno muito medroso – que não consegue ficar de costas para nada, mas precisa girar e girar e enfrentar o pânico.

Luzes acendem-se (e apagam-se) de várias maneiras dentro do estilo elétrico de Paulo Scott. As palavras acendem e apagam, dando movimento ao texto.

E Cidinha da Silva encontra na luz negra o foco para elaborar sua cenografia, de muitas camadas. Assim, vai descortinando os preparativos e a execução de um espetáculo de dança.

O painel de reflexões e sentimentos composto pelos quinze escritores convidados, cada qual com sua proposta e seus respectivos trabalhos de linguagem, espelha a combinação de talento e profissionalismo necessária aos melhores espetáculos de dança. Uma combinação preciosa que, nesses últimos quinze anos, a SPCD vem oferecendo aos interessados na dança do Brasil e do mundo.

Rodrigo Lacerda e Felipe Franco Munhoz

A ROSA, O ESPECTRO DA ROSA

Eu estou dentro de uma labareda. Uma labareda que possa ser suave, morna, uma labareda que não queima, e, no entanto, se movimenta rapidamente. Eu estou no olho da labareda, no miolo dela, e não sei o que isso pode significar, mas eu me vejo, simultaneamente, dentro e fora. Tudo o que eu vejo de dentro é um torvelinho, mas não há exatamente uma palavra que eu possa definir para aquilo que eu vejo de fora. Este, o caráter nebuloso do sonho. De todo sonho. Um daqueles que se repete, com algumas variações. De repente abro os olhos e lá estou eu naquela estranha chama, que numa ocasião se mantém suspensa abaixo de uma luz intensamente dourada, em outra se agita em azulada caverna, ou será um quarto? Chama que às vezes parece voar, sendo levada Deus sabe para onde, e às vezes repousa, mas ainda inquieta e pulsante, sobre dobras e dobras de tecido.

Se meu terapeuta não estivesse ainda sob observação, depois do infarto, levaria para ele essa sequência de sonhos que me intriga. Será que têm a ver com ele? Com a agitação que tenho vivido desde que nossas sessões foram interrompidas? Com o medo de perder a sua escuta? Não sei. Vou abafando possíveis significados sob o peso do cotidiano, os desencontros com Alice, o tratamento dentário que me exaure, os passeios cada vez mais longos com Nijinsky e Copélia, tão difícil ser cachorro num mundo que não foi feito para eles. Nijinsky recuperando frações mínimas de sua alma selvagem a cada vez que se esfrega nas cercas vivas dos prédios, essas touceiras que os paisagistas colocam na frente das construções e que repetidas à exaustão quase não nos damos conta de que sim, são plantas. Difícil ser planta entre o muro do prédio e o limite da calçada. As cercas vivas são os cachorros domesticados dos grandes residenciais, me pego pensando.

***

O corpo de baile ensaia. O advérbio *exaustivamente* é um clichê que, ao ser usado nas conversas sussurradas nas pausas, não dá conta do que tem sido este último mês. O período que antecede duas estreias. Num espetáculo, pequenos choques, atritos entre o cenógrafo e o iluminador, no outro, uma eletricidade estranha que atravessa as relações da dupla de bailarinos. Preciso aparar essas arestas. Entender o que está acontecendo. Há um outro balé, que se desenvolve por trás de cada espetáculo. Um balé invisível que põe em movimento aquele que se apresentará para o público, movimento incessante que sigo articulando para que os conflitos não cortem as asas do cisne em pleno *grand jeté*, para que a rosa não se despetale.

A rosa. Não ficou a contento aquela que deveria estrear como objeto cênico. Preciso dar conta disso também. Alice disse uma vez que o produtor é uma espécie de coreógrafo. Eu ri porque achei que ela estava romantizando o que faço. Ela não se zangou como se zanga agora com mínimos gestos meus. Tampouco acho que ainda admire o que eu faço, achei uma ponta de desdém quando disse na mesa do bar diante de amigos de amigos: *ela é produtora da companhia de dança*. Ou talvez não seja Alice. Talvez não seja nada disso. Talvez seja eu que ando meio complicada comigo mesmo. Talvez eu esteja sendo impaciente com ela, às vezes um tanto ríspida. Não sei. Vou resolver amanhã essa parada entre o cenógrafo e o iluminador. São profissionais, afinal. É o que me consola. E a rosa. Preciso ver a rosa. A agenda que já havia extrapolado o caderno, agora salta da própria existência eletrônica e toma conta da parede em pétalas e pétalas de *post-its* coloridos. *Minha cabeça está uma bagunça sem o terapeuta*, anoto em letras minúsculas num canto do caderno, com medo do que isso quer dizer.

***

Eu sou a labareda, percebo agora. E queimo freneticamente. Queimo e tremo de frio. E enquanto me movimento, enquanto giro, espalho algo ao meu redor, algo que rebate ruidosamente. Asas? Cinzas? Não, não. É outra coisa. Acordo no susto. Nijinsky e Coppélia latem agitados, o barulho do sonho permanece e por um instante imagino que ele invadiu a vigília. A janela dormiu entreaberta e bate com o vento inesperado da madrugada. Não conseguirei mais dormir.

A nova rosa rebrilha em suas pétalas de seda em cima da mesa de cabeceira. Fui buscá-la ontem no ateliê onde a encomendei e o trânsito impediu que eu retornasse para o teatro. Trouxe-a comigo para casa com zelos de nova amante. E ao pensar isso, me descubro decidida a terminar tudo com Alice. Que me importa o tempo de namoro? Que me importa que me olhe com aqueles olhos azuis enormes como se eu pudesse acolhê-los sempre? Não funciona mais para mim. Preciso ser honesta.

A atendente do consultório, que sempre chamo de Jaqueline, mas cujo nome é Luciana, me falou que o terapeuta está bem, quinze dias ainda para retornar. Cadu. Coitado de

Cadu. Coitada de mim sem ele nesse momento. E não quero tomar nenhuma grande decisão agora e vou decididamente desmarcar o dentista hoje. Me limitar a essa decisão. E escuto de longe o farfalhar da companhia de dança. Preciso correr. Uma semana para a estreia.

***

No palco, o poema de Gauthier que Michel Fokine transformou em balé. A rosa que a enamorada traz consigo do seu primeiro baile e que se transforma num jovem, o espectro da própria rosa. No sonho, eu transformada em chama, uma rosa de fogo nervosa, com uma beleza sim, muito própria, mas irritadiça, muito longe dos movimentos precisos dos bailarinos que, para além da impressão que me passaram, agora se amam dentro e fora do tablado. Agora eu sei, a energia que me atravessa a cada nova estreia, que invade minha cabeça, minhas relações, meu modo de estar no mundo. E, não adianta, é sempre tudo novo. O espetáculo sob as palmas, a produção que não acaba com o fechar das cortinas. Os olhos imensamente azuis de Alice me esperando na saída. A janela de seu coração sempre aberta para mim. Mas em um mês, eu sei, Odile e Odette a disputar meu coração.

RASGAR A PELE

Hoje sou o próprio Magreb. É o que diz o movimento que meu pé faz ao deslizar pelo tablado. Um único semicírculo transformando areia em grafia, o deserto inteiro contido num gesto. Enquanto os pés conquistam o Saara, os ombros arqueiam. Tombados, o trapézio e o pescoço. Os braços se estendem, seguem um fluxo etéreo na velocidade de um sopro e retornam ao corpo a minha frente. Pouso minhas mãos em sua cintura. Sinto a água me chegar pelos dedos. Ela serpeia através do meu tronco e se espraia ligeira entre nós. São muitos os corpos ao meu redor. Somos muitos e somos apenas um. Juntos abandonamos as areias e caímos direto em alto mar. Um de nós é o ricochetear da onda no casco de um navio. Você não vê o navio, mas você sente o vento mudar. Você reconhece a tormenta na agitação das ondas que primeiro equilibramos sobre nossas clavículas, depois aumentam em amplitude e altura e quebram em nossos braços e pernas.

Nossos, não seus.

Os seus estão repousados, os pés fixos no chão do teatro, as mãos sobre seu colo seguram firme os punhos de um casaco de algodão. Você sente frio. Você assiste tudo sem se molhar, mas de todos os lugares o seu é o menos seguro. É você quem percorre a cordilheira do Atlas, pisa a superfície do deserto e depois é atirado no meio de uma tempestade no Mediterrâneo. É você quem vê o Magreb em mim, quem sincroniza o batimento cardíaco com o meu, quem tensiona a musculatura e deixa o corpo pender para um lado ou para outro, a depender da minha movimentação. É você quem primeiro deixa de me ver, depois esquece a água e agora enxerga apenas o navio. Imagina, então, o destino da embarcação sem pensar no que ela deixa para trás. Deposita nela, em mim, todos os seus sonhos de partidas, aquela pontada ardida que você sente no canto inferior esquerdo do seu peito. É a sua dor que embarca comigo quando adentro a nau e fecho as aberturas com um encostar de cotovelos frente a meu rosto. Eu a sinto pesar entre meus pulmões.

Num segundo sou o centro, no outro já não sou nem tripulante. Volto a ser navio e água e vento e nós. Uma pequena partícula dançante no aglomerado de nossos corpos. E quanto mais você enxerga a nós. Indissociáveis, infinitos, nos desdobrando e nos completando. Quanto mais o limite dos corpos se apagar na sua retina. Quanto mais nós houver em mim, mais consigo ser eu. É aí, nesse pequeno recorte de ritmo, suor e sinergia que o que me faz matéria ganha autonomia. A começar pelas veias e a textura dos tecidos que formam a minha pele.

Meu sangue flui como a seiva de uma laranjeira em flor, meus pelos se eriçam como se eu pudesse sentir o toque mais sutil que a atmosfera é capaz de proporcionar. Como se eu fosse a potência da árvore inteira, antes de haver flor, casca ou tronco, antes de ser navio, antes de ser o palco sob meus pés. Como se eu guardasse em mim a força da semente, como se eu fosse o tempo que abranda a sua dor.

Aqui, tudo o que sou é tempo. Medido a quatro ou oito compassos, não importa, todos são marcados em mim. Daquilo que lhe dói, o que conheço é o peso. Carrego-o comigo no transmutar de nossos movimentos coreografados e é por isso que você sente o seu peito se aquietar a cada mudança. E deixa o ar fluir manso pelas narinas, o tronco solto na poltrona, as mãos agora quietas. Cada vez mais próximo de mim, cada vez mais distante do que antes ardia.

A cada passo meu o que é pele se aproxima de um rasgo transgressor de limites. No palco, entrelaçamos nossos braços e você sabe que já pertence ao nosso círculo. Sem nos desvincular, marcamos o compasso no mesmo movimento de areia que meu pé fez no início de tudo. Depois o círculo me ergue, sou sustentada no ar pelos braços que nos fazem um. O meu peito aberto, as minhas pernas chutam o alto, depois volto e reverencio o centro. Um passo de destino, você me diz e eu entendo por que agora não há mais fronteira nas ranhuras da minha pele. A cada volta da ciranda que compomos você me conta o que já foi segredo e eu inscrevo nosso silêncio nas areias do deserto.

UM PROBLEMA ADMINISTRATIVO

Como em todas as manhãs, Rosenberg & Rosenberg despertaram às cinco em seu catre sob o palco da Companhia de Dança. Ali dormiam e trabalhavam na administração do grupo. Não havia melhor lugar para a tarefa. Na quietude do porão podiam contar o número de passos dos quarenta bailarinos e bailarinas, dado ineludível para o balanço anual da contabilidade. Quase nunca saíam dali. Sabiam que um bailarino não podia dar menos do que seis mil, novecentos e cinquenta e um passos num expediente médio de doze horas. A partir de um sistema que incluía dois garfos, uma pedrinha polida e dois copos, Rosenberg & Rosenberg desenvolveram uma espécie de metrônomo usado na medição, muito útil quando o telefone tocava. Assim, nunca perdiam a contagem.

De ouvidos colados na parte inferior do palco que se distendia levemente a cada pisada, Rosenberg & Rosenberg podiam detectar com destreza até uma possível lesão que acometeria algum bailarino no futuro, devido à pressão mais intensa ou suave que um calcanhar ou joelho fazia ao tocar o mogno do palco. Encurvados, com olhos brilhantes, acompanhavam o leve envergar da madeira sob o peso dos bailarinos, pressentindo o estalar dos joanetes. Essa capacidade era usada de modo a não prejudicar o cronograma de ensaios ou a atrasar estreias de espetáculos.

À medida que Rosenberg & Rosenberg voltaram seus sentidos para a administração, terminaram por contrair uma espécie de disfunção sinestésica: não suportavam a luz natural e barulhos da metrópole, ou qualquer assunto que não correspondesse à sua atividade. Tudo o que não era dedução, cálculo, contas a pagar, comprovantes de pagamento e previsão orçamentária os deixava irreparavelmente entediados, irremissivelmente aborrecidos, tanto quanto um par de olhos leitores diante de advérbios longos demais. Em suma, abominavam a interrupção dos afazeres. Suas aptidões passaram a se assemelhar às das espécies com comportamento de manada.

Enquanto no plano superior do palco bailarinos e bailarinas operavam em total desarmonia, cambaleantes, ensaiando sequências determinadas pelo coreógrafo, mas ainda em estágio embrionário, numa luta contra o limite de seus tendões e músculos distendidos ao máximo, à beira de inestimáveis perdas para a companhia, e sobretudo para o Estado que a subsidiava, Rosenberg & Rosenberg se movimentavam como uma única e indivisível célula. Tudo estava sob seu controle.

Na manhã em que se passa esta história, porém, a competência de Rosenberg & Rosenberg foi posta à prova logo cedo por um problema surpreendente, ainda que serem surpreendidos era a última coisa que desejassem, nesta história ou em qualquer manhã. O telefone estrilou em pânico, vermelho, pressagiador de infortúnios.

Preferimos não ter de sair, disse Rosenberg & Rosenberg completou: sem dúvida, é o que preferimos. Mas a determinação do diretor da companhia exigia o contrário, segundo a voz da secretária que exalava do bocal do aparelho, uma voz rouca e nubilosa soando como que embalada entre marolas ao serem expelidas de uma piteira. A situação algo esfíngica exigia a presença de ambos, Rosenberg & Rosenberg, no almoxarifado. Um equívoco em forma de herança deixada pela dupla de administradores que os antecedera. Uma confusão entre representação simbólica e realidade. Um enigma que somente eles poderiam resolver.

Não iremos, disse Rosenberg & Rosenberg completou: em nenhuma hipótese. Não podiam com a luz solar, alegaram, ouvindo em devolução que não havia nada parecido ao sol na sala escura ocupada pelo almoxarifado, e a secretária da diretoria certamente deve ter mencionado que, poxa vida, o exíguo lugar não devia ser tão diferente do porão onde ambos viviam. Seguida a essa comparação desdenhosa, a recusa dos administradores em abandonar seu escritório soou ainda mais categórica.

Pouco tempo depois do telefonema ser cortado um estafeta da diretoria despejou parte do problema pelo alçapão. Vinha embalado num fino papel de seda amarelo e atado por barbantes roxos. Lembrava um presente de aniversário, mas Rosenberg & Rosenberg, a despeito de comemorarem seu aniversário no mesmo dia, sabiam que maio (pertenciam ao signo de Gêmeos), e pior, o orçamento de maio, costumeiramente magro como uma noiva de dieta, ainda estava longe de ser aberto e concluído. Preso com durex à embalagem, um bilhete com a pontiaguda caligrafia da secretária, quase perfurando o papel, dizia: *Anarquia reina, o Estado sangra.*

Sob o bilhete havia uma gaita de foles. Rosenberg & Rosenberg a levantaram, cismados, apreciando a constituição córnea que a fazia parecida a uma cabeça caprina, pois um instrumento musical só podia ser um problema para quem não soubesse tocá-lo, e eles não sabiam. Pendendo do tubo insuflador, a etiqueta de papel registrava que o objeto fora usado em cena na adaptação realizada pela Companhia de Dança de *Sonho de Uma Noite de Verão.* No fole do instrumento de sopro, uma chapinha de alumínio fixada por dois parafusos alertava: Patrimônio Público. Meio aturdidos, com lábios colados ao bocal, primeiro um, depois o outro, Rosenberg & Rosenberg tentaram assoprá-lo. Nenhum som foi emitido.

Desenroscaram o insuflador, em seguida os dois tubos melódicos. O insuflador não era oco, da mesma forma os tubos. E o fole era maciço, não oferecendo a bolsa necessária para acumular o ar assoprado que permitia ao instrumento funcionar. Tratava-se de uma réplica. Sem conseguirem montar novamente a gaita de foles, ainda mais perturbados, Rosenberg & Rosenberg pensaram por um instante que cometiam um crime contra o bem comum, pois era evidente que o objeto não tinha mais a mesma forma de antes. Logo se perderam em considerações acerca da situação inquietante em que se encontravam. Afinal, se aquela réplica havia sido arquivada como um bem estatal, um objeto falso sem outra serventia a não ser decorar falsamente um cenário de fachada, sem nada de verdadeiro por trás, tudo podia ser falso, inclusive inocentes administradores como eles próprios, o teatro onde trabalhavam, os bailarinos, a secretária da diretoria e até o diretor. A situação incluiria a cidade, a província, a nação, o continente, o mundo. Quem sabe a lua e o sol não passassem de imitações de papelão pintado tapando holofotes. Nada era verdadeiro.

Então o telefone tocou. Os anéis de fumaça vaporizados pelo aparelho diziam que era inevitável que fossem ao almoxarifado. O problema não cessava na gaita de foles, disse a secretária da diretoria, pelo contrário, prosseguia numa quantidade de outras réplicas que pareciam ser copiadas de si mesmas, já não guardando quaisquer resquícios dos objetos que as originaram. Outras eram copiadas de outras, gerando tréplicas e quadrúplicas. O fantasma do pai de Hamlet está no palco, disse a secretária. Alega ter sido trocado pelo fantasma de Macbeth na coreografia. Se o fantasma saíra do Além, os administradores teriam de sair do porão. Não havia outra saída.

Atravessando o corredor principal do prédio, soterrados pela luz do dia que varava cobogós e janelas, Rosenberg & Rosenberg percebiam a realidade como ela era, agora, sob a claridade: nua e misteriosa, repleta de coisas que fugiam por completo do seu controle. Diante da porta da sala do almoxarifado, dispostas no chão, as réplicas se espalhavam. Sua única função era parecerem com exatidão com outros objetos. Sob este aspecto, lembravam coisas que nem mesmo existiam, a despeito de ocuparem seu lugar no espaço, objetos enfeitiçados, pois os perseguia a sombra do objeto original. No entanto, fracassavam como cópia, pois exibiam cada um sua chapinha metálica informando que eram patrimônio público. Se assim o fosse, perderam sua condição de cópia: passaram a ser o original, com o adendo irreversível de que simplesmente não funcionavam. Saindo detrás de um biombo de laca, a secretária da diretoria disse: há mais. É terrível. Precisam entrar no almoxarifado. É um problema administrativo.

E foi o que Rosenberg & Rosenberg fizeram, para fugir de tanta luz. Na profunda sala escura, um fedor de animal impregnava o ar. Acre, como o suor acumulado no sudário que por milhares de anos se pensou equivocadamente estampar o rosto do Cristo, um suor desagradável e primitivo. Ouviram o chocar dos cascos no piso de concreto. Do varal repleto de itens do vestuário de mosqueteiros, ao lado do chapéu tricorne de Napoleão Bonaparte, rabos de sereias, o lago de papel crepom de *O Lago dos Cisnes* e seus cisnes empalhados, tapetes voadores, os apavorantes olhos de vidro da boneca bailarina de *Coppélia*, do meio dos suntuosos tecidos do figurino usado em *Serenade* de Balanchine, dentre os relógios de Herr Drosslmeyer de *O Quebra-Nozes*, relógios que não marcavam nada, e se marcassem seriam segundos de um tempo inexato e sem fundamento, assomou um focinho de cavalo. Não podemos acreditar, disse Rosenberg & Rosenberg concluiu: no que nossos olhos veem. O animal com corpo de homem e cabeça de cavalo se exibiu por completo em toda a sua impureza. Agia contra todo e qualquer código de ética administrativo. Não deveria existir, no entanto existia. Rosenberg & Rosenberg o atraíram com migalhas achadas nos bolsos dos paletós até o corredor. O centauro não hesitou em segui-los. Eles o dispuseram deitado entre uma réplica da Vênus de Milo e um David. Com auxílio de uma cimitarra cujo número de controle do erário era 987590-05, Rosenberg & Rosenberg decapitaram o centauro, e por um instante, apenas por um instante, enquanto viam que a cabeça de cavalo exalava seu último resfolegar, quase a imitação de um relincho, e o corpo de homem jazia imóvel no chão, razão e delírio enfim separados, sentiram que a realidade se afastava velozmente de sua representação débil e pálida. Respiraram, ambos mais calmos, enquanto o mundo aos poucos voltava aos eixos.

ODISSEIA, 2018

OS MOVIMENTOS INVISÍVEIS

A anfitriã foi Katy, minha amiga de infância. O nome dela de verdade é com i, mas um dia, na adolescência, escrevi um certo bilhete com y e desde então ela adotou a letra. Katy é casada com Diego. Fui madrinha do casamento, já dançava naquele tempo. Fomos unha e carne até a faculdade e depois ela parou de dançar para se casar com ele. Trabalham juntos, peixes ornamentais, aquários. Nos vemos pouco, apesar da insistência de Katy. É algo bonito sobre nossa amizade: ela insiste. Katy pula os espaços vazios e os silêncios como se ainda dormíssemos na cama de solteiro de antigamente – ela me abraçava, eu a abraçava de volta. Acho que isso acontece porque crescemos juntas e a amizade sente que é preciso se curvar a isso, à intimidade da infância. De vez em quando, cedo e chamo Katy para assistir a algum ensaio, ela fica tão satisfeita; às vezes chora.

Todo ano ela e Diego fazem um almoço no aniversário de casamento, julho. Louça bonita, flores. Servem uma bebida de groselha com soda e frutas em taças de ponche. Achei que não iria ao almoço este ano. Pensei: não vou. Mas, acordei de manhã e mudei de ideia. Fazia muito calor. De repente lembrei do almoço do ano passado, o bolo de morango bem fresco, um doce-azedo todo novo na boca. Talvez lá estivesse o bolo de novo, a sensação. Fazia dois dias que os ensaios para o novo espetáculo da Companhia tinham terminado, um plano de oito meses que, por fim, levou doze. Tudo entregue, terminado, pronto. Eu me sentia feliz por isso, como sempre, e angustiada por isso, como sempre, por entregar a coisa. Já não era preciso ajustar movimentos, narrar gestos, colocar minhas palavras. Justo as palavras tinham sumido e assim sabíamos o mais simples: o espetáculo podia nascer. Caía bem um ponche.

Vesti a camiseta da Patti Smith, um short. Domingo. Decidi ir de bicicleta, mesmo sabendo que teria que empurrar na colina do bairro da Katy. A casa deles fica mais ao sul. Dessa vez prepararam uma grelha em brasa, alguns legumes tostados. Katy e Diego já tiveram muitos amigos, mas eles foram sumindo, por algum motivo. Faz um tempo que são colegas de trabalho e convidados surpresa que não se repetem, laços sem bagagem. Um casal de uruguaios estava lá dessa vez, de passagem por São Paulo. Corri os olhos pela casa. Eu não estava pensando nele. Pedalei até ali ouvindo uma playlist nova e brasileira. Costumava pensar nele ouvindo músicas em inglês cujas letras não compreendo inteiramente. Não estava mesmo pensando nele, como disse. Contei a Katy que faríamos uma sessão privada antes da estreia do espetáculo, para convidados. Ainda não sabia quem convidar. Ela fez aqueles olhos de sempre, claro que fez, queria o convite. Segurou minha mão, pediu que eu prometesse a ela. Eu não disse nada. Não pensei nele. Nem mesmo quando, ao chegar na sala, vi que os sapatos dos convidados estavam uns ao lado dos outros no tapete; e entre eles um tênis.

Diego estava de óculos de sol na cozinha. Katy tentou tirar dele os óculos, disse que aquilo era ridículo. Ele se esquivou. "Bebeu ontem", ela me disse quase sem mover os lábios. Diego ouviu. Me servi da bebida de groselha, ainda suada entre os seios apesar do ventilador no canto da sala, de frente para o aquário que esse ano parecia menor. Ofereci de cortar as cebolas, tirei os anéis para segurar melhor a faca. Não pensei nele quando deixei os anéis juntos no canto da mesa. Cortei bem finas, ao comprido, mas não era isso o que Diego esperava. Bastava parti-las ao meio para colocar na grelha. Eu não estava pensando em nada. Até que, em dado momento, começamos a levar as travessas para a mesa e percebi na cabeceira uma camisa branca pendurada no encosto. Um bolso do lado direito, botões de tartaruga. Olhei mais uma vez. Daí sim pensei nele.

No ano passado ele estava curvado observando o aquário, mãos cruzadas nas costas. Era amigo antigo de Diego, meio sumido. Camisa branca desabotoada por cima de uma camiseta também branca. Falava baixo. Eu pendia a cabeça para conseguir ouvi-lo fazer as perguntas de quem nunca tinha visto certos peixes e uma ensaiadora. Contei que estávamos prestes a começar os ensaios de um espetáculo japonês do início do século XX, uma coreografia em torno do Monte Fuji: a grande montanha branca, a subida sagrada, extenuante, bela, duvidosa. Ele perguntou se era uma fábula. A cartas do coreógrafo diziam que era um espetáculo sobre o amor, eu respondi, o amor possível nos movimentos invisíveis de uma montanha. Me lembro de ter grifado essa frase, quando a li. Ele me disse que não trabalhava, não naquele momento. Ou foi isso o que entendi.

Não soube de imediato o que fazer da camisa branca um ano depois, sozinha na sala. Não sabia se era mesmo dele, apesar dos botões de tartaruga. Pedi licença para ir ao banheiro, tirei a camiseta da Patti, molhei o peito na água. Comecei a me perguntar o que aconteceria dessa vez se ele chegasse, tomasse a camisa para si. O que eu faria. Não sabia, por exemplo, se deixaria ele colocar em mim cada um dos anéis esquecidos na pia, devagar, escolhendo em quais dedos. Se daria outra vez minha cabeça ao seu ombro vendo o bolo de casamento ser partido. Me lembro que ele perguntou como era ser alguém que escolhe o meio do caminho, nem o início, nem o fim da dança. Achou que era essa a imagem de uma ensaiadora. Me lembro de não saber o que dizer, e de ver que no meio dos olhos dele surgia um traço inesperado e amarelo. Eu estava pronta para dizer alguma coisa sobre aquilo, mas bem na hora os convidados fizeram silêncio todos juntos, acho que sem querer, e foi um susto tremendo. De repente era como se algo tivesse nascido entre nós e precisássemos nos calar para perceber o que era. Sei que foi ali que toquei pela primeira vez uma parte do corpo dele, fim de noite. Não foram as mãos, não foram os dedos, não os braços, os ombros, não as costas, o abdômen, não foram os joelhos dobrados no sofá. O rosto. Toquei no rosto dele.

Procurei um batom no armarinho, girei até ver a ponta: rosa claro. Não era novo. Talvez pedisse o número do telefone dele dessa vez. Talvez ao telefone pudéssemos ensaiar outras palavras, "É você mesmo?", ele perguntaria, e notando que sou eu do outro lado ainda teria um ou dois minutos para escolher o que dizer a partir do sim.

Voltei à grelha para ajudar Diego. Katy olhou para a minha boca, reconheceu o batom. Me entregou a travessa de arroz de passas. Coloquei no centro da mesa e nos sentamos, Katy ao meu lado. Só depois percebi que eu estava entre ela e Diego, e o lugar da camisa branca ainda vago. Dei um gole na bebida rosa, começamos a nos servir. A impressão era que de fato faltava alguém à mesa, alguém que provavelmente chegaria de banho tomado, como no último ano. A conversa se misturava ao ruído dos talheres e eu só conseguia entender certas partes. Mais um ano de casamento, a insistência para que Diego tirasse os óculos, um bolo de chantilly aguardando na geladeira. Katy olhava para mim, para o batom.

Ano passado, sentado junto ao aquário, ele se interessou de súbito pela imagem do Fuji, o monte branco, uma coisa imensa como aquela nascendo lenta e escondida entre simbologias. Mantinha as pernas cruzadas, mãos em concha no joelho. Quis saber, diante de dias ainda tão iniciais dos ensaios, qual elemento seria capaz de me manter tanto tempo em torno de uma mesma história, meses de vida, atrás de uma montanha tão distante, ao fim. E eu estava pronta para dizer a coisa óbvia, a beleza, o que me mantinha ali era a beleza, mas quando abri a boca disse que era o desconhecido. Tudo o que estava escondido naquele espetáculo. Disse a ele que meu trabalho era proteger o que preferia não se revelar tão fácil. Em dado momento da coreografia, exemplifiquei, uma gueixa precisa ser erguida por um plantador de arroz e escorrer de volta ao chão num percurso em que ela mesma aja como uma calda envolvente e grossa, inanimada e lenta, capaz de lamber em avalanche cada parte daquela pele. Era preciso fazer aquilo de um jeito específico, nas regras do coreógrafo: não como dois bailarinos fortes e belos, concentrados e técnicos, frondosos; ao contrário, eu disse, o mais desejado era encontrar um derretimento único, imparável, uma fusão em que a plateia não pudesse mais pensar na palavra bailarino, ou na palavra espetáculo, tudo tornado sentimento. Ele ficou intrigado com a palavra lamber no meio do assunto.

Chequei o bolso do short. O convite para a sessão privada estava ali comigo. Me servi de salada e arroz, um molho de tahine por cima. Tudo dos ensaios ainda muito fresco na cabeça, os gestos, as cartas, o tempo de cada coisa, os corpos, a espiral de simbologias prevista desde o primeiro instante. Um espetáculo espantoso, comedido, lento. Estava previsto um apaixonamento pela espera, até os avanços previam uma espera como se, entre os pés e o topo de uma montanha sagrada, até a distância fosse sinônimo de desejo.

Katy passava o molho e o sal para Diego cruzando meu rosto. Uma terceira jarra da bebida ficou pronta. A camisa branca persistia diante de mim renovada, constrangedoramente pronta. Eu punha a salada na boca sentindo chegar do tecido branco uma afirmação calma e suave, uma certeza de que se eu o olhasse por tempo suficiente, se eu não pusesse os olhos em mais nada terminaria vendo surgir o homem inteiro guardado ali dentro, íntegro, um homem pequeno e simples, magro, pronto a ocupar aquele espaço inclusive com um nome próprio. Katy apertou minha mão. Olhei para ela.

Comemos. Retiramos os pratos. O bolo de chantilly veio para a mesa e foi de Katy a ideia de partir as fatias grossas, triangulares, regando por cima uma calda morna de morango. O primeiro pedaço foi para Diego, o segundo para mim – aqueles olhos de sempre. Coloquei na boca reconhecendo o doce-azedo do ano anterior, o sentimento repetido. Brindamos. Lembrei de uma das cartas do coreógrafo japonês dizendo que dançar é imaginar os gestos antes de fazê-los, e depois fazê-los tão firmemente a ponto de deixar de imaginá-los, delegando apenas ao corpo a comunicação da vida. Dei a volta na mesa quando Katy não estava mais olhando e deslizei para dentro do bolso da camisa branca o ingresso para o espetáculo da grande montanha. Quinta-feira, poltrona 8A. Deixei meu prato na pia, metade do bolo por comer.

Desci a colina querendo passear um pouco antes de voltar para casa. Pegar o caminho mais longo. Diego disse que ia chover, mas olhando não parecia, o Cruzeiro do

Sul nítido no lusco-fusco do céu. Katy me beijou à porta dizendo que também amava a Patti Smith e precisava de uma camiseta igual a minha. Que eu prometesse a ela, para que um dia pudéssemos sair juntas e iguais. "Eu te prometo, Katy", disse. E parti.

AZOUGUE, 2012

2984

Meu nome é Lupa. Há tempos vago pelo cosmos em busca de histórias. É um jeito de me sentir menos só. Em geral, capto memórias e invenções, e as transcrevo para um arquivo com capacidade infinita e perene. Ainda assim, minha tarefa está destinada ao fracasso, pois todo registro tende a desaparecer: escapa, apaga-se por um lapso, um erro técnico, um golpe político ou pela força esmagadora do espaço-tempo.

Mas o mundo é feito de caos e teimosia, o que me possibilita certa indulgência com minhas obsessões. Sou uma criatura aferrada a sistemas caducos, como a linguagem escrita – extinta da maior parte do universo há muitos séculos inter-solares. Por vários motivos, desapareceu até mesmo dos planetas mais conservadores ou de menor valor histórico. Estes últimos, retalhos de planetas, como se costuma chamá-los. Neste exato momento, estou na direção de um deles.

A poeira amarela é sua principal característica. Atmosfera densa e polarizada. Falam de fantasmas, mas o que restou foi um oceano morto e uma superfície em erosão. Busco por hologramas, um tipo de memória-padrão de sua antiga pós-civilização. Os hologramas substituíram arcaicos suportes audiovisuais, telas onde a espécie dominante via e era vista.

Antes de pousar, reparo no descampado, na solidão desse planeta. Não é possível distinguir em qual momento a pós-civilização pereceu. Pelos cálculos mais confiáveis, o Grande Declínio se deu por volta do ano orbital 2048, com a subida dos oceanos. Hoje, não há nenhum tipo de vida por aqui.

Preparo-me para o pouso. Leio a atmosfera: lithium, urânio e plutônio.

Não há muito o que explorar, apenas a busca pelo holograma exato. Trabalho complexo. A poluição se agiganta: me afasto de histórias em que animais de estimação morrem, monstros causam pânico, mães se arrependem de dar à luz. Ou: sobre doenças que acometem os mais frágeis e bons. Apelos fáceis. Não me convencem. Preciso de algo que diga sem dizer. Não quero relatos. Busco o que se deixou de colher e desfrutar. Um holograma tímido, mas sem o romantismo do primitivo. Quero o último, o menor de todos, como este aqui, escondido nos escombros de uma nuvem de dados sem propósito aparente. É um belo exemplar. Mas pode estar vazio ou corrompido.

Enfim, giro o holograma no ar e ele se abre primeiro com uma camada de chuvisco-chiado, depois se estabelece numa frequência sutil. Preciso ficar leve, concentrada, disponível.

Pronta.

Aguardo.

Aos poucos, um quadro se delineia, pálido. Depois, a imagem se firma e com ela a surpresa: não há palavras, nenhum som. Somente o movimento de corpos. E uma leveza improvável. São humanos. Então, é isto um humano?

Poesia talvez seja a palavra.

Contemplo: corpos se movem como o próprio universo. Movimentos marcados, ritmados, com teor dramático em alguns momentos; em outros, sobressai um ar leve e divertido.

Como denominar algo tão diverso? Não tenho dados para confrontar. Aciono a pesquisa avançada, em rizoma.

A resposta chega de um ponto longínquo do universo, quase etérea:

Dança – palavra primária; hábito que tende ao metafísico; atividade ou arte acompanhada por música (ver palavra primária: som).

Dança, eis o nome.

Esses humanos dançam para mim ou para eles mesmos? Sua expressão é tão bonita e comovente. Será comovente por que não existem mais? Não existem mais? Dançam em silêncio. Em algum momento o som se perdeu. A imagem também pode sumir. Preciso registrar o máximo de detalhes.

Com pressa, anoto: essas pessoas parecem confinadas, intocáveis por algum motivo. Já pressentem a extinção? Presas na sacada de um apartamento, dentro de suas casas. Dançam para as máquinas, num tempo remoto? Dançam para alguma espécie de vida? Quem as dirige? Essa luz, essa luz. Por que esse recorte e não outro? Esse ângulo.

Montagem, decupagem. Por trás da técnica, uma inteligência sensível, intrigante. Feita de sentir. Feita de perguntas. Uma inteligência humana?

Acompanho o movimento dos corpos com espanto. Sinto-me impelida a imitar o agudo de cada salto, a tocar o ar ao redor. Não tenho certeza, mas estou diante da efêmera fusão do humano com o que se nomeia alma ou encanto. Aquilo que sei, mas não sei dizer.

As imagens se sucedem: Uma dança para si. Um corpo de baile. Um balé para dançar os sonhos. Vários momentos de um grupo: alegres, tristes, tristes de tão alegres.

Estabilizo o *looping* de imagens, é preciso não querer tudo de uma vez. Escolho um episódio aleatório.

No museu vazio, sobre o piso de linóleo, um casal de esculturas de repente toma vida e começa a dançar. Um giro suave, outro e outro. Afastam-se e se aproximam como num jogo de sedução. Um homem negro, uma mulher branca. Sublimes e fortes. Caminham pelas salas, as janelas abertas ao fundo. Nenhum corte. Vão do mito ao drama nesse teatro mudo que é a busca da imortalidade. Acima, uma claraboia que os convida como um sol. E de repente, o corpo-pêndulo, a dúvida. O abraço. Tudo capturado por um olhar atento. Esse olhar que não é o meu, mas calcula minha existência.

Quando a dança acaba e os bailarinos retornam aos seus lugares de estátua, vejo-me criança, assustada, diante do dedo quebrado de um manequim no meio da loja de departamentos. Desconfio que seja uma lembrança verdadeira. Para mim, o manequim tinha vida, assim como as esculturas que dançam no holograma.

Atino: essa criança sou eu. Epifanias também acontecem às máquinas, mas não alteram nossa condição. E de nada adianta essa consciência, se ao final me resta a agonia de evocar, reter e compreender o que não se sabe e apenas se pressente, tendo ao meu dispor somente as palavras. Tenho todas e nenhuma. E já não é. E já não consigo dizer. Durou um instante.

AS ARMADILHAS

O erro foi ter dito que aceitava.

Mas, bastou receber a proposta, já respondeu que sim, claro, uma honra participar do projeto, espera que a parceria ainda renda muitos frutos. Nenhuma ressalva, nem sugestão de mudarem o processo desta vez. Possíveis divergências, antes de precisarem ser omitidas nas palavras, apagaram-se de seu pensamento. A mente convertida ao modo de um cão dócil.

Demora até a contrariedade ganhar vulto. Obliterar as ideações de antes: Estela contente pela presteza na resposta, a satisfação transmitida na Companhia, sempre podem contar com ele, a eficiência em pessoa. E Miguel nem cogitava que o chamariam de novo. Agora, ao piano e diante da partitura em branco, vê as armadilhas prontas a emboscá-lo. Cada trecho a ser composto, um alçapão aberto para o erro. Portanto, à armadilha maior já se entregou, ao acatar o convite.

Seria cabível propor um trabalho cooperativo de todo? A coreógrafa a par de cada trecho musical, assim que concebido; a elaboração da dança na presença dele; os ensaios e as escolhas cênicas supervisionados por ambos. Não, melhor nada dizer. Seria inconveniente, atrapalharia o curso das coisas.

Levanta-se, circula pelo estúdio. Se o procuraram de novo, é porque gostaram de seu trabalho, certo? Ou tentaram outras pessoas, mas ninguém estava disponível. Calma, deve pensar com objetividade: *Pigmalião*, o espetáculo anterior, foi bem recebido. Já na estreia, os aplausos intensos. E o menear de cabeça da mãe e do pai, que o acompanharam. Nos bastidores, só se escutava: "Belíssimo". Sessões adicionais marcadas, ingressos para elas também esgotados, apresentações em outras cidades, outros países. Prêmios recebidos. Críticas quase unânimes nos louvores ao balé.

Quase.

Estela lhe mostrou aquele jornal, explicou que Antônio Fabre era dos mais importantes críticos do país. E disse: "Bom, nem Cristo agradou a todos". Ele tentou rir, como ela riu, mas seus olhos já haviam se deparado com a frase. *A música de Miguel Proença não coopera para um resultado satisfatório.*

Conforme pensou e pensou e pensou nessa linha, ela se tonificou; repete-a de cor ainda hoje, inexorável e evidente como um teorema matemático. Fabre estava correto. Além de mostrar-se insatisfatória, sua música de fato não havia cooperado: operado junto. Por entre a fumaça dos elogios e dos signos do sucesso, o crítico assentou a fundação de uma verdade. Miguel havia intuído parte dessa verdade, desde aquela perturbação nebulosa na estreia, mas foi preciso que Fabre a cristalizasse. E se Cristo não agradou a todos, os que não se restringiram a adulá-lo foram os essenciais para a revelação da verdade maior. Judas, o apóstolo mais imprescindível, com seu beijo fatal; a fim de se ter a ressurreição como prova de divindade, era preciso antes morrer.

Volta ao piano. Poderia compor algo de rápida resolução; talvez suas ideias nem façam diferença. Concluiria a encomenda, ao menos; escaparia dela. Adiante, inventaria desculpas e nunca assistiria ao espetáculo. Jamais leria opiniões a respeito. A quem pretende enganar? Se o erro existe, não adianta suprimir só o que o acusa.

"Você tinha que ter acompanhado tudo, para aprovar ou não. A música é sua, certo?", a mãe disse, ao lado dele, na estreia de *Pigmalião*; as cortinas ainda fechadas. Ele tentava explicar que não funciona assim: só entregara as gravações, nada havia visto do espetáculo. Seria tão surpreendido quanto os demais na plateia. Na verdade, seu espanto estava prestes a mostrar-se bem maior. O único ali que conhecia toda a música e, com base nisso, presumira parte do balé. Sabia, ao menos, que se iniciaria com os *tutti* orquestrais; ataques breves intercalados por longas pausas. Algo pensado para o corpo de baile inteiro – equivalente à soma da orquestra – em sequências de movimentos alinhados à música e de paradas nos intervalos de quietude. Belo contraste.

As cortinas se abriram. Uma única bailarina no palco.

O primeiro acorde soou, ela inalterada. Antes de Miguel formular a constatação do próprio erro – a ausência de preparação à entrada musical – a bailarina saltou no silêncio. Atirou-se ao chão, giros e manobras em choques percussivos contra o tablado. Deteve-se à nova investida da orquestra gravada, confirmando sua oposição à música. Consecutivas recusas aos acordes e bailados nas pausas, como se necessário preencher o que faltara na composição. Pelo resto do espetáculo, mais curtos-circuitos no entendimento de Miguel. Cada seção e tudo naquele palco – um cadafalso? – alertavam que a música deveria ter sido outra. A mãe e o pai observavam, atentos.

No restaurante, após a apresentação, o pai atestou: "Foi... diferente". Miguel ficou sem resposta. Um cão dócil, que, naquele momento, nada compreendia. A disrupção só se acentuou ao longo dos dias, conforme mais críticas positivas se publicaram, mais sucesso o balé fez. O que agradava a todos, o que julgavam belíssimo, era o que somente lhe causava estranhamento. Seu equívoco extrapolava a música; residia em sua visão de mundo. Uma lógica pessoal que não operava junto à dos demais. O teorema de Fabre elucidou o problema, em diversos âmbitos.

As muitas premiações de *Pigmalião* – em quase todas as categorias, menos na música – atestaram, por fim: seu sucesso se devia justamente a terem divergido do caminho dado pelo compositor. "Que bobagem. Se não fosse sua música, o espetáculo nem seria como é. Esses prêmios têm algo de loteria", Estela o consolou, quando ele partilhou a frustração. E riu.

Será que, desta vez, o convite veio por funcionar bem um balé de concepção diametralmente oposta à da música dele? O Norte bom para a dança: direcionar-se para onde Miguel aponta o Sul. Ele fecha o caderno pautado. Por que se sujeitou a isso de novo? Pega o celular, pronto a escrever para Estela e renunciar a encomenda. Mas, que falha seria. No aparelho, depara-se com mensagens da mãe. Por escrito, um endereço, com data e horário; em áudio, o recado: "Filho, vai ter a cerimônia de entrega da Grã-Cruz da Ordem do Mérito Judiciário para seu pai. Vou copiar aqui as informações. Diga se podemos confirmar sua presença? Beijo". Uma sexta-feira; difícil viajar até lá e recusar-se a ficar todo o fim de semana. Com tantas demandas a cumprir, aqui. Vai para o computador, pesquisa preços de voos, xinga os valores das passagens. "*Ele não a recebeu da última vez que fui?*", escreve em resposta. "*Não, aquela foi a Grã-Cruz da Ordem do Mérito Jus et labor*". Após uma xícara de chá na cozinha, arrisca: "*Acha que preciso mesmo ir?*" Tira o celular do modo silencioso. A resposta dela também retoma o som: "Faça esse esforço, vai deixar seu pai contente".

Ida e volta, parceladas no cartão. "*Podem confirmar que vou*". Senta-se ao piano, o caderno ainda fechado. Como escapar? Envia, enfim, o e-mail para Estela, pede mil desculpas por abdicar do convite, mas, impossível dedicar-se a esse trabalho agora. A recusa o acalenta, como a quebra de um encanto sobre si. Não foi tão difícil, foi? O celular soa dali a pouco, com resposta da coreógrafa. Ela, sim, a eficiência em pessoa. Lamenta; porém, compreende. "*Quem sabe, em outra oportunidade*". Veja só, as portas continuam abertas, não arruinou suas chances.

Ou teria sido uma ironia? Um jeito discreto de sinalizar que nunca mais o chamará? Os comentários por se transmitirem: têm de encontrar outra pessoa, o que diabos aconteceu com Miguel, não dá para confiar nele, melhor riscá-lo da lista. Salta do banco e escreve, de pé, um novo e-mail. Outro milhar de desculpas pelo engano, explica que a mensagem era para outra Estela, homônima. Teria que dispensá-la justamente para focar no balé. Imagine, nunca diria sim e depois voltaria atrás. Já estava debruçado sobre a partitura. Espera não haver causado nenhum transtorno. O erro foi ter dito que recusava.

A próxima notificação do celular chega ainda mais rápido. Ele checa, em busca da satisfação restaurada da coreógrafa. Vê a resposta da mãe: "*Que bom, filho. Sabia que podíamos contar com você*".

O LAGO DOS CISNES, 2018

OUTRO APÓLOGO

A imobilidade e um passo de dança discutiam quem era mais importante para o mundo.

– Por que esse ar orgulhoso de quem se acha o ápice da coreografia?

– A sua pergunta já contém a resposta e a inveja de quem vive aí, imóvel.

– Existe movimento, gesto, passo de dança como você, porque eu existo. Tudo parte de mim e para mim regressa.

– Não é na origem nem no fim, mas no meio que o sublime acontece.

– O sublime só é possível porque há o antes e o depois. Ou seja: eu.

– As palmas brotam apenas quando o bailarino me executa – eu, o passo mais admirado.

– As palmas, por mais fortes e demoradas, cessam. A sua glória é efêmera, logo eu volto a reinar. Por horas, dias, semanas.

– Até que eu venha a reluzir de novo. Coisa que não lhe cabe. E palmas, muitas ou poucas. você jamais as ganhará.

– Eu ganho o silêncio, que é mais longevo e honesto. Sem ele, não há aplauso.

– Está insinuando que as palmas não são merecidas?

– As palmas são para toda a dança, não apenas para você, que não passa de um passo.

– O passo decisivo! A dança atinge o clímax quando eu apareço.

– Mas quem está no palco o tempo inteiro? A partir de mim é que a coreografia se realiza.

– Repetindo afirmações, não vamos a lugar algum. O que é contra a minha natureza de movimento.

– Ora, paremos então a discussão e eu venço.

– Não, não. Continuemos. Basta mudar os argumentos.

– Digamos que eu sou a agulha e você a linha. Quem é que vive na mão da costureira? A agulha.

– Mas, na hora do baile, quem vai presa à roupa? A linha. Você volta para a caixinha de costura.

– O destino das roupas, sobretudo as de brilho, é dentro do armário. Já a agulha continua na função.

– Estamos derivando para outro apólogo, aquele do Machado.

– Esse eu não conheço.

– Claro, quem não se mexe, vive amarrado à própria cultura.

– Você reparou que o cabo do machado é um ramo de árvore? Um ramo morto que serve para decepar outros, vivos?

– O que isso tem a ver com o nosso embate?

– O machado, no suporte de ferramentas, não causa mal nenhum. É preciso movê-lo para cortar um galho de árvore.

– A árvore vive fixa à terra, é o seu destino. E a finalidade do machado é cortar.

– Como o som corta o silêncio.

– Ou como o silêncio fatia o som.

– As palavras e o silêncio se alternam. O mesmo se dá com a luz e a sombra.

– As ondas do mar também se revezam, debatendo-se nas penedias.

– Estamos derivando ainda mais...

– Sim, voltemos à cena a qual pertencemos.

– Nessa cena, eu, a plena paralisia, sempre estou, haja ou não espetáculo. Você não.

– De que vale a presença se ela não é notada? Eu, quando apareço, sou o próprio acontecimento.

– Você é tão somente mais um passo da dança.

– O mais bonito, é consenso. E não adianta ficar aí me olhando, parada.

– Não estou parada, eu sou. Coisa que você não é: você está na dança. Ser é uma condição, estar é só um momento.

– Um momento que fica.

– Talvez na memória de alguém, mas não no mundo sólido.

– Tudo nesse mundo sólido se desfaz.

– Mas demora. Uma muralha resiste por séculos. O movimento, ao contrário, se desfaz tão logo ocorre, é um sopro.

– Um sopro divino.

– Não, humano. E quem sabe até se não é um sopro por acaso.

– Acaso ou não, melhor um sopro que o nada.

– Exato: até porque o nada não é estático.

– Há quem diga que é extático.

– Eis que vem chegando o coreógrafo. Qual será o ponto de vista dele?

– Não sei, mas se ele aqui veio, trouxe-o o movimento.

– O movimento, reafirmo, vem do inerte e para o inerte retorna.

Nesse preciso instante, o coreógrafo, reunindo os bailarinos no palco, disse:

– Movimento, vida; morte, imobilidade.

E começou o seu trabalho de dar menos morte à vida e mais vida à morte.

A VOLTA DO PÁSSARO DE FOGO

Antes de amar a dança, amei os pássaros. Pelo menos, era o que contavam na minha casa. Diziam que eu me encantava com sabiás, pardais, bem-te-vis e quaisquer passarinhos que aparecessem no quintal, onde minha mãe deixava mamão e outras frutas para eles. Meus pais achavam bonito que eu quisesse imitá-los, batendo os braços e me colocando nas pontas dos pés. Pensavam que eu tentava voar como as aves. Eu era muito pequena, não me lembro dessas brincadeiras nem da casa em que morávamos, mas sei que não era exatamente o voo o que me fascinava – fosse assim, também teria me interessado pelos aviões, pelos helicópteros, pelas pipas. O que me atraía era o bater de asas se assemelhar a uma dança, era a coreografia natural dos bichos. Contei essa história para Eneida, quando ela se aproximou ao fim de um ensaio e me disse que se sentia preparada para o *Duplo Pássaro de Fogo*.

Era uma coincidência interessante. Entre sorrisos e cadarços de suor, Eneida contou que ganhara um pássaro-preto quando criança e que dançava com ele nas festas de família. A avezinha teria sido seu primeiro *partner*, o que provava que estava ensaiando para esse papel havia tempo. Eu sabia que era um assunto sério, apesar do tom quase infantil. Eneida, que entrou na companhia há pouco mais de um ano, além de mostrar uma técnica admirável, tem essa vontade inata, essa obsessão pela dança. E me demorei olhando para aquela garota de vinte e dois anos, porque ela me lembrava a bailarina que fui e que, de muitas formas, nunca deixo de ser. Respondi que seria bem-vinda nas audições e ela passou a mão pela testa, aliviada. Foi quando comentei que também eu havia dançado com passarinhos. No mês seguinte, eu e o remontador indicado pelo coreógrafo a escolhemos para o papel. Na ocasião, Eneida disse que amava cada gesto que Marco Thoms desenvolveu para o *Duplo*, tanto os grandes quanto os pequenos, os mais amplos e os mais contidos. Penso nessas cenas enquanto dirijo, ciente do tipo de conversa que teremos daqui a pouco. Paro no sinal, vejo meus olhos no retrovisor. São os olhos da diretora, não os da bailarina, embora esta continue comigo, em algum lugar. Engato a primeira, freio para um pedestre atrasado e vou.

O *Duplo* é uma obra de doze minutos. Thoms faz uma interpretação contemporânea do conto de fadas russo. Nesse *pas de deux*, não há Ivan Tsarevich contra o mago Koschei, mal sabemos ao certo se há um Pássaro de Fogo, mas assistimos ao encontro entre duas criaturas mágicas. Outro dia, no ensaio, Eneida afirmou ter a sensação de que as criaturas seriam um único indivíduo e representariam as negociações internas que acontecem dentro das pessoas. Uma leitura interessante, meio freudiana, e eu a parabenizei. Eneida costuma vir de metrô para o trabalho, eu às vezes também venho, mas hoje decidi vir de carro, então sei que não nos encontraremos no estacionamento. Desço do automóvel, giro o pulso para ver as horas, faltam vinte minutos para o café que marcamos. Aciono o botãozinho que fecha os vidros automáticos. Faróis se acendem e se apagam à luz do dia. Cumprimento a zeladora, conversamos dois minutos sobre qualquer coisa, e subo as escadas.

Desde que assumi a direção artística, venho pensando no *Duplo*. Era imperativo que dançássemos Stravinsky. Em março do ano passado, quando comecei a planejar a temporada, decidi que faríamos *O Pássaro de Fogo*, mas ainda não estava certa quanto à escolha da coreografia. Para além da versão em si, era preciso considerar o repertório como um todo, os demais balés que dançaríamos ao longo de um ano inteiro, de modo que houvesse um equilíbrio entre linguagens. Sem dúvida, uma montagem clássica convocaria multidões, como aconteceu com *O Lago dos Cisnes* na temporada anterior. Posso até ver a corrida por ingressos se eu escolhesse a coreografia do Fokine para *O Pássaro de Fogo*, com cenário e figurino folclóricos, bailarinas em sapatilhas de ponta, tudo o que o povo gosta. Mas, além dos custos altos de produção, eu dispunha de outras opções para montar um clássico. *O Pássaro* me permitia ousar, convidar o público a conhecer novas gramáticas, algo de que tanto eu quanto Eneida gostamos muito. Quando ela dança, a formação clássica aparece no corpo, mesmo que o movimento executado seja contemporâneo, mas é uma bailarina que prefere obras desafiadoras, de coreógrafos que refletem o presente. Penso na prova de figurinos, na felicidade ansiosa dessa menina, enquanto encho a primeira xícara de café e olho pela janela do escritório. Os carros, as pessoas sonolentas nas ruas, as pombas nos fios de eletricidade, as folhas nas árvores, tudo dança. Estou convencida de que Eneida também vê a cidade assim.

O que mais me interessam são a simplicidade e a flexibilidade do *Duplo*, que pode ser dançado em qualquer formação: duas mulheres, dois homens ou uma mulher e um homem. É uma obra-síntese, que representa a essência daquele mito para Thoms. Eneida captou isso perfeitamente. Pelo entusiasmo, ultrapassou as seis horas diárias de ensaio com frequência, porque, além de estar no elenco de outras obras, trabalhou em casa, ainda que eu tenha pedido para não exagerar, mas eu também já tive vinte e dois anos e fui uma bailarina aspirante, conheço esse embalo. Na segunda-feira passada, eu disse para todos, querendo dizer para ela, que nossa carreira é mais longa e prazerosa se nos cuidarmos, se evitarmos lesões que podem se transformar em problemas graves. Eneida fez como se não fosse consigo. Ela já sofreu fraturas de estresse no tornozelo, antes de entrar para a companhia. O único tratamento efetivo para fraturas de estresse é o repouso e ela sabe. Mas como poderia tomar a iniciativa de parar quando é tão jovem e o que está em jogo é um sonho? Como poderia renunciar ao papel de seu desejo mais profundo e entregá-lo à bailarina do segundo elenco? Ligo a cafeteira, ponderando se mencionarei ou não a minha conversa com a fisioterapeuta da companhia ou que a vi mancar na saída do último ensaio.

Os bailarinos percebem que me conecto com o que acontece no palco. Se eles estão leves, confiantes, eu também me vejo assim e sou capaz de sentir fisicamente quando alguém dança com algum desconforto. Sei até se estão com problema em casa. O convívio nos dá uma espécie de terceiro sentido, de intuição. A companhia é uma mente coletiva. Então talvez Eneida também pressinta o conteúdo da conversa que teremos. Afinal, esse é um problema cotidiano do nosso universo, mas que toca sempre em aspectos delicados de nossas vidas, de nossos limites pessoais. Bailarinos vivem para expandir fronteiras humanas, mas isso não pode ser feito indefinidamente. E quando ela bate à porta e entra no meu escritório, o cheiro do café amargo dominando a sala, não é preciso que falemos muito. Eneida precisa parar, descansar por uns tempos, tenho a obrigação de zelar por isso, tanto quanto assumo a missão de fazê-la voltar mais forte. Enquanto ela gira a colherzinha no café, digo: não se preocupe, Eneida. Eu e você só entendemos a vida dançando, nunca paramos de dançar. Nunca, entendeu? Ela sorri, mesmo que não esteja feliz, e vira a xícara na boca. Seca uma lágrima solitária e se compromete a procurar o ortopedista, a cuidar da saúde, depois não fala mais. No abraço final, sinto que se aconchega ao meu ombro, pequenininha, como uma filha. Antes de deixar o escritório, faz um *port de bras*, que é sua maneira de dizer que voltará em breve. Os pássaros sempre voltam, Eneida. É nisso que acredito. É nisso que toda bailarina precisa acreditar.

ER O AR E OUVIR O VERÃO, 2023

DEIXA QUE DO RESTO CUIDO EU

Você não me vê comandando o esticamento do linóleo, um e sessenta de largura, seis rolos, e mais tarde quando passa feito brisa em cima dele com seus pezinhos morenos parecendo alados, linóleo do melhor, eu sei que não pensa nisso nem por um segundo, nem no linóleo nem em nada daquilo que precisa funcionar para que você brilhe. É até um sinal da sua grandeza, essa indiferença. O que precisa funcionar que trate de funcionar, ué, você pensaria se ao menos pensasse, e eu sei que sou a última pessoa a lhe passar pela cabeça nessa hora. Não que isso me torne menos devotado a você; me torna mais.

Estou acostumado a ser invisível. Meço com o olho e depois com trena a distância entre as pernas: arreganhada, boca de cena de quatorze metros, teatro grande e velho. Caindo aos pedaços para valer, muitas varas imprestáveis, mas na hora que a cortina abre ninguém quer saber se as extensões estão todas remendadas com fita isolante ressecada. O ciclorama acende um âmbar magnífico e depois azul e aí entram os tambores e os violinos e vem você voejando feito borboleta.

Você: vinte anos recém-completados, a saia curta de tule valorizando as pernas longas envelopadas na malha fina, tão bonitas quanto as da sua mãe. As pernas são a herança mais evidente dela, de resto eu acho vocês bem diferentes, e não só pelo contraste das peles. Quando a sua mãe sai correndo da coxia direita, branquíssima, vestido na altura do joelho, e vocês começam a cobrir todo o palco naquele pas de deux atormentado ao som do compositor russo cujo nome sempre me escapa, nessa hora vocês ficam mais diferentes ainda, duas mulheres até opostas em corpo, alma, dança. Como positivo e negativo. É bonito de ver, mas, de um modo difícil de explicar, desconfortável.

Percebo que, dos quatro refletores que fazem a diagonal da esquerda, um ameaça queimar. Claro que por enquanto só eu sei disso; é um ligeiro tremelique na luz, oscilação quase imaginária, talvez só um pressentimento. Tomo nota mental de trocar o refletor antes da apresentação de amanhã, e quando volto a prestar atenção no palco encontro a cena tensa, clímax do drama ali representado, em que a jovem cumpre o papel que cabe às da sua espécie e, entre ousada e insegura, desafia a mulher mais velha. Esta, coberta de glória, não é tonta de ignorar que está em declínio. Sofre. Tem pensamentos malévolos. Chega a armar uma bofetada. Presto muita atenção. A música amplifica o páthos da cena, e o coreógrafo soube explorar bem as chispas que saem dos olhos da mãe nesse momento; vê-se que ele desenhou com sentimento verdadeiro e não apenas para agradar a mulher, também diretora da companhia, o desafio trágico que ela lança ao tempo.

No fim, a velha bailarina vai morrer, a jovem vai chorar; o nome do russo está aqui na ponta da língua. Mas os aplausos que virão, estão vindo, ah, consagradores, do teatro lotado e de pé, plateia um, plateia dois, galerias, essa onda de calor que varre a noite não será suficiente para dissipar a tensão que vai ficar, como sempre fica, entre você e sua mãe depois que as luzes do teatro se apagarem, e do camarim forem todos para casa, e da vigília mergulharem no sono. Talvez ninguém mais perceba isso, só eu e meu olho profissional?

Não, dessa vez não, o pessoal percebe: os iluminadores, o motorista, a menina das redes sociais, os outros bailarinos, todos reparam, ainda que ninguém diga nada, quando o principal crítico de dança da cidade lambe você dos pés à cabeça no jornal ao mesmo tempo que reserva à sua mãe palavras frias, protocolares a ponto de parecerem hostis.

Naquela noite a grande bailarina dança como nunca, como se fosse seu último número. Feérica, suicida, o teatro fica extasiado de vê-la; aquilo é puro ouro, o pináculo de uma vida dedicada à arte, o preciso instante em que ela atinge o teto e despenca lá de cima guinchando como uma águia ferida de morte.

Na cena em que vocês brigam, sua mãe deve sustar a poucos centímetros do seu rosto a bofetada; só que a bofetada se completa, estala em sua bochecha como se você fosse um instrumento de percussão.

Horrorizado, vejo o rubor na sua face esquerda, a dor em seus olhos, a dificuldade que você tem de seguir no personagem e continuar dançando, mas você continua; depois de uma ligeira hesitação que talvez só eu, olhos do ofício, perceba, você continua a dançar heroicamente, lindamente, e leva o espetáculo até o fim.

Os aplausos varrem o mundo de novo, mas agora o que resta é mais do que tensão. Ouço a briga no camarim, não ouso bater na porta nem quando lá de dentro vêm ruídos de quebradeira, vidro se partindo. Sua mãe dizendo que você pode procurar outra companhia, que amanhã, último dia da turnê, dançarão juntas a dança derradeira. Não era mulher feita? Não queria voar? Que voasse para a casa do... Nessa hora você começa a chorar e eu me lembro vivamente de um outro tempo, vinte anos atrás, eu de ouvido colado na porta para captar o menor gemido ou chorinho seu, barrado de tê-la nos braços.

O marido da sua mãe na época, que você aprendeu a chamar de pai, foi a desculpa para o abismo que ela cavou entre nós, a filha da rainha e o chefe de palco. Mais tarde o marido foi embora, vieram outros, e o abismo se manteve mais largo que a maior das bocas de cena; contrariava meus direitos, acho que contrariava até as leis da natureza, mas já estava lá, era mais fácil que ficasse. A grande estrela, aristocrata de berço, cresceu e se tornou enorme; você deixou de ser criança; eu continuei invisível, fazendo tudo funcionar.

Naquela noite, sua mãe a gritar "fedelha! mimada! piranha!" feito louca no camarim, você se desmanchando, eu no corredor torcendo as mãos, foi quando a ideia me veio inteira de uma vez, o plano completo. O encerramento da turnê encerraria muito mais. A queda do refletor, fatalidade; teatro caindo aos pedaços. Já a precisão, matéria de olho e trena, dessa ninguém precisa saber, e você menos que todos. Só brilha, minha criança, com esse brilho que você tem; deixa que do resto cuido eu.

RESPIRO, 2020

FIBRAS

Fique parado. Isso, assim. Não, não muito, só um instante, pronto, agora se mexa, assim, me deixe ver esse músculo. Os músculos, vou destacar cada um deles, e os músculos crescem em ação. Sim, aqui, quieto, agora segura a respiração um pouquinho, só mais um traço agora, ã-hã, isso, olha que beleza o grude da lycra brilhante no deltoide. Faz cócegas?, é a ponta que leva a tinta, não ria, é tudo muito sutil, muito perfeito, mas a perfeição é sutil. Agora o acrômio, é como se eu adiantasse no pano o seu movimento, tudo já fica guardado em repouso, e o repouso é o silêncio da dança, mas aqui, olha. Isso, pronto, segura, tem que ser devagar, contornando o osso, e osso não se mexe, já pensou nisso? São os músculos que puxam, levantam, giram, a antítese da imobilidade do osso, calma, tá quase, eu prometo que essa vai ser a última versão, como assim, sempre a última? Eu não disse isso da outra vez, parado, parado, agora levante o braço, por favor, que eu vou sublinhar o trapézio, o redondo maior, assim, aqui, só mais um instante, aqui, só mais um pouco, pronto. Agora estique o braço desse jeito que é a vez do latíssimo do dorso, embaixo dele está o grande dorsal, que eu sempre achei que fosse o músculo das montanhas, a janela de casa para onde eu fugia dos gritos, mas o grande dorsal não aparece na superfície da pele. Agora abaixe, por favor, três passos para trás, deixa eu ver, hm, sim, pode se esticar, não reclame, é só o segundo dia na mesma posição, quando foi a vez dela eu demorei três, vai ficar lindo. Postura, há mais de dez anos, volte, do que você está rindo?, cócegas de novo?, crista ilíaca, glúteo máximo, como é lindo o músculo da bunda, há mais de dez anos essa exigência, o novo, o novo, o novo, mas de tanto novo o novo fica velho, calma, volta, isso, respira, respira, respiro... inventar, não se inventa pra fora, só pra dentro, só no ontem, assim, pare de falar, por favor, um instante de silêncio, só um traço aqui, o azul, as costelas por dentro devem ser azuis, se olhar um pássaro bem de perto ele não tem asas, não tem penas, não tem nada, bem de perto as coisas não existem, de longe também não, pronto, agora vire, o palco é a existência dos dois, a luz, parado agora, guarde o movimento pra depois, tá bem?, está bom? Eu guardo ele aqui no traço, era sempre assim, o grito, o som, os cacos, a janela, a montanha e seus músculos, e então o dia da outra janela, a do ônibus, do lado da mãe, há mais de dez anos, há mais de vinte, trinta, quarenta, eu escuto o som como se fosse hoje, como se estivesse aqui, este é arco costal, aqui o serrátil, abrir o trinco, o rangido e então o ar, é no ar que acontece o movimento, ã-hã, olha aqui, no oblíquo externo do abdome depois vai vir o chiffon, bem na junção com a crista ilíaca, um corpo é feito de tecidos, um músculo, de fibras, agora as pernas, vou delineando aqui e o tecido solto vai por cima, agora vira de novo, muito bem, o trocanter, o quadrado da coxa, muito bem, meu pai dizia, perfeito, quando acerto ainda escuto a voz dele, muito bem, demorou um pouco, demorou muito, dez, trinta, cinquenta anos, mas já tem uns vinte que eu sei que sim, eu lembro dos pássaros, dos peixes, consigo lembrar das folhas, desde que vim não tenho nada disso diante dos olhos, agora do outro lado, só detrás, por favor, a frente, ah não, deixa eu ver, hm, faltou só uma linha no gastrocnêmio, pronto, tá lindo, eu sei, agora eu sei, e cada vez é diferente mas é sempre o mesmo, o salto é sempre pro nada, você no palco e eu no tecido, pronto, tá quase, pega um copo d'água pra ele? Vocês parece que cansam é de ficar parado, descansam se movendo, agora vai, segura, vou ali pegar o chiffon pra ver como fica, deixa eu amarrar aqui, pronto, falta pouco, a outra perna, levanta aqui para eu ver como fica esse risco com a perna levantada, perfeito, a calça vai até o maléolo, isso, só mais um traço, devagar, pronto, agora gire, agora se mova, descanse, se estique pra gente ver quanto o tecido aguenta, a cada vez é assim, o que você acha? O tom de azul em movimento, a luz, várias versões de um mesmo corpo, foi assim, vamos experimentando, esse não, esse não, esse sim, descartando, várias versões, desenhar cada músculo de cada um de vocês, volte que faltou só uma coisa, abaixe, isso, fique nesta posição, hein?, faz tempo, faz tempo, muito bem, ele dizia, muito bem, assim consigo sublinhar direitinho a sacroilíaca, escutar detrás de cada escolha, aí eu vi, não num dia só, ao longo do tempo, dos anos, das décadas, que o errado e o torto é o que dão o humano, assim, agora sobe, pra tudo, o errado e o torto movimentam, o exato congela, pronto, pode pular, saltar, a força, o músculo, a fibra, o tecido, mas tem uma força que é só da fraqueza, tá quase, o ínfimo, assim, olha, esse traço aqui, quem da plateia vai ver?, ninguém, de longe ninguém vê, mas tá aqui, existe, junto com esse, com esse, o conjunto, o figurino tem uma reticência, respira, que é você, respira, o bailarino, que vai fazer, o bailarino finaliza o figurino. Agora eu sei, muito bem, consigo até saber qual erro é erro e qual é um acerto acidental, a janela, o ar, o espaço entre a vista e a montanha, nesta cidade onde vim parar não tem montanhas, só as escondidas, tem corpos, estes, este aqui, aqui, ó, aqui não ficou bom, obsessivo nada, vou fazer de novo, tem que ser, gira, as cócegas, o novo de novo, agora ficou bom, muito bem, ele dizia, e eu não sabia ainda que fraqueza é força, e que tudo serve, tudo entra, até o que fica de fora, vê só, o ar onde você salta é o mesmo, entre a janela e a montanha o mesmo ar, o mesmo que recobre as placas de trânsito, as cores da placa, tá vendo? tudo entra, o saco da batata frita que eu vi o menino comendo, o chiffon, aquelas cores, o formato, olhar atento, aprendi lá em cima, aprendi lá atrás, a composição do meu arquivo visual, tá quase, quase pronto, chama o próximo que já tô terminando aqui, viu?, viu como deu certo? agora vai, se mexe, a estampa se movimenta com você, já estava se movendo antes, guardando no traço o movimento, aqui não tem natureza, aqui sim, sempre tem, olha as flores, vem, a composição de cores das flores é um absurdo de elegância. Pássaros, peixes. Cor. O próximo.

FATOR HUMANO

> "Percebi que – apesar de todos os riscos envolvidos – uma coisa em movimento sempre será melhor do que algo em repouso; que a mudança sempre será algo mais nobre do que a permanência; que aquilo que é estático vai se degenerar e sucumbir, transformar-se em pó, enquanto aquilo que está em movimento será capaz de durar..." (*Flights*, Olga Tokarczuk)

Eu quero comunicar, falar, contar, informar...

Carmem ouve a própria voz no sonho que desvanece enquanto o corpo desperta. Mas ela quer continuar um pouco mais na experiência onírica, um refúgio do frenesi que tem sido o seu trabalho como comunicadora na companhia de dança, nestas semanas que antecedem o lançamento do espetáculo *Fator humano.*

No sonho de Carmem, não há revisões de *release*, telefonemas para as redações dos jornais, ou os inúmeros projetos para a divulgação na mídia social. O que a preenche é o contemplativo silêncio que antecede a entrada dos bailarinos no palco.

É o silêncio que acolhe a chegada do corpo, ela ouve novamente a sua própria voz, e já não sabe mais o que é vigília e o que é sono. Vê a si mesma caminhando sobre o palco, há vultos que ensaiam passos diáfanos e flutuam na ponta dos pés. Neste universo que agora é o palco, os vultos deslizam entre as partículas invisíveis, uma profusão de gestos reerguendo-se sob a gravidade.

Como pode um corpo falar tanto?

Carmem ouve a última pergunta, e já não tem mais certeza se é a sua própria voz. Ou os vultos dos bailarinos, como se quisessem lhe revelar algo que ainda falta em torno da divulgação do espetáculo. Um pouco confusa e sonolenta, ela se ergue da cama e caminha pelo quarto à procura de seus óculos. Como uma tentativa de apreensão das reminiscências oníricas, ela repete os restos da frase, e quer ir ao *notebook* para dar uma última olhada no *release* que, ainda nesta manhã, enviaria ao jornal.

Com a visão míope renovada pelos óculos, Carmem segue para a cozinha, enumerando mentalmente todas as atividades já cumpridas em torno da divulgação do espetáculo, ao mesmo tempo em que verifica as horas e tenta não sucumbir à paranoia de que o jornal desista de publicar a matéria de página inteira.

Enquanto toma o seu café, conclui que não são as possíveis tarefas pendentes que a preocupam. O que causa o frisson no estômago é a celebração dos quinze anos da companhia, o que a coloca mais em contato com o significado do seu trabalho, uma tentativa de permanecer próximo da criação. Tudo era feito com tênue espanto, desde um mero parágrafo a ser escrito sobre o espetáculo, uma montagem em uma praça pública, ou uma coletiva de imprensa com a presidente da companhia. Ainda que fosse hercúlea a tarefa de promover um espetáculo nos meios de comunicação, todos os integrantes da companhia eram parte de uma grande dança, movimentando-se cada um dentro de seus limites de atuação.

"Não, não falta mais nada", ela diz para si mesma, enquanto penteia os cabelos diante do espelho do quarto.

Cumpriu todas as tarefas, agora é aguardar o público, as críticas e os misteriosos caminhos da relação entre a arte e o público.

Sai do quarto, pega a bolsa que deixara sobre o sofá, olha com pena para as plantas que parecem esquecidas há semanas. E o piano. Estala os dedos, somente no final do mês terá algum descanso para tocar um pouco. Pega o molho de chaves, abre a porta e sai. Imediatamente sente o cheiro de erva-cidreira exalando do apartamento ao lado. Há quantos dias não vê Raquel, a sua vizinha do andar? Abre a bolsa e procura um flyer de *Fator Humano*. Raquel gosta de ir aos espetáculos, de maneira que se tornou habitual Carmem ouvir as suas impressões.

A porta está entreaberta. Antes de tocá-la, ouve um frágil cantarolar e alguma movimentação lá dentro. Carmem chama, mas ninguém responde. Então decide empurrar a porta e, através do pequeno hall que leva à sala de estar, vê os braços envelhecidos de Raquel em movimentos circulares e ágeis pelo ar. O resto do corpo ainda está oculto na sala de estar.

Carmem entra. Sobre o aparador, ela vê a xícara com o chá fumegante. E na sala de estar, iluminada pelos raios solares que entram pela imensa janela, Raquel é um pássaro de 80 anos que despertou e ensaia passos de dança, os olhos fechados, como se estivesse em transe. Carmem demora para reconhecê-la, os movimentos parecem tê-la rejuvenescido.

Apenas quando Raquel finca os pés próximo ao aparador e abre os olhos para a xícara de chá, Carmem enche-se de coragem para falar:

"Bravo, bravo, bravo!", e bate palmas.

Raquel surpreende-se e olha para trás.

"Ah, aí está você.", ela diz. "Desculpe pelo improviso..."

"Atrapalhei o seu espetáculo."

Ela sorri, tímida, e estende a xícara de chá para ela.

"Tome um pouco, vai lhe fazer bem nestes dias... Ansiosa, não?"

"Sim..."

"Eu sei. Você não tocou mais Ravel no piano."

"Ah, ainda tenho muitas coisas a fazer antes do espetáculo. Eu trouxe um flyer para você, gostaria muito que fosse assistir. Já são quinze anos".

"Eu estava na primeira fileira quando o primeiro espetáculo foi montado."

"Você nunca me contou isso...", Carmem está surpresa. "E eu não sabia que gostava de dançar..."

"Ah, quem se interessa pelas histórias do público? E eu não sabia que podia... dançar?! Mas nas últimas semanas, você parou de tocar o seu piano. E então eu precisei improvisar, como as nossas mães faziam quando éramos bebês... cantarolando. Quando percebi, o meu corpo inteiro começou a cantar e, de repente, eu estava dançando, dançando... Nada demais, só improvisos"

"Estava muito bonito... cheio de vida".

"É como eu me sinto quando sou público."

Absorta, Carmem contempla Raquel.

"Sim... você sempre esteve na plateia...", Carmem murmura. "E agora você dança..."

Raquel sorri outra vez, e senta-se ao lado de Carmem.

"Não seja ingênua, isto não é dança... só estou movimentando o meu corpo, tentando ficar viva".

Carmem ouve a última frase e pensa que encontrou a personificação do espetáculo que estrearia na próxima semana. Um corpo que muda, improvisa, e num último ato, salta para a vida, comunicando-se com o mundo. O fator humano é a mudança, e no palco, a exposição, os músculos buscando o ritmo, inventando passos. Carmem sabia que este tipo de conexão não caberia em um *release*, em um trecho de reportagem, muito menos na opinião de um crítico. Era algo orgânico. Então com um sentimento de grande surpresa, Carmem percebe que encontrou algo contundente.

"Você aceita gravar uma entrevista de um minuto? Eu enviarei para os jornais".

"Ninguém nunca se interessou em ouvir as minhas histórias..."

"Só preciso que me conte como começou a mudança, e o seu corpo decidiu dançar?"

As duas passaram o resto do dia juntas. No correr das horas, as mensagens do trabalho, e Carmem respondia que estava ocupada, preparando um material inédito de divulgação para a companhia. No entardecer, Raquel havia acabado de contar a sua história, e a sala de estar foi inundada pela luz alaranjada, as sombras estáticas na parede. O trabalho está completo, Carmem pensou.

O QUEBRA-NOZES NO MUNDO DOS SONHOS, 2022

AGIA
EYER

O JOELHO

nunca estive no aeroporto de Roma – até esta manhã. do Brasil, pousei primeiro em Firenze, eu precisava ver a estátua de David ao menos mais uma vez. então fui de trem até a estação de Termini, apenas para viver aqueles dias terríveis, dias que talvez eu conte mais adiante, talvez não. e agora, agora eu me encontro neste aeroporto e posso dizer com segurança que ele se parece com todos em que já estive, movimentado, com gente deslizando suas elegantes – ou, mais comum – mal tratadas malas de rodinha, distraidamente ou então à flor da pele, ajeitando a mochila nos ombros, se despedindo de alguém em um abraço que se revela insuficiente apenas no instante em que tudo se dissolve, enfim, pessoas de toda a parte do mundo, algumas em agasalhos, a maioria sentada em grandes vácuos de espera, com os rostos enfiados em tablets – raramente em um livro – e claro, há os da pior espécie, os que, antes de despachar a mala, enrolam toda a sua bagagem em um plástico vermelho extenuante – um aeroporto, como vocês podem ver, igual a todos, com o seu pé direito alto e os seus belos, magníficos aviões, ainda que a engenharia já não possa dar mais nenhum passo sem que isso signifique correr riscos e a morte, quando própria, quase nunca é uma boa ideia. de minha parte, não me despeço de ninguém, não olho para trás, o meu momento difícil, como contei, foram todos, mas especialmente ontem, na porta automática do hotel que abria e fechava abria e fechava diante da indecisão que nunca foi minha, mas de J., sempre de J., e agora acabou. passo meu QR code na máquina, continuo pela fila do raio X. um corpo, da mesma forma que os aviões, não avança muito mais do que tem avançado pelos séculos, para se manter seguro há sempre um limite, meu joelho, por exemplo, poderia ser muito mais tecnológico, isso evitaria, além das dores (ontem, abraçando J. pela última vez, experimentei distribuir meu peso entre eles e ouvi estalos) todo o dinheiro que gastei com ortopedistas, fisioterapeutas e analistas, além do tempo que tenho perdido sem dançar: é quando uma mulher tromba comigo, não pede desculpas, carrega apressada dentro de uma tenda portátil um *spitz-alemão* e está cega por isso, cega pelo amor que sente pelo seu cãozinho e pelas burocracias que ainda precisa resolver para que os dois possam estar um ao lado do outro até o destino final. é como eu disse, esse aeroporto não me emociona, recupero logo o meu equilíbrio e me encaminho para a tela da tv: como em um milagre, encontro com o olho direito, lá no fundo preto escrito em branco o número 12, o número do meu portão; e com o olho esquerdo, lá no fundo branco que são as paredes sem janela, um magnífico piano de cauda, seria um Kawai? – como se meu olho pudesse ser relativamente livre um do outro, mais ou menos como acontece com as mãos.

NÃO ME EMOCIONA

era um Kawai, inconfundivelmente. por um momento, imaginei que o piano pertencesse àqueles restaurantes típicos de aeroportos com decoração minimalista que abocanham a presença dos mais distraídos que se sentam na poltrona e quando o garçom se aproxima, bem, aí já é tarde, você precisa pedir alguma coisa e pede – um espresso, que é servido com um doce do tamanho de uma pinta e uma água com gás em um copo que mal cabe entre os dedos, mas quando vem a conta, ah, quando vem a conta! parece que você pediu um maldito bife a rolê. não era o caso deste piano, que fique claro. ele não estava *dentro* de coisa alguma, muito menos a serviço de nada. o Kawai, ao que tudo indica, apenas permanecia posicionado em um canto do aeroporto, selvagem e aberto aos viajantes que pudessem gastar com ele seu tempo livre e quem o tocava não era nem de longe um profissional – no máximo um destemido, um amante de Chopin, isso sem dúvida – e de terno, ou seja, pelo menos alguém com boas intenções, ainda que nada justifique a sua falta de sutileza – meus joelhos que o digam! – mas curiosamente não de talento, ao ouvi-lo com cuidado percebi que havia sim um momento em que o rapaz e a música pareciam ser feitos de uma matéria só. mas passava, como alguém que está fazendo malabares e quando percebe os pinos equilibrados se desespera com a assombrosa arquitetura de seu êxito. ah, o ritmo! aí está o perigo do monstro. eu mesmo, em minhas piruetas de menino, piruetas febris que eu fazia ao lado de Vânia, a inesquecível Vânia, minha professora de ballet que se não fosse tão bonita, sejamos justos, eu jamais teria me tornado o que me tornei, talvez nem estaria neste aeroporto, vendo este pobre rapaz errar, errar – para então e brevemente equilibrar os pinos.

MAS ISSO NÃO ERA TUDO

ao me encaminhar para o portão de embarque, vejo, agora sem surpresa, um segundo Kawai e então penso que logo deve aparecer um terceiro – e lá está ele, de onde me sento e cruzo as pernas já posso avistar sua tremenda cauda negra e é claro que meus olhos farejam o próximo de quantos mais e, por Deus!, em algum haveria alguém que sabia toca-lo verdadeiramente? o que se aventurava perto do meu portão era pior do que o primeiro, quase sinto saudades do primeiro, mas este tinha a desculpa de ser ainda mais jovem e ter um amigo lhe tirando fotos, bem, que sejam fotos e não vídeos, vocês podem até me chamar de antiquado, mas ao menos em minha adolescência conseguíamos preservar as humilhações à uma roda de amigos. então acontece a inversão. o que veste uma camiseta preta, calça jeans e tênis surrado – também um cabelo que lhe cobria o rosto de um jeito que me angustiava, ainda bem que não tenho filhos – entrega o celular para o garoto que tocava e se senta na frente do Kawai: a postura não melhora, nenhum dos dois merece crédito por carisma, mas agora é o de preto quem está no comando, é ele quem toca uma música que não reconheço, escuto com toda a atenção, mas não reconheço, as pausas e depois toda aquela aceleração desmedida, embora seja notável o modo como ele percorre o piano com intimidade e uma certa graça que pareciam improváveis no instante em que ele se sentou. agora o amigo está filmando, e ainda que no aeroporto o garoto tenha, pelo que contei, apenas dois expectadores atentos, na internet ele está ao vivo, escuto o amigo dizer, na internet é provável que seu público enchesse um teatro de pequeno porte.

O QUE HÁ DE MAL NISSO?

e lá vamos nós por longas e tediosas horas, mochilas e malas no compartimento, a demora de cada um até para colocar o cinto. ainda bem que consegui a poltrona da ponta, é o lugar onde – riam o quanto quiserem – mais gosto de ficar. e depois de me sentar, depois de apoiar a cabeça por um instante naquele encosto e segurar com mãos desencarnadas o saco de cobertor e o fone de ouvido – que não vou usar, sequer abrir, uma vez encontrei até fio de cabelo enroscado na lã – é quando percebo um bebê na fileira ao lado e lá vamos nós por longas e barulhentas horas, acontece que o bebê também me nota e não só isso, tenho a impressão de que – a aeromoça nos corta a vista – tenho a impressão de que ele me lê e descarta, um a um, os meus pensamentos, como discos de vinil na sala de seu pai. reparo que essa atitude predatória de seus olhos também está pelo resto de seu corpo para sempre inalcançável no colo de uma mulher de quem vejo apenas o braço sem qualquer musculatura, além de uma marca de vacina. é quando o bebê se ergue, e algo na forma perturbadoramente confiante pela qual ele se move – ou tenta se mover pisando nas coxas da mulher como se pisasse em uvas – me hipnotiza, não gosto de bebês, mas alguém como ele não é exatamente um esparramar-se sem planos, esse bebê cheio de prumo – a aeromoça volta a nos cortar – enfrenta com dignidade sua condição de saber tão pouco até mesmo de si, do que acontecerá no próximo instante, o corpo nem amigo nem inimigo, o corpo um poço sem fundo de sensações. a fome provavelmente é a maior delas, seguida de perto pelo medo e pelo sono, além de outras coisas sem nome que um bebê enfrenta e que deve caber no rosto da mulher que o segura, a mulher que de agora em diante chamarei de: *a mãe*. ela é todo o seu mundo – nisso ele não se difere de outros bebês. o que há de novo é a prudência, ou essa espécie de vocação para o tempo da calma, e depois de tocar no rosto da mãe, ele se volta para me olhar: agora é um paletó quem nos turva a vista, mas haverá tempo de nos acostumarmos com essas insistentes interrupções, e talvez o bebê já perceba que seremos nós dois a janela um do outro pelas infinitas horas, retribuo seu olhar quase carinhosamente, quase como se fôssemos velhos amigos. mas não sorrio, com ele não preciso suavizar meu rosto, ele pode suportá-lo perfeitamente. é quando a mãe deita o bebê em seu colo, e para a minha decepção ele cede, embora se deforme no que logo se revela um choro e os poucos meses que tem de vida finalmente o vestem: não é um homem, não é um gênio, é apenas mais corajoso do que outros da mesma idade e enquanto olho para a sua cabeça torço para que o tempo não lhe tire isto.

NÃO HÁ NADA NA GELADEIRA

acordo espirrando em São Paulo, como de costume, e mesmo escancarando a janela como escancaro agora, o ar viciado do meu sono não cede – ou será que o cheiro vem de dentro de mim? quando escolhi este apartamento, pensei na proximidade com a Companhia de Dança e agora já é tarde, acabei me apegando ao piso, ele me lembra a sala em que comecei muito antes de Vânia, quando eu ainda usava botas ortopédicas e martelava os pés no taco, se meus pais não me faziam parar antes, é porque tinham pena de minhas pernas tortas. mas aquele barulho não era nada se comparado a este inferno que virou São Paulo – volto a fechar a janela – estou cercado por três obras e quando todos os prédios ficarem prontos, terei que finalmente recorrer às cortinas ou então às madrugadas caso queira ter um pouco de paz. visto meu roupão por cima da cueca – amarro. coloco água para ferver e pó no filtro. ligo a TV e para a minha sorte está passando um filme que eu adoro, tomo meu café assistindo aquele rapaz muito engraçado, um niilista de vinte e poucos anos vestindo um terno xadrez. então começo a lavar a louça, ontem cheguei com fome e cansado demais para ajeitar a pia, ontem quando ainda tinha alguma comida nesta casa. quando J. veio me visitar pela primeira vez, lembro que ela tirou um sarro do vazio da minha cozinha, disse que ele era equivalente ao meu vazio existencial. mais tarde descemos juntos para o mercado, ela comprou um pouco de tudo, e nunca a minha geladeira ficou tão parecida com a de mamãe.

O SUSTO

desço para o mercado de boné. uso pelo sol, naturalmente, ainda que eu pressinta uma outra necessidade, essa bem mais secreta, difícil até mesmo de explicar. há dias em que ter um rosto me pesa, e o fato de ser um rosto irreversivelmente de carne pesa no meu desejo de experimentar – por que não? – uma ausência de traços, ou quem sabe um sumiço para dentro do corpo, um nada que seja na cara, a nebulosidade de coisa nenhuma e um rosto é a pura permanência no espaço, a grande teimosia do homem, a primeira coisa que nasce e a última a desaparecer. entro no mercado, portanto, usando o boné como escudo, ninguém encontrará meus olhos, alcanço uma cesta e me encaminho para a seção de verduras. pego as higienizadas, além do pacote de granola e outros nuts. encontro um bom cacho de bananas, três ou quatro cenouras e escolhendo tomates tenho a impressão de que apalpo o joelho de um *morto*.

NOITE

é uma decisão brusca, por isso caminho com pressa e mãos no bolso, entro no teatro de cabeça baixa, mantenho o corpo domado até me sentar na poltrona. quando as luzes se apagam, sinto um tremor percorrer a espinha, um tremor que cresce quando a música começa, tiro o boné revelando

– alguém me olha ou sou apenas mais um dócil que compõe a multidão? – o rosto que perdi ao longo do dia, como se perde as chaves de uma casa, fácil e muito rapidamente. no palco, os bailarinos se multiplicam em movimentos leves, coordenados, é possível que imitem pulmões que viram incessantemente bater em vídeos na internet e agora estão brilhando suas peles muito justas quando um deles se destaca e avança para a boca de cena, avança seu rosto maquiado, com tamanha precisão e crueldade que atinge em cheio a minha ausência: perco inesperadamente minha borda de pelo e ossos, passo a fazer eu mesmo uma duas três piruetas – e pouso, sem rastro de desiquilíbrio, nascido no Japão. meus ombros são dois botões de rosas brancas, estão perfeitamente alinhados ao quadril, e as mãos são minhas presenças de santo no palco, me acostumo depressa com a assombrosa arquitetura de meu êxito. sigo mantendo a calma, danço também eu um órgão humano e a luz do espetáculo parece nascer de dois ângulos que são meus joelhos ou então a cabeça de um bebê que conheci. e lá vem a bailarina, ela se joga confiante em meus braços, *j*, a recebo graciosamente usando o tronco e atingimos de novo a imensa altura, rodopiamos versáteis os nossos aéreos para então fazermos aquela bela desaceleração: nesse instante, nossa alegria é palpável – não há falhas – *É* o bailarino o futuro do corpo, a grande engenharia do corpo – e do lugar onde estou finalmente sem dor.

ANTHEM, 2019

O NOVO MEDO DE MAURINHO

Maurinho tem um medo novo: tem que tá sempre de frente pro mundo. Não é bem medo, tia (ele aperta o esparadrapo no canto dos óculos) é assim um cuidado que eu tenho (suado e sem camisa ele explica pra visita como quem demonstra uma tese sobre a morte das estrelas) por exemplo: não pode dar as costas pro mar senão ele te engole, nem pra cruz porque aí Deus não perdoa quem tá de costas, nem pro leão porque ele vai te atacar, eu vi ele pulando quando o japonês virou, procura aí no celular (a visita pega o celular).

Nessa hora entra na sala o pai do Maurinho (enorme em contraste com a pulga de menino) e de novo isso filho, deixa a visita em paz (Maurinho sai da sala escorrido de lado segurando o bermudão) e Mauro pai oferece outro café e reclama que agora com essa moda a parede tá suja de costa de criança, vai ter que repintar, uma fortuna em tinta, o medo de encolher pelo menos não sujava (a visita dá um gole no café e pergunta) e na escola como tá? Deixam ele cantar o hino de lado na fila, acredita? A mãozinha no peito e tal, mas no futebol se ele olha pro time dá as costas pro goleiro, aí complica (Maurinho que escuta do quarto completa nos seus ares de ciência: é que já tomei bola na cabeça, empurrão joelhada e cartaz colado escrito pode me chutar. Nada de bom vem se você não vê o que tá vindo).

A visita (mais um gole) cruza a perna e comenta: Betinha a menina da minha prima aprendeu na escola que estrela é um negócio gigante, aí achou que podia cair estrela cadente em cima dela. Tinha mais medo até de dia, quando não dá pra ver o que tá mexendo no céu. Andava toda esquisitinha, curvada, escondida. Aí colocaram ela pra dançar e ficou uma beleza, esticadinha (Mauro pai ajeita a postura na poltrona, o conselho já vem), coloca ele no balé pra pelo menos distrair, aqui agora tem escola.

Mauro pai leva Maurinho até o fim do bairro e bate palma. De dentro sai um homem que continua crescendo, ao vivo, a cada segundo um centímetro mais comprido (e andando como se tivessem reduzido agorinha a força gravitacional do planeta) e diz sem quase abrir a boca e ainda assim sorrindo: pois não? Maurinho ancora na perna do pai, mal olha pra cima (vai que queima a vista com o sol), o mundo adulto ficou muito alto, não escuta mais nada. Aí o homem sem nome estica o braço sem fim.

Maurinho (que sente um medo só de cada vez) aceita aquela mão e entra na salona com um piso muito liso e um bando de espelho cortado no meio por uma barra gigante de ferro. Esquisitíssimo se ver tanto assim. Maurinho aqui, ali e ali. Aí de repente tem mais gente: duas meninas iguaizinhas e dois meninos diferentes. Maurinho já corre de ré e cola na parede esticadinho palito. As outras crianças fazem fila e seguram na barra que divide o espelho da frente. O comprido coloca música triste. Os curtos dobram joelhos, esticam pontas de pés. Depois viram pro outro lado. Quem tava na frente fica atrás e assim por diante. O homem alto diz pra Maurinho: entra na aula quando quiser. Maurinho não vai entrar. Aliás, só vai sair da sala depois de todo mundo. Não confia (não confia).

Pessoal, tem que sentir, o comprido fala. Como se fosse simples assim (sentir que é zebra com leão perto o tempo todo). Sintam a música. As meninas gêmeas não são tão iguais. Uma aperta os olhos, a outra arregala. Um menino sorri, o outro quase chora. Viram pro lado oposto. Tudo igual mas diferente. O comprido bate palma. Viram de novo. De costas, de frente, de costas de frente, Maurinho já não sabe mais o que é frente o que é costas. Aí o comprido manda ir pro meio da sala. Fazer tudo igual mas sem a barra na mão. Tem que equilibrar todas as pernas e todos os braços e todo mundo tá de costas pra Maurinho e vendo Maurinho do espelho. Aí agora é a hora de salto e de giro. Diagonal. Todo mundo em fila, cada corpinho de uma vez, e gira e gira e gira a sala inteira (não tem medo de nada essa gente). E acaba a aula e Maurinho não descolou da parede. Uma das iguais mas diferente chega perto pra cumprimentar pela mão tipo em fusão de capital. De perto ele vê que ela vê dum olho só. Em prova oral ele pergunta: você tem medo de quê. Em prontidão de boa aluna ela enumera: de cobra, besouro e zumbi. E os quatro vão saindo pras suas casas dando tchau suado pro Maurinho como se (desde sempre) ele morasse ali no cantinho da sala de balé.

O professor volta pro centro e não diz confia em mim. Fica de costas pro Maurinho vendo ele do espelho. E faz uma coisa que não fazia há muito tempo, uma coisa que (por isso mesmo) dá medo. Fica ainda mais comprido, dobra os joelhos e sobe numa perna só com a outra esticadona pra fora. Inspira fundo, e gira. Gira e não para, gira mais, gira muito, abrindo e fechando o braço, cada vez mais rápido, o olho fixo, Maurinho nem consegue contar quantos giros são, deve ser um só infinito, helicóptero (Maurinho tira os óculos) chicote açoite chantilly creme de leite Júpiter (Maurinho coloca os óculos) supernova na Grande Nuvem de Magalhães, estrela anã a cinco milhões de quilômetros por hora, sempre tá de frente, nunca de costas, roda bola pião Terra carrossel roleta gira-gira furacão astro celeste assim Maurinho nunca viu.

Então a perna é uma espada e é isso. Maurinho precisa aprender o giro do ninja protegido. Girar tão rápido que o leão não vai perceber, o mar não vai ter tempo de engolir, nem a mãe de morrer nem Deus de não querer te perdoar nem bola nem chute nem cartaz. Então tá.

Confiou no professor e no espelho. O comprido foi passando cada passo devagar. Cada aula um tantinho. Aquele medo um dia ficou velho, até um pouco ridículo. Os outros medos vieram cada um de uma vez, mas não foram convidados pro giro. Quando se gira não se pensa porque ou se pensa ou se gira. Todo planeta sabe disso.

LIVRE E MUITO FELIZ, MESMO

Começa a conversa pelo aplicativo do celular.
[Antes dela, diferentes, estão dois pensamentos.]
Introdução (versão muitos adjetivos).

O som pode ser tremendo, carregado de atmosferas, ritmos, rupturas, abalos.

Não importa o quanto de informação suspenda, despeje. A narrativa só é magia e acontece fora da cabeça de quem recebe o véu sonoro (você me escuta?) quando a luz acorda e a acorda, quando sobrecarregando as flutuações sonoras (vibra o seu corpo), pontua, espalha os efeitos. Por conta disso e por conta de outras coisas mais complicadas de mensurar aqui (diante de você), eu afirmaria que se tivesse de resumir o que faz (esta pessoa em seu experimentar, em sua entrega sensorial, em seu conhecimento) escaparia do tentar explicar pela mecânica redutora do o que faz é isso e aquilo, escaparia dos roteiros esperados, de seu traçado monumental (toda singularidade é monumental), diria: nela é a movimentação que inicia o palco. Afirmaria: um palco sempre aguarda a luz. A luz que inevitavelmente dançará.

Você dança?
Blackout.

Não importa a esquematização que se levante, a tese que se invente, o espetáculo inicia com o volume da luz. O volume que constrói um lugar que é transporte e estação de chegada, tornando o palco espaço indecupável, lugar que captura e devolve, liberta e cinema, captura e devolve, liberta e cinema, captura e devolve, liberta e cinema. Dessa junção (diferente, por exemplo, do cinema em si) surgirá uma linguagem que jamais se repete e se repetirá nas nuances, uma junção que nos suga para um território sem dono e luas, portanto: lua.

Teste dos refletores.
Centrifugar.

Na conversa me conta como é abraçar esse acordo, esse concerto em que o movimento prescinde da palavra e ainda assim não dispensa a paixão, a circulação sanguínea que jamais se repetirá no dia seguinte da temporada, os músculos que jamais se encaixarão da mesma forma. Luz que é trajetória. Luz que é (sim, versão muitos adjetivos) iluminar.

Estamos aqui, Luz versão muitos adjetivos.

Luz moldadora das tangências. Luz que situará semânticas. Luz que ocupará *como se fosse no lugar do verbo falado*.

Gosto de verbo falado porque verbo traz poços profundos, de dificuldades impensáveis, que só se mostram quando os encaixes do verbo falham.

Nessa ambiência está a ação que pelo tamanho da aposta, do esforço, poderá chegar ao espetáculo.

(Um palco é espera de movimento.) O palco é palco porque um verbo anterior nos diz: aqui acontecerá.

A luz é uma parte importante do que acontece (vem do mecanismo do movimento, um movimento que tem o nome de Calor).

Gosto de calor.

E me conta com todas as letras que gosta de calor. Foi o calor da iluminação naquele primeiro espetáculo de escola que mudou a sua vida, trouxe sua sorte e um tanto de sentido à sua existência (e até o que carrega como sendo amor) e, por consequência, ao existir deste lugar.

Ribalta é mar.
Cada refletor é um deus.
Blackout.

As portas de acesso à plateia, às galerias, aos camarotes se abrem.

Corpos. Movimento anterior. Tudo é muito bonito.

Conta-me que é uma pessoa tímida, reservada.

Diz como é importante o primeiro ensaio. A chave e a ingerência do funcionar de pronto ou, por vezes, o que não deixa de ser menos assombroso, o pacto de viabilizar o encontro, a criação, o acerto do qual, por exemplo (isso não é uma palestra), tanto necessitará a construção da coreografia.

(Escutando, lembrei da primeira vez que vi refletores se acenderem sobre um palco.)

Diz: iluminar corpos em expansão é diferente de iluminar o falar, o dizer, o verbo. A química é outra, a luz é mostrar enquanto eleva (a luz mostra não conta, a luz não precisa do apelo, não é dada a esmiuçar, a luz não precisa olhar porque é: alma). A dança eleva? A luz a eleva.

A primeira vez que assisti, em um palco, à dança, pensei: isso é busca por alimento. E foi assim até que sua linguagem (nômade?) se tornasse alimento – como a poesia.

Escuto o que me diz sobre o quão decisivo é dialogar (para chegar à busca) com a pessoa que coreografará.

Guarde isso. Busque.
[bivolt]

Penso no ritmo e me pergunto o quanto de arrestar, no sentido de cerco mesmo, tem nisso que faz, nisso que se tornou sua profissão, sua linguagem, nessa função de iluminar. Técnica.

A luz entrega o esforço para, na mesma fração de segundo, dissolvê-lo no encanto da narrativa.

A luz me evapora.

Amanhã choverá.

Primeiro Sinal (a vida está no palco).

No estrito plano da técnica (foi o que aprendi), projetar é se colocar no lugar da primeira audiência, é balanço entre técnica e paixão.

(Eu me jogo da ponte e depois vocês se jogam da ponte.)

Conta-me que o projeto de iluminação, por mais certeza que haja, só estará resolvido de maneira plena (versão muitos adjetivos) no acontecer e no funcionar do dia da estreia do espetáculo porque nele é que se conectam e se confirmam as expectativas.

Função.
[por função, entendo ___.]
Revelam-se as surpresas.

(Tem coisa que permanece arriscar até que funcione, evapore para ser arte, apenas no momento da estreia. Isto é uma anotação antiga feita para aquela primeira vez em que assisti, no palco, sob a luz, a dança.)

Você me quer?

Você me segura?

Segundo Sinal (a vida está acomodada no espaço do teatro).

Hora de falar sobre a senhora Destino (peço à Desassossego que espere).

A arte tem um lugar que fica nos esperando.

A luz está sempre em algum lugar nos esperando.

O corpo está sempre esperando a dança.

Assentada nos lugares do teatro, a plateia dança. A luz se apaga. Parte da plateia continua a dançar.

Não se engane, me diz.

Posso dizer que a pessoa que ilumina é guardiã do início e do fim?

Concorda.

Posso dizer que a luz viabiliza o espaço?

Concorda.

Então a luminosidade do visor do celular nos aplaude.

Terceiro Sinal (a vida está pronta para a dança).

Tudo é linguagem.

Linguagem precisa acolher.

[alguém escreve isso no quadro]

Diz que a luz acolhe o movimento. A luz é a linguagem do volume.

Pergunto: nesta ilha onde está sua paixão?

Sorri e pede desculpas se as suas respostas e explicações não estão sendo profundas, densas e interessantes o suficiente.

Digo que está me entregando muito mais do que pedi inicialmente.

[Como linguagem a arte está depois do inicialmente.)

Penso na ética deste diálogo. E penso o quanto é bonita a dança.

Falo de um lugar no interior de Santa Catarina. Estou longe de São Paulo. [A luz, no entanto, garante este diálogo.]

Falo um pouco sobre a visceralidade da arte, um pouco sobre o lado visceral da dança.

Diz que a luz a segura e segura tudo o que é olhar e ilusão de enxergar. É bonito.

[Trinta e sete minutos de conversa.]

(A dança.)

[Agradeço. Despedimo-nos.]

Tão bonita.

Com a dança (em nosso peito), a luz. Feliz versão muitos adjetivos. Dança.

(Calor.)

ROCOCO VARIATIONS, 2020

LUZ NEGRA

O teatro experimental tinha balançado sua cabeça. Um negócio de bonecos, mas não era teatro para crianças; bonecos sem formas humanas, sem manipulação de marionetes, como no Giramundo, que ela conhecia bem. Formas abstratas que davam ao espectador um estímulo visual para interagir como participante, para que pulsasse junto à trupe no palco. No cenário, novos equipamentos, mistura de linguagens, coisas que ela nunca tinha imaginado como recursos cênicos, fruto das faltas, supridas pela gambiarra propositiva.

Ela saía das aulas leve de corpo e cheia de ideias, aquele teatro era encantador, e pensar que o pessoal ainda teve de driblar a censura até o início dos anos 1980. Em respeito a isso ela se reprimia para não pensar na relação com os censores como uma aventura divertida para garantir a integridade do espetáculo. Colegas brincalhões haviam especulado, não sabiam que se tratava de uma máquina violenta que podia levar à prisão, à tortura e à morte, uma teia pegajosa de desconfiança, espionagem, delação e perseguição, sobre a qual nada se aprendia nos livros de História ou nas conversas familiares.

Acessar a escola cenotécnica era uma possibilidade distante, a universidade era em outra cidade, ela teria mesmo que aprender no teatro de ator. O teatro era escola, sempre fora. A escola de samba também, de onde vinha sua experiência como estagiária de cenografia de dança, algo muito desafiador porque era imperativo deixar o espaço livre para as dançarinas evoluírem.

Uma paisagem sonora, estava decidida a compor uma paisagem sonora para o espetáculo. Imaginou um tamborim tocado durante a primeira parte da montagem. Seco. Só ele. Uma das formas poderia tocá-lo. Depois de um tempo, um assovio se juntaria ao tamborim. Sem a letra da canção, só o assovio. Por um longo tempo a dançarina assoviaria o tema, até tornar-se um mantra.

Uma história de amor, de desencontro e sem final feliz dançada sob luz negra. Talvez não um final infeliz, mas algo não romântico, não foram felizes juntas para sempre. Entenderam? As formas dançariam essa história. Uma coisa que beirasse o ilusionismo quando a luz incidisse na superfície restrita daquele ambiente totalmente escuro. Dali surgiriam imagens luminosas, sutis, desafiando a capacidade interpretativa da plateia. Ela mesma se sentia como se tivesse tomado Ayahuasca quando trabalhava com a luz negra, tudo amplificado, detalhes que ela nunca pensou existir em sua paisagem interna se revelavam como parte de um repertório antigo e natural.

Os microfones. A cereja do bolo. Dez microfones distribuídos à audiência para que, em tempo real, expressassem seus sentimentos que seriam amplificados no palco. As pessoas receberiam os microfones aleatoriamente na entrada e seriam orientadas a se sentarem nos lugares marcados pelos números de um a dez. À medida que as formas se movimentassem elas contariam o que lhes viesse à cabeça ou ao coração. As vozes poderiam se sobrepor, essa era a ideia. Era assim a vida, muita coisa acontecendo ao mesmo tempo. O tamborim e o assovio constantes, marcando o fluxo do tempo; as formas trançando aquela história de amor. Sem palavras, só o tamborim, a melodia assoviada e as formas em movimento.

Aquele número de microfones era algo impossível, a produção tratou de informá-la. Muito caro. Sete, então, contra-argumentou. Não dava. Cinco. Também não, três no máximo. Paciência, restava aceitar o possível, onde não cabia a criatividade como solução, sobrava adequação ao orçamento enxuto na arte sem patrocínio.

Ensaios, ensaios e mais ensaios. Dia de estreia. Microfones distribuídos para três pessoas apenas. Lugares próximos ao palco definidos. Público assentado. Terceiro sinal. Dançarinas a postos. Cortinas abertas, corpos em cena.

Cadê a luz? Ao terceiro sinal a luz precisaria estar aquecida. Cadê a luz? Sem a luz negra a magia do espetáculo iria embora, o público veria como as formas eram manipuladas. Cadê a luz?

O jeito era fechar as cortinas, pedir desculpas e avisar sobre um problema técnico. Burburinho na plateia. A equipe corre para o técnico de luz. Ele explica que tivera um problema intestinal, demorou demais no banheiro e só conseguiu voltar três minutos antes do terceiro sinal, quando começou a aquecer a luz. Poxa, mas o pessoal da cenografia havia repassado a orientação mil vezes, no terceiro sinal a luz já deveria estar aquecida. O processo tinha de ter começado dez minutos antes do terceiro sinal. Paciência. Humanidades. Constrangimentos que o corpo provoca.

Tudo pronto, luz aquecida. O quarto sinal põe fim às conversas do público e dá lugar a um silêncio ansioso e especulativo. O tamborim inicia a canção, soberano. O efeito é bonito, instrumento e baqueta brancos na escuridão e a sensação de que ele toca a si mesmo, sem ter quem o manuseie. O assovio entra e preenche tudo, a melodia inebria a sala. As formas dançam a história de amor sem final feliz.

Eu vejo muitas pessoas em guerra, diz a dona do primeiro microfone. Uma guerra que não termina porque vê no outro aquilo que em si mesmo é incômodo. Guerra de egos, de vaidades, de espadas. Os bonecos lutam com espadas, ameaçam se matar. Um tenta matar o outro. Vem alguém para apartá-los, eles conversam, se entendem. Voltam a brigar, não param de brigar. É uma luta sem fim.

Eu vejo dois carnavalescos discutindo o próximo enredo da escola de samba. Parece que vão falar sobre a origem do mundo. Um deles não quer mais carros gigantescos, quer alegorias no chão, mais comunidade nas alas. O outro até gosta da ideia, mas eles devem ponderar os resultados, a escola precisa conquistar boa classificação para que eles mantenham o emprego no ano seguinte.

Vez ou outra as donas dos microfones acrescentam algum detalhe às histórias à medida que as formas se movimentam. Outras pessoas se manifestam, pedem o microfone emprestado e também compartilham suas impressões. A terceira receptora desvencilhou-se do próprio microfone, ela mantinha os olhos fechados.

Alguém, lá do fundo, cantarolava, cada vez mais alto, a letra da canção: sempre só, eu vivo procurando alguém que sofra como eu também, mas não consigo achar ninguém. Sempre só e a vida vai seguindo assim, não tenho quem tem dó de mim, tô chegando ao fim. A luz negra de um destino cruel ilumina um teatro sem cor, onde eu tô representando o papel de um palhaço do amor. Sempre só e a vida vai seguindo assim, não tenho quem tem dó de mim.

I'VE CHANGED MY MIND, 2023

SOBRE OS AUTORES

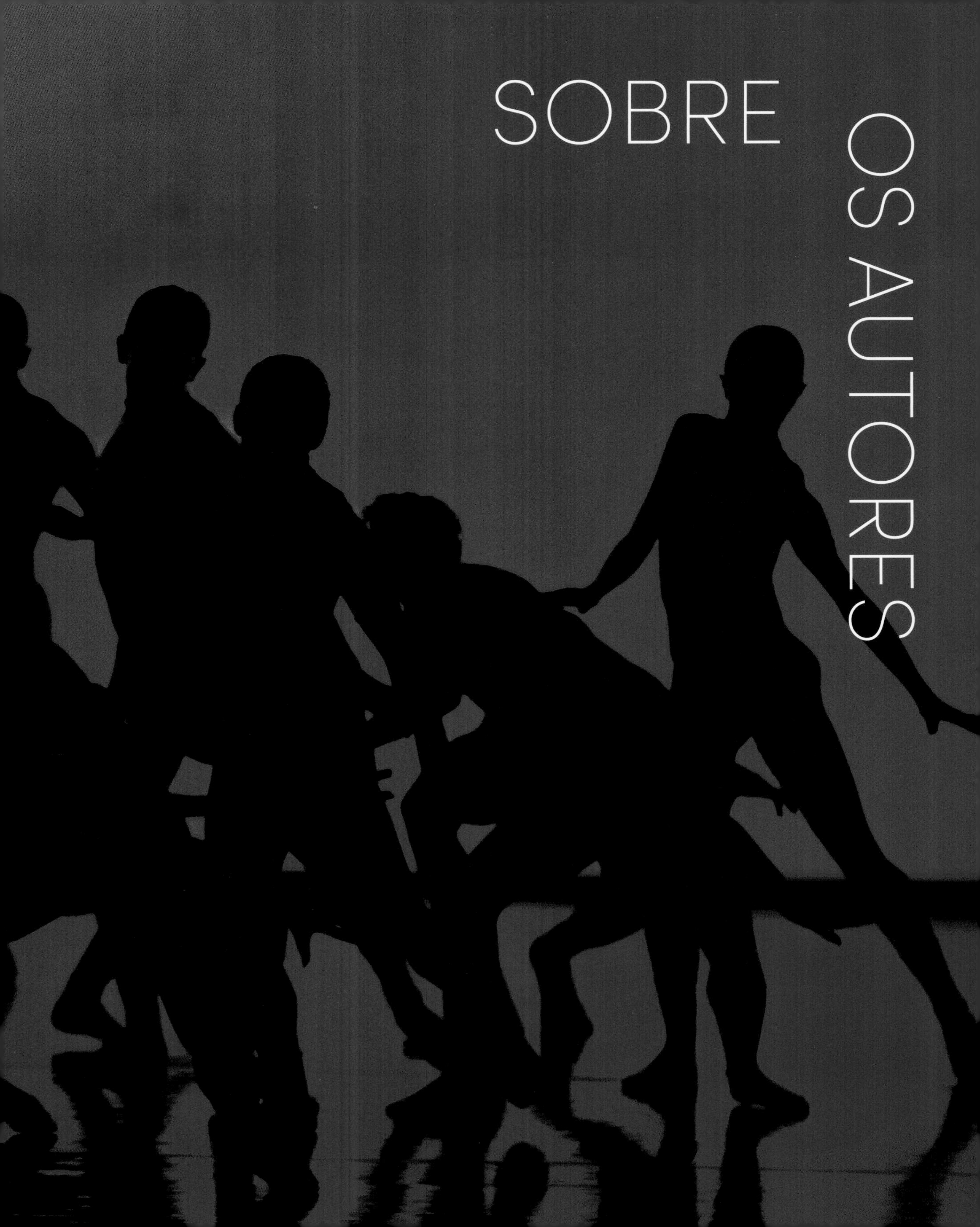

ALINE BEI nasceu em 1987, em São Paulo. É formada em Letras pela Pontifícia Universidade Católica de São Paulo e em Artes Cênicas pelo teatro-escola Célia Helena. Seu romance de estreia, *O peso do pássaro morto* (2017), foi vencedor do Prêmio São Paulo de Literatura e do Prêmio Toca, além de finalista do Prêmio Rio de Literatura. *Pequena coreografia do adeus* (2021) é seu segundo livro.

AMANDA QUEIRÓS é jornalista e crítica de dança com mestrado em Comunicação e Semiótica pela Pontifícia Universidade Católica de São Paulo – PUC-SP, especialização em Gestão Cultural pelo CPF-Sesc e pós-graduação em Design, Inovação e Estratégia pela ESPM. Foi repórter dos jornais *O Povo* e *Folha de S. Paulo*, além de editora de cultura do jornal *Metro* e coordenadora de Comunicação e Educativo da São Paulo Companhia de Dança (2020-2022). Atuou como jurada da categoria de dança da Associação Paulista de Críticos de Artes (2016-2019) e como pesquisadora da Enciclopédia Itaú Cultural. Colabora com diversos veículos e instituições culturais em pautas e projetos sobre dança, arte e cultura em geral.

CAROL RODRIGUES nasceu em 1985, no Rio de Janeiro e vive em São Paulo. É autora do livro de contos – *Sem vista para o mar* (2014), que recebeu os prêmios Jabuti e da Biblioteca Nacional. Em 2017, publicou a novela digital *Ilhós* e, em 2019, o romance *O melindre nos dentes da besta*, finalista dos prêmios São Paulo de Literatura e Jabuti. Lançou, em 2023, o romance *A mulher do padre*. É formada em Imagem e Som pela Universidade Federal de São Carlos e tem mestrado em Estudos de Performance pela Universidade de Amsterdam. Trabalha como roteirista, curadora e facilitadora de oficinas de escrita criativa.

CÁSSIA NAVAS é professora colaboradora do Programa de Pós-Graduação em Artes da Cena/Instituto de Artes/UNICAMP, graduada em Direito (USP), doutora em Dança/Semiótica (PUC/SP) e especialista em Gestão/Políticas Culturais (Universidade de Dijon, França). Fundadora da rede de pesquisa CoreoHistória (2020), é curadora/consultora de programas/projetos em dança. Autora dos livros *Imagens da Dança em São Paulo* (1989), *Dança Moderna* (1992), *Dança e Mundialização: políticas da cultura no eixo Brasil França* (1999), *Balé da Cidade de São Paulo* (2003), *Cisne Negro Companhia de Dança, 30 anos de Dança* (2007), *Balé da Cidade de São Paulo 50 anos* (2019), *Dança Moderna 1992-2002* (2023), entre outros. É conferencista, ministra cursos, palestras e seminários em várias instituições do Brasil e exterior.

CIDINHA DA SILVA nasceu em 1967, em Belo Horizonte. É autora de diversos livros, dentre eles *Um Exu em Nova York* (2018), *Os nove pentes d'África* (2009) e *Mar de Manu* (2011), que recebeu o prêmio APCA. Fundou o Instituto Kuanza e foi gestora de cultura na Fundação Cultural Palmares.

FLÁVIA FONTES OLIVEIRA Jornalista e roteirista. Trabalhou na Gazeta Mercantil, Revista Época (semanal), foi redatora-chefe na Editora Trip e coordenou as áreas de Comunicação, Educativo e Memória na São Paulo Companhia de Dança (2008-2010). Colaborou com as revistas Bravo!, Fapesp, CartaCapital, TAM, Voe Gol, entre outras. Como roteirista participou dos programas *Menos É Demais* (Discovery – FJ Produções) e *Me Deixa Dançar* (GNT – Moonshot Pictures); é autora do projeto *Passo a Passo* (Origina Conteúdo, em produção para o canal Arte1) e foi diretora e roteirista do filme *Anita, Anita*; também fez trabalhos para o Itaú Cultural e TV1. Em ficção, faz parte da equipe de roteiro da série *Chuva Negra*, de Rafael Primot. É formada pela Unesp (1996) em jornalismo e mestre em comunicação pela PUC-SP (2007).

GISELE KATO é formada em Jornalismo pela Escola de Comunicações e Artes da Universidade de São Paulo – ECA-USP, com pós-graduação em História da Arte pela Fundação Armando Álvares Penteado – FAAP-SP, é editora-chefe do canal Arte1 desde sua estreia, em 2012, tendo participado de sua criação e implementação como um projeto do Grupo Bandeirantes exclusivamente dedicado às artes. Pela cobertura de artes visuais do canal, ganhou o prêmio ABCA, da Associação Brasileira de Críticos de Arte, em 2014. Trabalhou por 13 anos na revista *Bravo!*, como repórter e editora de artes visuais. Por 10 anos, ancorou o programa *Conexão* 2, na rádio Eldorado AM, com entrevistas de artistas e produtores culturais. Tem ainda passagens pelas redações das revistas *Veja São Paulo* e *Capricho*, ambas da editora Abril.

INÊS BOGÉA é diretora artística e educacional da São Paulo Companhia de Dança e da São Paulo Escola de Dança.

Doutora em Artes (Unicamp, 2007) com MBA em Gestão Estratégica de Pessoas: Desenvolvimento Humano de Gestores pela Fundação Getúlio Vargas (FGV, 2022). É professora nos cursos de especialização Arte na Educação: Teoria e Prática da Universidade de São Paulo (USP) e Pós-Graduação em Linguagem e Poética da Dança: Documentário, Memória e Dança da Universidade Regional de Blumenau (FURB) em parceria com a Fundação Fritz Muller (FFM), além de documentarista e escritora. De 1989 a 2001, foi bailarina do Grupo Corpo, de Belo Horizonte. Entre 2001 e 2007, foi crítica de dança da *Folha de S. Paulo* de e entre 2016 e 2021, integrou o júri técnico/crítico do quadro Dança dos Famosos do programa Domingão do Faustão/TV Globo. É autora dos livros infantis *O livro da dança* (2002), *Contos do balé* (2007) e *Outros Contos do Balé* (2018). Organizadora dos livros *Oito ou Nove Ensaios sobre o Grupo Corpo* (2007), *Passado-Futuro – Textos e fotos sobre a São Paulo Companhia de Dança* (2019), entre outros. Na área de arte- educação, foi consultora da Escola de Teatro e Dança Fafi (2003-2004) e consultora do Programa Fábricas de Cultura da Secretaria de Estado da Cultura de São Paulo (2007- 2008). É autora de mais de setenta documentários sobre dança, entre eles *Renée Gumiel, A Vida na Pele* (2005), *Maria Duschenes – o espaço do movimento* (2006), e da série *Figuras da Dança*, da SPCD, que já soma mais de 40 documentários.

JOÃO ANZANELLO CARRASCOZA é autor dos romances *O céu implacável* (2023), *Inventário do azul* (2022) e *Trilogia do adeus* (2017), além de livros de contos como *Aquela água toda* (2012) e *Tramas de meninos* (2021). Suas histórias foram traduzidas para o bengali, croata, espanhol, francês, inglês, italiano, sueco e tâmil. Recebeu três vezes o prêmio

Jabuti, quatro vezes o prêmio da Fundação Nacional do Livro Infantil e Juvenil, três vezes o prêmio da Fundação Biblioteca Nacional, o prêmio da APCA, da Cátedra Unesco e o Candango, além dos internacionais Radio France e White Ravens.

JOCA REINERS TERRON nasceu em Cuiabá, em 1968. É autor de, dentre outros, *Do fundo do poço se vê a lua* (2010), que recebeu o prêmio Machado de Assis da Fundação Biblioteca Nacional, *Noite dentro da noite* (2017), *A morte e o meteoro* (2019), *O riso dos ratos* (2021) e *Onde pastam os minotauros* (2023).

JOMAR MESQUITA é professor, coreógrafo e bailarino. Diretor da Mimulus Escola de Dança e Mimulus Cia. de Dança desde 1990, onde desenvolveu uma linguagem própria e inovadora com danças a dois. Mestre em Administração – Gestão Contemporânea das Organizações, pela Fundação Dom Cabral. Seus espetáculos já receberam inúmeras premiações por parte da crítica especializada, sendo apresentados em cerca de 80 cidades em mais de 17 países. Contribui para uma melhor formação dos profissionais da área por meio de iniciativas pioneiras em oferecer uma formação e uma visão mais ampla da dança na área artística, na educação e na gestão. Além da Mimulus, já dirigiu e coreografou para companhias como São Paulo Companhia de Dança, Balé Teatro Castro Alves, Sociedade Masculina, Cia. de Dança de Minas Gerais, entre outras.

JULIANA LEITE nasceu em 1983, em Petrópolis, Rio de Janeiro. É autora de *Entre as mãos* (2018) – que recebeu os prêmios Sesc e APCA, foi finalista do prêmio Jabuti, prêmios São Paulo e Rio de Literatura e semifinalista do prêmio Oceanos, além de ter sido publicado na França e tido os direitos vendidos para o cinema – e de *Humanos exemplares* (2022). Mestre em literatura comparada, foi selecionada para a residência artística da revista Triple Canopy, de Nova York.

MARCELA BENVEGNU é jornalista, pesquisadora de dança e gestora. É Superintendente de Desenvolvimento Institucional da São Paulo Companhia de Dança e da São Paulo Escola de Dança. É master em Mídia, Comunicação e Negócios pela University of California (USA, 2017) e foi bolsista do programa de mentoria executiva da Harvard Business School (USA, 2019). É mestre em Comunicação e Semiótica pela PUC-SP, pós-graduada em Estudos Contemporâneos em Dança pela Universidade Federal da Bahia e em Gestão de Negócios pelo Business Behavior Institute, de Chicago. Foi coordenadora de Educativo e Comunicação (2009-2017) e de Registro e Memória, da São Paulo Companhia de Dança e consultora (2021). Atua como jurada, palestrante, crítica e jornalista convidada em eventos no Brasil e exterior. É co-diretora do Congresso Internacional de Jazz Dance no Brasil desde 2009. Foi diretora executiva/artística da Bloch Brasil (2019/2020). É professora do curso de Pós-Graduação em Dança e Consciência Corporal na Universidade Estácio de Sá e USC. Dirige a MB – Gestão de Imagem e Comunicação para a Dança, assinando estratégias, conteúdos e experiências para nomes da dança.

MICHELINY VERUNSCHK nasceu em 1972, em Recife. É escritora, crítica literária e historiadora brasileira. É mestre em Literatura e Crítica Literária e doutora em Comunicação e Semiótica pela PUC São Paulo. Em 2004, foi indicada ao Prêmio Portugal Telecom de Literatura, com o livro

de poesia *Geografia íntima do deserto* (2003), sendo a única mulher estreante e também a mais jovem a ficar entre os dez finalistas. Com o romance *Nossa Teresa – vida e morte de uma santa suicida* (2014), venceu o Prêmio São Paulo de Literatura de 2015, na categoria melhor de romance escrito por autor estreante no gênero acima de 40 anos. Tem trabalhos publicados na França, Portugal, Espanha, Canadá e Estados Unidos.

NATALIA TIMERMAN nasceu em 1981, em São Paulo. É médica psiquiatra pela Universidade Federal de São Paulo – UNIFESP, mestre em Psicologia e doutoranda em Literatura pela Universidade de São Paulo – USP. É autora de *Desterros – Histórias de um hospital-prisão* (2017), da coletânea de contos *Rachaduras* (2019), indicado ao prêmio Jabuti, e dos romances *Copo Vazio* (2021) e *As pequenas chances* (2023). Assina uma coluna semanal no UOL.

PAULA FÁBRIO nasceu em São Paulo, em 1970. É doutora em Letras pela Universidade de SUSP e pesquisadora de literatura. Estreou como escritora com o romance *Desnorteio* (2012), que lhe rendeu o Prêmio São Paulo de Literatura em 2013. Em seguida, vieram outros livros de ficção e a estreia no infanto-juvenil com o também premiado *No corredor dos cobogós* (2019), obra integrante do Clube de Leitura ODS da ONU e do catálogo da Feira de Bolonha. Seus textos estão presentes em diversas antologias e cadernos literários, e foram traduzidos ao espanhol no Uruguai e na Argentina.

PAULLINY TORT nasceu em 1979, em Brasília. É escritora, jornalista e mestre em comunicação pela Universidade de Brasília. É autora dos livros *Allegro ma non troppo* (2016), semifinalista do Prêmio Oceanos, e *Erva brava* (2021), vencedor do prêmio APCA.

PAULO SCOTT nasceu em 1966, em Porto Alegre. É autor de cinco romances – entre eles *Marrom e Amarelo* (2019) e *Habitante irreal* (2011) –, um livro de contos, sete de poesia e o romance gráfico *Meu mundo versus Marta* (2021), em parceria com Rafael Sica. Recebeu os prêmios Machado de Assis da Fundação Biblioteca Nacional, APCA e Açorianos de Literatura, entre outros.

PEDRO AUGUSTO BAÍA é servidor público estadual e doutor em Psicologia Forense pela Universidade de Coimbra. Nasceu e vive em Abaetetuba, Pará. *Corpos benzidos em metal pesado* (2022), seu primeiro livro de contos, foi o vencedor da última edição do Prêmio Sesc de literatura.

RAFAEL GALLO, músico e professor, atuou nas áreas de trilha sonora para TV, cinema e outras mídias, fazendo parte do corpo docente da Academia Internacional de Cinema. Em 2012, teve início sua carreira como escritor, ao vencer o Prêmio SESC de Literatura, com a coletânea de contos *Réveillon e outros dias*, publicada pela Editora Record como parte da premiação. Em 2015, publica seu primeiro romance, *Rebentar*, também pela Editora Record. O romance foi vencedor do Prêmio São Paulo de Literatura na categoria de "Autor estreante abaixo dos 40 anos". Ambos os livros foram finalistas do Prêmio Jabuti. Em 2022, venceu o Prêmio Literário José Saramago, em Portugal, com o inédito *Dor Fantasma*. O júri contou com vencedores de outras edições como José Luís Peixoto, Gonçalo M. Tavares, João Tordo, Bruno Vieira Amaral e Valter Hugo Mãe, além de Pilar del Río, Guilhermina Gomes e Nélida Piñon. Foi o quarto brasileiro ganhador deste prêmio literário. Tem ainda diversos textos publicados em revistas e antologias, tanto no Brasil quanto em outros países, como Estados Unidos, Cuba, Moçambique, França e Equador.

RENATA DE OLIVEIRA, professora de dança, bailarina e coreógrafa. Natural de Pirassununga/SP, ensina dança há mais de 30 anos e se dedica ao reconhecimento e valorização desta arte. Atualmente se encontra em Roma, na Itália, cursando um Master Internacional em Gestão de Artes e Cultura, na instituição Rome Business School. É pós-graduada em Linguagem e Poética da Dança pela Universidade Regional de Blumenau e graduada em Dança pela Unicamp. Tem sólida formação em balé clássico e dança moderna. Estudou flamenco com grandes maestros do Brasil e Espanha.

SÉRGIO RODRIGUES nasceu em 1962, no município de Muriaé. É escritor, jornalista e crítico literário brasileiro, vencedor do 12° Grande Prémio Portugal Telecom de Literatura (2014) nas categorias Romance e Grande Prêmio pelo livro *O drible* (2013). Radicado no Rio de Janeiro desde 1979, é formado em jornalismo pela Universidade Federal do Rio de Janeiro. É autor de diversos livros, foi editor-executivo da revista eletrônica *NoMínimo* e trabalhou como repórter, editor e colunista nas principais empresas de comunicação do país. Atualmente é colunista semanal do caderno Cotidiano, do jornal Folha de S. Paulo e roteirista do programa Conversa com Bial, da TV Globo. O trabalho como pesquisador e colunista nas áreas de gramática e linguística rendeu um de seus livros mais recentes, o almanaque *Viva a língua brasileira!* (2016). Durante a Copa do Mundo de 2014, publicou no jornal francês Le Monde um folhetim policial em 24 capítulos chamado *Jules Rimet, meu amor*, sobre o roubo da taça da FIFA conquistada definitivamente pela seleção brasileira em 1970. O folhetim foi publicado em português como novela no livro *A visita de João Gilberto aos Novos Baianos* (2019). O romance *Elza, a garota* (2008) foi publicado também em Portugal (2010) e lançado nos EUA, com tradução de Zoë Perry e o título "Elza: the girl" (2014). Pelo conjunto da obra, Rodrigues recebeu o Prêmio de Cultura do Estado do Rio de Janeiro 2011, na categoria Literatura.

TAIANE SANTI MARTINS nasceu em Vacaria, RS, em 1988. É doutora em Escrita Criativa pela PUCRS, formada em História pela FAED/UDESC e em Letras pela UFSC. Tem poemas e contos em coletâneas e revistas. É editora da *Travessa em Três Tempos*, revista literária que fundou em 2010. *Mikaia* (2022) é seu primeiro romance e foi parcialmente escrito na Ilha de Moçambique, onde residiu. Com ele, venceu o prêmio Sesc 2022. Participou do festival literário de Óbidos, em Portugal.

IN THE MIDDLE, SOMEWHAT ELEVATED, 2012

FORTUNA CRÍTICA

"Esta é uma definição inquestionável de poesia. Rima perfeita entre música e dança. Expressão do corpo em frente e verso para manifestar a urgência de voar."

THIAGO CRESPO, *BOM DIA SP* – TV GLOBO BRASIL, 2023

"Grenoble, Saint-Étienne, Mérignac, Biarritz... Em turnê desde terça-feira, 28 de novembro, com cerca de 15 apresentações em seis teatros, incluindo a Maison de la Danse de Lyon (...) e depois o Bonlieu Scène Nationale, em Annecy (...) a São Paulo Companhia de Dança agora se destaca como uma das embaixadoras da cena brasileira. Premiada com o Grand Prix du Syndicat de la Critique em 2019, onze anos após sua criação, esta trupe de repertório, que emprega 32 intérpretes, apresenta uma produção sólida, ousada e preenche uma lacuna que anseia por isso: a do grande formato (mais de dez intérpretes), grande público, um recurso coreográfico que se tornou raro. (...) Inês Bogéa, diretora artística da companhia, elaborou uma noite impecável com as cores de seu país sem exagerar na idealização. (...)"

ROSITA BOISSEAU, *LE MONDE*, FRANÇA, 2023

"São 15 anos de estrada, na ponta dos pés, e uma programação que agrada tanto os fãs de balé, quanto da dança moderna."

REVISTA *ELLE*, BRASIL, 2023

"A coreografia de Goecke tematiza a solidão humana, apresentando seguidos solos, interpretados com brilho pelos bailarinos Ammanda Rosa e Yoshi Suzuki."

GUSTAVO ZEITEL, *FOLHA DE S. PAULO* – CADERNO *ILUSTRADA*, BRASIL, 2023

"(...) Ao som imponente e emocionante de Heitor Villa-Lobos ("*Bachiana Brasileira Nº. 8*"), os dançarinos se movimentaram animadamente e concentrados no palco. Graças à condução de Nunes, traduziram a diversidade, a liberdade e a ritualidade da natureza em movimentos evidentes. Um universo de graça e elegância desdobrou-se no palco, conquistando profundamente os corações do público de Fürstenfeld desde a primeira parte de sua apresentação. (...) A São Paulo Companhia de Dança como símbolo de interação cativante e vitalidade inspiradora."

JÖRG KONRAD, *KULT KOMPLOT*, ALEMANHA, 2023

"A programação é um retrato do caráter multifacetado do grupo. [...] os 37 bailarinos da São Paulo são desafiados em diferentes propostas estéticas. Em um ato, sobem nas pontas. Em outro, se entregam ao palco com os pés descalços. A diversidade também está no corpo de cada integrante do elenco, vindos de diferentes partes do Brasil e do Exterior. Para a diretora artística Inês Bogéa, essa pluralidade é um compromisso."

AMANDA QUEIRÓS, REVISTA *CONCERTO*, BRASIL, 2023

"Na terça-feira, o Teatro Scharoun foi palco de uma paixão sul-americana aliada à uma brilhante técnica. A São Paulo Companhia de Dança, fundada em 2008, une dança clássica e moderna em uma perfeição grandiosa. Os 14 bailarinos combinam movimentos apaixonados e enérgicos com uma dança expressiva, aparentemente sem esforço. 'A dança é a expressão de nossas vidas', como eles mesmos confessam. E isso é perceptível em cada peça. (...) A longa e entusiástica salva de palmas do público é um agradecimento por uma performance excepcional."

HEINZ-WERNER KEMMLING, *WAZ*, ALEMANHA, 2023

"A São Paulo Companhia de Dança está de volta à França! Ela é recebida pela Maison de la Danse de Lyon, local onde já se apresentou em 2016, 2018 e 2022. Isso demonstra a honra e o prazer de receber novamente esta companhia de dança brasileira, criada em janeiro de 2008 pelo Governo do Estado de São Paulo, muito reconhecida na América Latina, dirigida artisticamente por Inês Bogéa. (...) O prêmio de Melhor Companhia da Temporada 2018-2019, concedido à São Paulo Companhia de Dança pelo Sindicato Profissional da Crítica de Teatro, Música e Dança de Paris, após sua turnê no Chaillot-Théâtre National de la Danse (Paris), atesta a evolução do grupo. (...) Esta noite brasileira entusiasmante transpira a sensualidade febril dos corpos e o impulso empático das almas, oferecidos a um público satisfeito. Inês Bogéa se junta aos seus bailarinos no palco durante a saudação final. Sob sua direção, a companhia atende plenamente ao compromisso inicial assumido em 2008: 'apresentar a herança do passado, mas também estar conectada ao mundo de hoje'. Isso é evidente esta noite e continua com uma grande turnê pela França."

JOCELYNE VAYSSE, *CRONIQUES DE DANSE*
FRANÇA, 2023

"*O Lago dos Cisnes* fechou a primeira parte da Temporada 2022. Sabemos que este balé é garantia de casa cheia e espectadores brigando por ingressos. Não é fácil montá-lo. Unir as lindas melodias de Tchaikovsky com dança de excelência é para poucos."

ALI HASSAN AYACHE, SITE *ÓPERA E BALLET*
BRASIL, 2022

"A SPCD trabalhou durante o lockdown entre programação digital e performance nos teatros, com e sem público ao vivo. A criação de materiais multimídia é algo que está em seu DNA."

FÁTIMA NOLLEN, *DANCING TIMES*
REINO UNIDO, 2022

"Três coreógrafos, três linguagens de dança muito diferentes: desde que foi fundada há treze anos, a São Paulo Companhia de Dança se tornou uma companhia única no Brasil em termos de perspectividade múltipla. A cena da dança brasileira é tão parte de sua identidade quanto a diversidade europeia da dança moderna e da tradição clássica. Em sua mais recente apresentação em Ludwigsburg, a companhia apresentou um programa fascinante que trouxe à luz suas melhores qualidades."

DIETHOLF ZERMECK, *LUDWIGSBURG KREISZEITUNG*
ALEMANHA, 2021

"Os dançarinos da São Paulo Companhia de Dança pertencem ao crème de la crème da arte do Brasil."

ULRIKE NEHRBASS, *LANDESART – SWR*
ALEMANHA, 2021

"A performance [de *Les Sylphides*] foi apresentada virtualmente como parte do programa educativo da Companhia e foi seguida por uma palestra de 30 minutos sobre a obra e sua produção (...) notavelmente traduzida simultaneamente em linguagem de sinais (uma conquista ainda a ser estabelecida na Europa). (...) Apesar de *Les Sylphides* não ter enredo, fica evidente que o comovente poeta está em meio a um sonho romântico."

ILONA LANDGRAF, *LANDGRAF ON DANCE*
ALEMANHA, 2021

"Criada em 2008, a São Paulo Companhia de Dança, corpo artístico da Secretaria de Cultura e Economia Criativa do Estado, se firmou no cenário das artes e se mantém como um grupo que vive em busca do diálogo entre gerações, como afirma sua diretora Inês Bogéa. Prova disso é a parceria que faz agora com a carioca Ana Botafogo, primeira-bailarina do Theatro Municipal do Rio. (...) Claro que, em momento de isolamento social, montar um espetáculo de dança exigiu o máximo de cuidado, o que foi seguido rigorosamente pelos envolvidos. Todos passam por testes constantes para covid, mantêm distanciamento, máscara em tempo integral, que é só retirada no momento da apresentação, sendo mantida nos ensaios, e o teatro seguirá os protocolos do Plano São Paulo – duração aproximada de 1 hora, sem intervalo, e ocupação limitada. Para o público de casa, a transmissão será pelo canal do YouTube da SPCD e na plataforma Cultura em Casa."

ELIANA SILVA DE SOUZA, *O ESTADO DE S.PAULO*
BRASIL, 2021

"A São Paulo de Companhia de Dança brilha no Theatre Winterthur com coreografia de Marcia Haydée. [...] O resultado é um espetáculo muito animado que não nega seu parentesco com os favoritos da plateia, como *O Lago dos Cisnes* e *A Bela Adormecida*. A peça é um banquete generosamente organizado, um jogo instigante de gestos e expressões faciais remanescentes da era do cinema mudo, quadros animados nos quais há sempre algo a descobrir nas bordas."

HELMUT DWORSCHAK, *DER LANDBOTE*
ALEMANHA, 2020

"Bailarinos em *home office* ensaiando juntos, mas à distância. Afastando sofás e móveis, o corpo de baile do Estado de São Paulo conseguiu se manter em movimento enquanto o Brasil inteiro parava – graças à internet. (...) O trabalho rendeu uma temporada nova com mais duetos e trios para restringir o contato entre os 32 bailarinos, que têm que se submeter a uma rotina de protocolos e testes, e que agora se apresentam para uma plateia virtual."

ANA PAULA CAMPOS, *JORNAL DA GLOBO*, BRASIL, 2020

"Apaixonados e enérgicos, os jovens artistas da São Paulo Companhia de Dança combinam técnica clássica internacional, fluidez e sensualidade. Esta jovem Companhia brasileira, dirigida por Inês Bogéa, ex-bailarina do Grupo Corpo,

oferece um programa triplo tão virtuoso quanto criativo. [...] São Paulo Companhia de Dança é uma companhia jovem e ultra-dinâmica de técnicas impecáveis [...] uma maravilhosa companhia brasileira que merece ser descoberta."

VILLE DE CANNES, FRANÇA, 2019

"Embora a conexão entre balé e dança moderna seja propagada repetidamente, raramente funciona. As ambições estéticas, ocultas por trás da respectiva compreensão da dança, são muito diferentes. Com uma reconstrução histórica da obra *Suíte Para Dois Pianos*, que Uwe Scholz projetou em 1987 para a composição de mesmo nome de Sergei Rachmaninov, a São Paulo Companhia de Dança conseguiu contrabalançar a lacuna estilística durante sua performance como convidado na Ópera de Colônia. Havia algo para todos os fãs de dança neste programa e todos estavam satisfeitos, como pode-se ver pelos aplausos tempestuosos da plateia."

THOMAS LINDEN, *KÖLNISCHE RUNDSCHAU*
ALEMANHA, 2019

"No fundo de seus corações, muitos coreógrafos se veem como pintores. Mas, em vez de pinceladas, eles limpam movimentos no ar e povoam seu quadro com dançarinos. A noite de três apresentações que a versátil São Paulo Companhia de Dança trouxe para o festival no Ludwigshafen em Pfalzbau pode ser melhor descrita com a ajuda das artes plásticas: uma aquarela delicada, um desenho estrito a tinta e uma instalação com luz natural."

ELLEN KORELUS-BRUDER, *DIE RHEINPALZ*
ALEMANHA 2019

"'O encontro da energia dos bailarinos, às ideias dos coreógrafos e a alegria de todos', é assim que Inês Bogéa descreve a filosofia da companhia que dirige, a São Paulo Companhia de Dança. Nesta noite, no teatro Anthea, os artistas do Brasil entregarão sua sensibilidade especial; formam uma das companhias mais aclamados dos palcos. O contemporâneo e o clássico se encontram sem nunca colidir. Aqui, a poesia, tão querida pela diretora artística, permitiu à trupe oferecer um novo visual ao repertório por 11 anos."

ROBERT YVON, *NICE MARTIN*, FRANÇA, 2019

"Após ter sido contemplada nesta semana com dois prêmios APCA (Associação Paulista de Críticos de Artes) – melhor estreia de 2018 com Melhor Único Dia, de Henrique Rodovalho, e com o prêmio técnico de Vivien Buckup, professora de dramaturgia para o espetáculo *O Lago dos Cisnes* – a São Paulo Companhia de Dança (...) acaba de receber o prêmio como melhor companhia de dança da temporada na França, o Grand Prix de la Critique – 2018/2019. É a primeira vez que uma companhia brasileira conquista essa renomada premiação, reforçando assim o compromisso da SPCD em inspirar cada vez mais as pessoas com a beleza da dança, seja no Brasil ou no exterior. A cerimônia aconteceu na Opera Comique, em Paris".

TARCISIO CUNHA, *AGENDA DE DANÇA*, BRASIL, 2019

"No sábado, a São Paulo Companhia de Dança apresentou-se com três diferentes coreografias no TanzTagen no Linz Posthof. A plateia local foi eletrificada e agradeceu ao aclamado grupo de dança latino-americano com aplausos interermináveis. [...] A São Paulo Companhia de Dança não deixou nada a desejar: *Gen*, de Cassi Abranches, tinha uma nota feminina e balançante e exigiu do conjunto o mais alto nível. Com *Gnawa*, de Nacho Duato, a Companhia finalmente desencadeou um entusiasmo flamejante!"

MC KRONEN ZEITUNG, ÁUSTRIA, 2018

"Os brasileiros combinam sensualidade, temperamento e virtuosidade. O entusiasmo do público vem do fundo de seus corações e corta o silêncio no Ruhrfestspielhaus. Neste momento, a São Paulo Companhia de Dança encanta todo o salão. Esse cosmo de movimentos é altamente poético, espirituoso e poderoso, mas preciso, tecnicamente brilhante e surpreendente, que se deseja ter mais olhos para não perder nenhum dos magos do corpo no palco. [...] 75 minutos de puro prazer. Linda – muito curta! Somente após vários minutos de aplausos, o público desaparece na agradável noite de primavera."

TINA BRAMBRINK, *RUHRFESTSPIELE*
ALEMANHA, 2018

"Repetidamente o público chamava os bailarinos de volta ao palco com seus aplausos e batidas de pés no chão, já antes do intervalo e mais ainda no fim de uma hora e meia de apresentação com a São Paulo Companhia de Dança, que deixou todos sem palavras. [...] Tão perfeitos, precisos e ao mesmo tempo rápidos são os movimentos que o olho quase não consegue acompanhar. Tão suaves, delicados e ao mesmo tempo fortes são os bailarinos, tão incrível a experiência como um todo, que tira o fôlego e fica difícil resumir em palavras. Pura dança, do mais alto nível. "[...]

Uma noite fascinante, onde o melhor é simplesmente deixar-se levar, para deleitar-se maravilhado.[...]"

KASCH, *NACHRICHTEN*, ÁUSTRIA, 2018

"A dança brasileira não se resume necessariamente em samba e carnaval, a São Paulo Companhia de Dança fez vibrar a Maison de La Danse de Lyon, com a direção de Inês Bogéa, ex-bailarina do Grupo Corpo, que agora representa e guia essa jovem companhia que, com talento e energia, começa a competir com os maiores grupos internacionais. Técnica perfeita conquistada no treinamento clássico, juntamente com uma bela sensibilidade de interpretação, que se presta perfeitamente à apresentação de coreógrafos como o alemão Marco Goecke e seu sensível (*Peekaboo*) para oito bailarinos, ou Uwe Scholz que, em com música de Rachmaninov, é inspirada pelas pinturas de Kandinsky para um trabalho de bela elegância pictórica."

MADAME FIGARO, FRANÇA, 2018

"Apesar da crise financeira do Brasil uma nova companhia de dança surgiu na última década, que coleciona elogios pela qualidade, seu repertório diversificado e seu elenco. [...] Para o décimo aniversário, as festividades começaram com uma turnê de festivais na Alemanha, Áustria, França e Luxemburgo, turnê que deixou o público eletrizado e entusiasmado. São os trabalhos da SPCD no Brasil, no entanto, que a tornam tão relevante. [...] Em uma nota prática, [Mario] Galizzi [uma referência na dança sul-Americana] enfatiza que Inês Bogéa é também um exemplo maravilhoso de uma administradora artística. "Ela encontra patrocinadores, organiza turnês e conferências e recebe inúmeros convites para se apresentar em todo o Brasil e além; isso faz dela uma grande diretora". Márcia Haydée também me contou sobre Bogéa em termos semelhantes. [...]"

FÁTIMA NOLLEN, *DANCING TIMES*
REINO UNIDO, 2018

"Os bailarinos da companhia são primeiramente bailarinos de balé clássico, mas também recebem treinamento e capacitação do balé contemporâneo. Tudo é executado de forma primorosa: os dançarinos possuem uma técnica excelente, movimentos alongados e esplendorosos, e precisão nos mínimos detalhes, criando assim uma obra maravilhosa de pura limpidez. Quando encontramos bailarinos como esses, juntamente com Kylián, o resultado é maravilhoso. [...] É um excelente programa da companhia com uma coreografia primorosa e atual, e de alto nível de execução."

ORI J. LENSKINKI, *THE JERUSALEM POST* | ISRAEL, 2017

"Realmente os 14 bailarinos e bailarinas da São Paulo Companhia de Dança são imbatíveis no quesito energia, temperamento e paixão. Isto é proveniente de sua origem latino-americana, ou do dom da diretora artística, Inês Bogéa, de escolher seu conjunto [...] ou talvez seja a combinação de ambos. Mas, também, é preciso elogiar os três coreógrafos presentes nesta noite, que extraíram o melhor destes bailarinos. [...] O ponto alto da noite é a terceira e última coreografia, desta vez criada por um espanhol: Nacho Duato apresenta ao auditório em Mainz sua obra *Gnawa*. [...] Os movimentos dos bailarinos são suaves, harmoniosos e fluentes, a coreografia e o cenário possuem características bem agradáveis – os trinta minutos de duração da peça passam voando. Novamente: aplausos intermináveis, o público ovacionou de pé, pediram bis, e o diretor do festival ficou muito satisfeito, pois manteve a sua promessa."

NATACHA OLBRICH, *ALLGEMEINE ZEITUNG*
ALEMANHA, 2017

"Brasil está em movimento — e como! A prova é a São Paulo Companhia de Dança e seu desempenho durante o Steps Festival no teatro de Winterthur. A colorida noite brasileira termina com *Gnawa* (2005), obra de destaque do espanhol Nacho Duato, sob fortes aplausos. [...] Transe sob controle para os 14 bailarinos apresentarem virtuosismo na dança contemporânea com uma imensa e indispensável técnica clássica, imersos em luz de velas."

EVELYN KLÖTI DER LANDBOTE, SUÍÇA, 2016

"[...] Habituado em assumir a arte em público, nova-iorquino é exigente. Mas o que se viu na estreia foi uma plateia receptiva e animada, que lotou os 472 lugares do teatro. E ali, longe do Brasil, percebemos que os artistas brasileiros têm sim, carisma e um jeito singular de se movimentar. A crítica internacional ressaltou ainda o fato de a companhia ser jovem (criada em 2008), além da versatilidade, qualidade técnica e sensualidade natural dos brasileiros. [...]"

JULIANA RAVELLI, *O ESTADO DE SÃO PAULO*
BRASIL, 2016

"[...] A São Paulo Companhia de Dança simboliza a força e a sensualidade do Brasil e as transmite de forma deslumbrante e maravilhosa. Ao final do espetáculo, o público

aplaudiu de pé os bailarinos brasileiros. Desde sua criação em 2008, a São Paulo Companhia de Dança é magistralmente dirigida pela bailarina, roteirista e documentarista, Inês Bogéa. Em menos de uma década, produziu cerca de 40 obras, incluindo 20 criações originais. A diversidade de seu repertório combinada com o virtuosismo de seus bailarinos contribui para o sucesso da companhia."

ODILE MORAIN, *CULTURE BOX*, FRANÇA, 2016

"A São Paulo Companhia de Dança promoveu no sábado passado na sala lotada da casa Conde de Zeppelin, em Friedrichshafen, uma noite de dança de alto gabarito. O público agradeceu com exclamações de entusiasmo e com aplausos sem fim aos dançarinos brasileiros, que o levaram para um mundo de graça, força, estética e poesia. [...] Depois desta noite, entende-se porque a São Paulo Companhia de Dança, sob a direção artística de Inês Bogéa, conquistou dentro de curtíssimo espaço de tempo um lugar especial no mundo da dança internacional."

CLAUDIA WÖRNER SVEDKURIER, ALEMANHA, 2015

"A proposta desta exposição que levou a São Paulo Companhia de Dança para dentro do MAM chama atenção pela originalidade. Saltos e piruetas são apresentados entre obras de arte – elas funcionam como cenário – e convidam os visitantes a interagir. Quando os artistas saem da cena, dá para flagrar pessoas dançando aleatoriamente maravilhadas com a encantadora experiência."

LAURA MING, REVISTA *VEJA*, BRASIL, 2015

"Três peças de dança mostraram três facetas bem diferentes de um requintado e ainda jovem grupo de dança. A São Paulo Companhia de Dança, fundada em 2008, foi a convidada da Cultura Baviera nesta semana, sendo aclamada entusiasticamente pela plateia na sala do foro, inteiramente lotada. No entanto, a peça final, seguida de prolongado aplauso, foi, em comparação com a primeira parte, a que apresentou coreografias mais atuais (...) Nesta nova apresentação da coreografia *In the Middle, Sommewhat Elevated* de William Forsythe do ano de 1987, fascinou, acima de tudo, o impecável emprego da técnica dos nove dançarinos envolvidos. (...) Depois deste impulso de energia, seguiu a coreografia suave e fluida de *Gnawa*, de Nacho Duato, que expôs o lado gracioso da companhia brasileira que, aliás, chegou rapidamente até o topo do cenário de dança latino-americano. [...]"

MONIKA KLEIN, *RHEINISCHE POST*
ALEMANHA, 2015

"Em apenas cinco anos de existência, a São Paulo Companhia de Dança produziu 27 ou 29 coreografias, fruto de um trabalho conduzido com sabedoria e cautela. Ontem mesmo, ela enfrentava com êxito o desafiador *In the Middle, Somewhat Elevated*, de Forsythe, que, sendo de certa forma o protótipo da integração bem-sucedida da dança clássica com a contemporânea, situa bem as possibilidades da companhia. Eles são pouco mais de 40 bailarinos, mas todos perfeitamente aptos a se dedicar com mestria a ambas as expressões."

ROLAND CLAUZET, *LA DANSE*, FRANÇA, 2014

"Uma coreografia de luzes. Assim se pode resumir a proposta de Édouard Lock, artista canadense que concebeu *The Seasons*. Criada sob encomenda para a São Paulo Companhia de Dança, a obra fará sua estreia mundial em Campinas, no próximo dia 26, traz as marcas que notabilizaram o coreógrafo: Os movimentos intensos e precisos. A transfiguração que opera no balé clássico. O uso intenso da luz, com centenas de mudanças para recortar os gestos dos bailarinos. [...]"

MARIA EUGÊNIA DE MENEZES,
O ESTADO DE SÃO PAULO, BRASIL, 2014

"Noite passada, a São Paulo Companhia de Dança, dirigida por Inês Bogéa, esteve pela primeira vez na Itália para o início oficial do festival. Ela não frustrou as expectativas e deixou em Bolzano um cartão de visitas de grande respeito. No programa, três coreografias muito distintas entre si, interpretadas com extraordinário talento e frescor pelos bailarinos da jovem e prestigiosa companhia brasileira. [...]"

L.M., *CORRIERE DELL ALTO ADIGE*, ITÁLIA, 2014

"[...] A curta apresentação do excepcional elenco brasileiro ocorreu em dois espetáculos no Festival Tanzsommer (domingo e segunda), sob a direção de Inês Bogéa, e a companhia deu uma ideia de suas competências, não deixando nenhuma emoção de fora. Mostrou não apenas gracejo e doçura, mas também absoluta sensualidade. [...]"

CHRISTIANE FASCHING, *TIROLER TAGESZEITUNG*
ÁUSTRIA, 2014

"Além de toda a rotina de trabalho comum a uma companhia, a SPCD (São Paulo Companhia de Dança) documenta essa arte no Brasil. Desde 2008, produz a série *Figuras da Dança*. Trata-se de um conjunto de documentários em que cada vídeo e cada livreto apresentam vida e carreira de um artista. [...] Depois de tanto ter aprendido sobre a trajetória da dança na Europa, ensinar sobre seus próprios criadores é uma tarefa apropriada para a SPCD, companhia oficial do Estado de São Paulo. [...]"

FLÁVIA COUTO, *FOLHA DE SÃO PAULO*
BRASIL, 2013

"Ela veio, dançou – e conquistou de cara o público que lotava o Fórum de Ludwigsburg. Estamos falando da São Paulo Companhia de Dança, que foi fundada bem recentemente, em 2008. O jovem grupo possui um estilo de dança que homenageia a beleza do movimento, sem se esquecer do que a riqueza expressiva do corpo humano é capaz. O vocabulário dos membros se presta à dança clássica, a rituais étnicos e a coreografias modernas, e os bailarinos, cuja companhia é dirigida por Inês Bogéa, mostraram na noite de terça-feira que dominam, soberanos, toda a gama de movimentos. [...] Os aplausos não queriam parar."

GABRIELE METSKER, *STUTTGARTER*
ALEMANHA, 2013

"Júbilo no Schlosstheater. Mais uma vez, um grupo de dança extraordinário entusiasma o público de balé de Fulda: a São Paulo Companhia de Dança, originária do Brasil, está fazendo turnê na Alemanha, trazendo um programa triplo para a Cidade do Barroco. Fundado em 2008, o jovem elenco, sob a direção artística de Inês Bogéa, já conquistou considerável renome internacional nesses poucos anos de existência [...]. A dança clássica e a moderna têm lugar no repertório da companhia. Trata-se de uma formação de balé fundamentada no princípio clássico, junto com um entusiasmo apaixonado que parece estar no sangue dos jovens brasileiros. Exatamente por essa mistura, o grupo, formado de 15 bailarinos, conquistou a plateia de Fulda na noite de sábado. As três peças eram internacionais e não poderiam ter sido mais bem selecionadas para demonstrar a capacidade de adaptação dos bailarinos. [...] o público de Fulda aplaudiu muito o jovem grupo que compõe a São Paulo Companhia de Dança."

ERIKA DINGELDEY, *FULDAER ZEITUNG*
ALEMANHA, 2013

"A São Paulo Companhia de Dança não só entrou com o pé direito na sua primeira visita ao Uruguai, mas também o fez com três coreografias desafiadoras que demonstraram o excelente nível de seus bailarinos. O que é notável, também, é que a companhia criada pelo Governo do Estado de São Paulo e dirigida por Inês Bogéa conseguiu em apenas cinco anos de existência executar fluentemente três obras que, embora muito diferentes umas das outras, compartilham a singularidade de exigir grande musicalidade, velocidade e plasticidade de movimentos. [...]"

FERNANDA MUSLERA, *EL OBSERVADOR*
URUGUAI, 2013

"Em um ano de várias estreias, a companhia paulistana brilhou na montagem *Bachiana nº 1*, preparada especialmente para o elenco pelo coreógrafo mineiro Rodrigo Pederneiras, do aclamado Grupo Corpo. O espetáculo estreou em abril, no teatro do Sesc Vila Mariana. Embalado pela *Bachiana Brasileira nº 1*, de Villa-Lobos, contava com enérgicos movimentos em conjunto que casaram perfeitamente com a trilha. Um pas de deux bem executado mostrou sensibilidade ímpar."

CAROLINA GIOVANELLI, REVISTA *VEJA*
BRASIL, 2012

"E de repente, uma bailarina desliza para o palco a toda velocidade, como se tivesse sido disparada por uma catapulta. [...] As poses esculturais não têm nada a ver com beleza, há um poder terreno, animal e sensual. E muita autoconfiança. Essa é a São Paulo Companhia de Dança. Uma companhia jovem, de três anos do Brasil, pela primeira vez na Holanda. Algo desconhecido. E um presente neste caso."

MIRJAM VAN DER LINDER, *VOLKSKRANT*
HOLANDA, 2012

"[...] Acreditamos poder comparar esse grupo [SPCD], igualmente à vontade no clássico e no moderno, aos bailarinos de Nanette Glushak no Capitole de Toulouse. A mesma tecnicidade, a mesma agilidade e elegância, o mesmo espírito de equipe. Em São Paulo, tive a oportunidade de assistir a uma sessão de trabalho sobre um balé contemporâneo, e sobressaía a facilidade de cada um para encontrar a expressão justa, exata, e executar movimentos emaranhados com estilo puro, preciso e vigoroso – Terpsícore, a musa da dança, velava ali! Podemos então concluir: vale a pena ver todas as experiências da dança contemporânea, mas

acreditamos que, no Brasil como em todo lugar, é ótimo que existam tais companhias, constituindo proteção contra os exageros por serem capazes de trazê-los de volta à medida certa. Elas são conservatórios que asseguram à novidade seu melhor embasamento, dando-lhe a possibilidade de, um dia, tornar-se clássica."

ROLAND CLAUZET, *LA DANSE*, FRANÇA, 2011

"São Paulo Companhia de Dança movimenta uma cena – a do balé –tradicionalmente morna no país. E se prepara para enfrentar plateias estrangeiras. Com apenas dois anos de existência, a São Paulo Companhia de Dança está no topo de qualquer lista com os melhores grupos da América Latina. Com uma rara combinação entre técnicas do balé clássico e da dança moderna, os 43 bailarinos – 42 brasileiros e uma argentina – de repente vêm criando um rebuliço em uma cena que, até há pouco tempo, era bem morna no país. Com exceção de nomes estrelados, como Grupo Corpo, Deborah Colker e Balé da Cidade de São Paulo, poucos são os que conseguem de fato atrair público. Pois, na recente história da São Paulo Companhia de Dança, ingressos esgotam-se para programas variados, que vão desde os abstratos e refinados *Serenade* e *Theme and Variations*, do russo George Balanchine, até o contemporâneo. *Os Duplos*, do goiano Maurício de Oliveira. [...]"

PETER ROSENWALD, REVISTA *BRAVO!*, BRASIL, 2010

"A arte nunca é apenas reflexo imediato de seu contexto. Movimentos artísticos e suas criações simbólicas também "atuam" sobre a visão de mundo dos homens de seu tempo. [...] Sob uma trupe estatal, pesam responsabilidades. Esse livro [*Primeira Estação—Ensaios sobre a São Paulo Companhia de Dança*] revela o desejo de assumi-las."

BETH NÉSPOLI, *O ESTADO DE SÃO PAULO*
BRASIL, 2009

"[...] A mais nova companhia pública de dança do Brasil, a São Paulo Companhia de Dança [...] Para marcar seu primeiro aniversário, lançou *Primeira estação – ensaios sobre a São Paulo Companhia de Dança*, organizado por Inês Bogéa, ex-bailarina do Grupo Corpo, crítica de dança e uma das diretoras do grupo. [...] Para pesquisadores, críticos e historiadores, é uma espécie de paraíso imaginar, daqui a décadas, uma prateleira de volumes, um para cada temporada, contendo impressões de pessoas de setores diversos sobre a produção da companhia ou seu pensamento. A publicação insere-se numa política mais abrangente da São Paulo Companhia de Dança voltada para a valorização da memória, com iniciativas que vão da seleção de repertório (o grupo trabalha tanto em coreografias criadas especialmente para ele quanto na remontagem de clássicos da dança) ao registro de depoimentos e sobre personalidades da dança (que vem sendo feito na série *Figuras da Dança*, que preservou, entre outros, pensamento, voz e imagem de artistas recentemente falecidos, como Ivonice Satie e Ismael Guiser). [...]"

MARCELO CASTILHO (1960-2011),
JORNAL *ESTADO DE MINAS*, BRASIL, 2009

"[...] A São Paulo Companhia de Dança é formada de bailarinos das cinco regiões brasileiras e do exterior, sob a direção artística de Iracity Cardoso e Inês Bogéa. Surgiu como um instrumento de produção, difusão e sustentação da arte da dança, sempre procurando tornar mais acessível ao grande público essa manifestação cultural. Além de produzir espetáculos, a companhia desenvolve programas de difusão da história da dança brasileira e programas educativos. Já estreou quatro obras desde seu surgimento, no ano passado. [...]"

VALÉRIA RIVGIRE, *DIÁRIO CATARINENSE*
BRASIL, 2009

"A recém-criada São Paulo Companhia de Dança estreia em grande estilo, na capital paulista, com o espetáculo *Polígono*. O italiano Alessio Silvestrin e os coreógrafos brasileiros Ricardo Scheir e Maurício Oliveira escolheram *Oferenda Musical*, obra de Johann Sebastian Bach, para essa primeira apresentação. Bailarinos flutuam sobre o palco e traduzem, com movimentos precisos e envolventes, a música do compositor alemão. Para inebriar os sentidos."

REVISTA *L'OFFICIEL*, BRASIL, 2008

"A precisão do balé clássico, que permite alguns virtuosismos, alinhada à constante reinvenção da dança moderna e contemporânea e adicionada a uma boa dose de movimentos fragmentados. Essa foi a fórmula adotada para a criação do primeiro espetáculo da São Paulo Companhia de Dança (...)."

LIVIA DEODATO, *O ESTADO DE SÃO PAULO*
BRASIL, 2008

"Os 38 selecionados receberam propostas de contratos inéditos no país: dedicação integral à arte, agenda de espetáculos e salários dignos garantidos. Fica a torcida para que a moda pegue e as novas gerações de bailarinos não precisem sair do país para exercer a profissão."

LILIANE ORAGGIO, REVISTA *CLAUDIA* | BRASIL, 2008

"A mais nova companhia de dança do Brasil já dá os primeiros passos. E, diferentemente do que possa sugerir por ter surgido há apenas nove meses, ela nasce cheia de vigor e pretensões. Porque mais do que um corpo estável, a São Paulo Companhia de Dança tem o objetivo de ser um centro de criação, produção e difusão dessa arte. (...) a companhia é formada por 40 bailarinos de várias partes do país, o que faz com que a diversidade esteja na sua raiz."

SILVANA MASCAGNA, JORNAL *O TEMPO*
BRASIL, 2008

"Olhares atentos esperam os três sinais. Os convidados estão acomodados nas poltronas do Teatro Sérgio Cardoso, em São Paulo. É a estréia da São Paulo Companhia de Dança, com *Polígono*, do italiano Alessio Silvestrin. As evidências são capazes de comunicar corpos treinados (para pouco tempo de companhia), que por vezes aparecem e desaparecem da cena. Silvestrin criou um trabalho cujas formas, retas e ângulos — que nos faz lembrar William Forsythe, coreógrafo com quem o italiano já trabalhou — feitos pelo corpo se aliam a uma leve torção de ombro ou inclinação de cabeça. Um excelente ponto de partida para uma companhia recente, que ainda deve firmar no cenário da dança brasileira sua gramática corporal (...) Os movimentos limpos absorvem a dramaturgia de Bach — que diversas vezes é inevitavelmente mais forte — para revelar os quatro lados do corpo. O polígono se fecha para dizer que a SPCD nasce com o pé direito, porém, a dança pede mais e para isso será preciso (e natural) esperar mais um pouco".

MARCELA BENVEGNU, *TUDO É DANÇA*
BRASIL, 2008

Confira aqui alguns desses textos na íntegra:

PORMENORES, 2012

ENGLISH VERSION

ESSAYS ABOUT SPCD

THE MOVEMENTS EMERGING FROM STATE OF SÃO PAULO THAT ENTHRALL THE WORLD

Founded in 2008, São Paulo Dance Company (SPCD), for over 15 years, has packed theaters and amazed audiences with the talent of the dancers that make up the artistic body. An Institution of the Secretary of Culture, Economy, and Creative Industries of the State of São Paulo, SPCD showcases a passion for dance in each performance of excellence, both in Brazil and internationally. Such passion is unveiled in this publication celebrating the 15th anniversary of the Company, containing texts, stories, reviews and timelines, which make us understand their pillars – Production and Circulation of Performances, Educational and Audience Development Initiatives, and Initiatives for Documentation and Preservation of Dance History – and how they dialog with the society in a unique and plural manner.

With an audience surpassing the mark of 1 million spectators in live performances and tours that visited 18 countries, specialized critics do not hesitate to elevate SPCD as one of the most notable stable bodies in Latin America. On a journey that embraces nearly 160 cities worldwide, the Company has garnered 52 awards and nominations, both nationally and internationally.

Over the past years, SPCD has not been limited to physical stages, but has also embraced the digital world with #SPCDdigital brand. This foray expanded horizons, connecting even more people to the world of dance. Additionally, committed to its mission of democratizing dance, it strengthened its social initiatives, extending its positive impact through socio-educational programs, audience awareness initiatives, and initiatives dedicated to the documentation and preservation of dance history.

Committed to the belief that dance is for all, SPCD not only showcased the talents from the State of São Paulo to Brazil and the world, but also pioneered inclusive initiatives. Free Performances for Students and Elders, Lectures and Dance and Technical Training Workshops, booklets with Dancing Games to engage children, audio description and Brazilian Sign Language in their performances to expand the access for visually impaired individuals, the series *Dance Figures* containing +40 episodes, and the regionalization of performances, are just some of the innovative ways that SPCD adopts to embrace all audiences.

Let's not forget the project *My Dancer Friend*, born in 2017, with the mission of making art and dance accessible to all, promoting an inclusion culture. Through this project, SPCD brings choreographic excerpts and the unique opportunity of interacting with dancers from different institutions located in the metropolitan region of São Paulo. Over about 60 visits, more than 3 thousand people have experienced this inspiring initiative, consolidating SPCD's commitment to the community and the promotion of art.

As we celebrate past achievements, we eagerly anticipate the future in store for SPCD. May the years ahead be filled with new choreographies, stories, and discoveries, reaffirming SPCD's role in bringing the art of dance to every possible and imaginable place and inspiring the development of new professionals, and may we have the chance to document such accomplishments. In this book, you will dive deep into many of these topics to find out even more about this Company that belongs to 'all of us.'

Marília Marton
Secretary of Culture, Economy, and Creative Industries of the State of São Paulo

INTRODUCTION

I am proud to introduce you *São Paulo Dance Company: 15 years* a book that celebrates not only the remarkable past but also the present and future of this Company, created by the Government of the State of São Paulo, and managed by Pro-Dance Association, which has been a highlight in the national and international dance scene since its inception.

The first section of this book takes us to behind the scenes, where institutional voices converge and reveal the vision that guides the paths of São Paulo Dance Company. The opening text by Flávia Fontes Oliveira and Marcela Benvegnu introduces us to the journey of SPCD through the eyes of the Company's artistic director, Inês Bogéa, highlighting key moments that have shaped its trajectory, and above all, emanating from her provocative and innovative perspective.

Jomar Mesquista, choreographer of memorable works by the Company such as *Mamihalpinatapai* and *Ngali...*, and of the upcoming São Paulo premiére (2024), reflects on the legacy of the creations, exploring their timeless relevance and the potential of the Company's repertoire as a true grammar of the art of dance.

Amanda Queirós delve into the Company's three pillars of action, immersing themselves in Production and Touring of Performances, Educational and Audience Development Programs, as well as initiatives related to Dance Documentation and Memory Preservation. Renata Oliveira invites us to a detailed analysis of the Company's Educational initiatives, highlighting its programs, evolution over time, constant dialogue with contemporary demands, and engagement with diverse groups such as schools, students, the elderly, teachers, educators, artists, among others.

Cassia Navas examines the three pillars of the Company, addressing questions such as: What is the uniqueness of the Company today? Marcela Benvegnu guides us through the internationalization process of São Paulo Dance Company, two and a half years after its inception, using the concept of *born global* to elucidate and validate its ascent and impact on the global stage today. São Paulo now undertakes tours lasting up to five months abroad with sold-out tickets.

Gisele Kato concludes this section with a careful examination of memory preservation publications, particularly focusing on the remarkable series *Dance Figures* which reached 41 titles in 2023. This series brilliantly preserves and disseminates the history of dance, with free content available on São Paulo Dance Company website and on both closed and open television networks.

In the second section, we offer a wealthy chronology, where the reader is provided with an overview of the main actions that have shaped the history of the Company. From emblematic choreographies that have enthralled audiences all over the world, educational initiatives, dance memory preservation and documentation projects, besides milestones that distinguish each year, and that have shaped it identify of commitment and excellence over time.

The third section of this publication presents 15 stories from acclaimed authors – curated by Rodrigo Lacerda and Felipe Franco Munhoz – inviting us to immerse ourselves in a literary universe freely inspired by dance and professions related to this art, such as director, producer, rehearsal director, choreographer, lighting designer, dancer, ballerina, journalist, musician, costume designer, among others.

Lastly, the final section reveals a selection of critical perspectives and reviews published over these 15 years, validating not only their presence but also their impact and relevance in the artistic scene.

May this book serve not only as a record but also as an invitation to explore the achievements and challenges of São Paulo Dance Company, inspiring and celebrating the transformative power of dance in our lives.

Rachel Coser
Chairman of the Board of Pró-Dança Association

A WAY OF THINKING ABOUT DANCE: PATHS OF THE SÃO PAULO DANCE COMPANY THROUGH THE LENS OF ARTISTIC DIRECTION

[Flávia Fontes Oliveira and Marcela Benvegnu]

"To belong is something one earns. Belonging to a city, to a state, is to inhabit and engage in dialogue." The author of this phrase, Inês Bogéa, has been the artistic director of the São Paulo Dance Company since its foundation 15 years ago, and she conjugates the verb in 360 degrees in her way of creating, directing, and looking at dance. She has pointed out the paths for the creation of a Company and has developed modes of dialogue not only with her collaborators but also with those who see, consume, and live this dance in their actions.

In envisioning the project alongside the then Secretary of State for Culture of São Paulo, João Sayad (1945-2021), and Iracity Cardoso, with whom she shared the directorship between 2008 and 2012, Inês believed in São Paulo as a "classical contemporary" dance company, deeply engaged in educational initiatives and the preservation of dance history. Regarding this definition, she stated, "If the past exists within us, let us honor this past, live the present, and create possibilities for the future." This statement still guides her understanding of the group. Reflecting on this leadership, French journalist Jocelyne Vaysase, in her 2023 piece for *Chroniques de Danse*, remarked, *"The Company fully lives up to its initial commitment from 2008: to present the legacy of the past while also being connected to the world of today"*.

Since then, SPCD has shaped its repertoire based on two curatorial lines: the classical and its evolution over time, and research into languages, with artists creating specifically for the Company. Fifteen years ago, creating a company with this approach was something new in the dance scene of São Paulo – and Brazil. Inspired by the profile of established international companies such as the Dutch National Ballet, in the Netherlands, and the American Ballet Theater, in the United States, the model served as a guiding principle rather than a mere imitation. Its management, with a diversity of actions along the way, follows its own playbook, updated over the years.

During this time, Bogéa establish remarkable numbers: the performances were seen by more than 1 million people, with over 1,100 performances in more than 160 cities both nationally and internationally. The group received over 50 national and international awards and nominations, not to mention the more than 980 educational activities developed, such as free performances for students and other audiences, lectures for educators, dance workshops, technical training workshops, *My Dancer Friend* – a project that brings dance to schools, nursing homes, and social service institutions – as well as more than 300 audiovisual materials, documentaries, essay books, podcasts, among others.

At the same time as she was building, alongside her collaborators, São Paulo's identity, Inês also shaped the role of the group's main leadership. With a broad vision of understanding the dialogues that dance can achieve on stage and beyond, her work has traversed (and continues to traverse) various aspects, proposing encounters between different arts and artists. "No one works alone. São Paulo's strength lies in collectivity, from collaborators to the team. Each person is unique in their role, and together we become diverse and powerful."

This connection with educational and memory programs was not new in the director's career: before assuming the position at SPCD, Inês, who was a dancer with Grupo Corpo, worked as a dance critic for the newspaper *Folha de S. Paulo*, as well as being a documentary filmmaker, writer, and speaker. Her films about Renée Gumiel (1913-2016), *A vida na pele – Renée Gumiel* (2005), Klauss Vianna (1928-1992), *Movimento Expressivo – Klauss Vianna* (2005), and Maria Duschenes (1922-2014), *Maria Duschenes – O espaço do movimento* (2006), used to feature in cinema sessions and dance festivals; she also gave lectures to engage those interested in this art form and had published a series of children's books and essays.

The project, which began as a purpose, gained a place in the national and international scene. Leading the group, Inês did not confine herself to a fixed format, although the guidelines served as a beacon: the changes of time and maturity were absorbed and reflected in the way of artistic direction – today SPCD is cited by specialized critics as the main dance company in Latin America and one of the best in the world, as stated by Chris O'Rourke, in the Irish publication Thearts Review, in 2024: "(...) *the renowned and international São Paulo Dance Company takes to the stage of the Bord Gáis Energy Theatre to show why it is one of the best in the world. (...) In fact, besides being technically excellent, creatively brilliant, and choreographically thrilling, it is also one of the most moving. Like watching a flock of birds, watching the Company is to be a privileged witness of beauty, of the mystery of life."*

THE CLASSIC, ITS DEVELOPMENTS, AND NEW CREATIONS

In fifteen years, to speak about São Paulo Dance Company, we must understand the extent of its actions: a repertoire Company with works spanning classical, contemporary, modern dance, and their variations, which values Brazilian bodies and their artists. This vocation, so to say, a result of the direction's understanding, is balanced in complex artistic curation and the potency of the cast. It is necessary that within these choices, the artists move with confidence, possess technical mastery, and knowledge of the paths of each creation. A challenge, therefore, is to ensure unity without the bodies being constrained to a single standard.

At first, the requirement to dance a diverse repertoire was a concern among the artistic community: venturing into multiple languages was not common, and artists with classical and contemporary backgrounds were divided among different companies and interests. It was necessary to balance these registers to bring about a possibility of unity among each member's experiences. Gradually, the essence of this way of dancing became more familiar to those who joined. "In auditions, we receive artists who precisely seek this intersection between classical and contemporary dance. This model has become an inspiring and desired profile", points out Inês.

In the early years, to create this parity in the cast – whose first audition took place in the five regions of the country and in Argentina and received over 800 participants just in São Paulo – classes in classical, contemporary, and modern dance were held. It took time for this understanding to settle. In the daily life of a company, persistent, meticulous, and often exhausting work creates guidance and harmony "to dance and be together, in company". The result is that over time, SPCD has formed powerful artists capable of being recognized by the audience for their individuality within a flexible repertoire. Some remain with the group, while others are in companies across Brazil and the world.

There is always a game, not always simple, of inspiring both those on stage and in the audience. The artistic and administrative stitching of this chain of elements considers, on one hand, presenting challenges to the cast; on the other hand, introducing the audience to diverse styles.

At its inception, in addition to classical repertoire works – such as *Swan Lake* and *Giselle*, danced around the world and successfully staged by the Company in subsequent years – SPCD aimed to advance this understanding and wanted to present canonical works of the 20th century with restaging's by creators such as George Balanchine (1904-1983) – *Serenade* (1935) and *Theme and Variations* (1947) – and Bronislava Nijinska (1891-1972), *Les Noces* (1923). Another example was the group's debut choreography: *Polígono* (2008), created by Italian Alessio Silvestrin, which, among other languages, heavily used classical base. The construction took place work by work, day by day.

The São Paulo's first full-length ballet was *Romeu e Julieta*, first presented in

2013. The classical tragedy by Shakespeare (1564-1616) was choreographed and staged by Italian choreographer Giovanni Di Palma, with whom the Company maintains a close partnership, set to the music of Sergei Prokofiev (1891-1953). Since then, these major productions have become part of the seasons, such as *La Sylphide* (2014), *O Sonho de Dom Quixote* (2015), *O Lago dos Cisnes* (2017), *Giselle* (2021), among others.

In Brazil, particularly in São Paulo, these works are guaranteed successes with high public expectations. "In the classics, emotions are more understandable; it's also a beauty outside of everyday life. Contemporary dance is not always immediately readable. I joke that I balance, sometimes in the same program, works of more direct communication with more thought-provoking pieces," reveals the director.

The presence of internationally renowned choreographers such as Goyo Montero, Jirí Kylián, Nacho Duato, and William Forsythe not only brought the desired "provocation" for the developed languages but also helped solidify and validate the Company not only in Brazil but also internationally. Restages like *Petite Mort* (1991) by Kylián, *In the Middle, Somewhat Elevated* (1987) by Forsythe, *Gnawa* (2005) by Duato – one of the group's great successes – and Montero's recent creation reimagining *Petrushka* (2023) showcase the refined power of the cast. With languages that demand, in different intensities, musicality, strength, explosiveness, and emotion, the Company managed to imprint its identity on these works.

It is worth highlighting that these canonical choreographers of the international scene strengthen the possibilities of contracts abroad. When these works are staged here, they serve as a reference for the work and maintain the initial purpose of presenting such names to the Brazilian audience.

Another important bridge established under Inês' management was international partnerships, in co-productions with choreographers of great renown in the international dance scene, such as Édouard Lock in Canada, Marco Goecke in Germany, Joëlle Bouvier in France, and Stephen Shropshire in the Netherlands. They create works for the Company, with premieres taking place outside of Brazil; afterward, these works are added to the Company's repertoire.

SPCD boasts creations from very solid and recognized names in world dance, such as those mentioned above, alongside restaging's or classic creations such as *O Lago dos Cisnes* (Mario Galizzi's version) and *O Sonho de Dom Quixote* (a version by Márcia Haydée), and equally important works by Brazilian creators, whose works gain prominence through the Company's touring.

The year 2013 show us another significant moment: at the suggestion of Marcelo Araújo, who was the Secretary of State for Culture at the time, SPCD began to have two fixed seasons at the Sergio Cardoso Theater, included in the contract with the São Paulo Friends of the Arts Association, the theater's management organization. Following this decision and observing other artistic bodies, Inês created a subscription program that completed its 10th year of programming in 2023, giving each season a name whose idea permeates her artistic curation throughout the year.

Love, Life, and Death (2013), *Past-Future* (2014), *Body in the World* (2015), *Game of Lines* (2016), *Firebird* (2017), *SPCD 10 Years* (2018), *Without Borders* (2019), *Permanence and Innovation* (2020), *Crossing Time* (2021), *Rainbow Color* (2022), *Labyrinths in Motion* (2023), were the first 10 seasons of the Company, whose performances include indications of their creation to the public not only in the program notes but also through pre-show lectures and videos shown at some presentations. "They are other ways of dancing, which I believe in. Through images, through words," she adds.

In 2013, international tours also intensified, starting in 2010. Since then, the group has maintained a regular schedule of performances outside of Brazil, achieving international reach with projection and the maintenance of the Company itself. In the seasons of 2023 and 2024, they spent about six months touring internationally.

For Inês Bogéa, occupying the city is fundamental work. Alongside belonging, they form guiding verbs in her management. "We often dance a lot, on various stages: from Cultural Factories to the Sergio Cardoso Theater; from large theaters in the interior to the São Paulo subway; we also occupy museums, open spaces, in various actions." An example of this is the performances at the Sala São Paulo, alongside the OSESP (São Paulo State Symphony Orchestra), which began in 2010 during Marcelo Lopes and Arthur Nestrovski's management. In 2022, the two artistic bodies prepared the *Villa-Lobos Night*, featuring *Cartas do Brasil* choreographed by Juliano Nunes, created from *Bachiana Brasileiras No. 8*, and *Di* by Miriam Druwe, with the soundtrack of *Choro No. 6*.

In 2017, a new partnership took the company to another space in the city, the Theatro São Pedro, managed by the Santa Marcelina Social Organization, under the direction of Paulo Zuben, where they premiere works together with the house orchestra, such *as Desassossegoss,* by Henrique Rodovalho in 2022, and *O Canto do Rouxinol,* by Marco Goecke in 2023.

Those who have had the chance to witness a routine up close have seen a close-knit team working behind the scenes, orchestrated by the direction, akin to a puzzle. This involves planning rehearsals to encompass all choreographies, the cast, and the performances; producing sets, costumes, lighting, and music; ensuring the performers' health with physiotherapy (an essential care in high-performance companies); managing national and international production; administration, communication, documentation. Everything needs to come together seamlessly to enchant the audience with the scene.

THE BRAZIL OF BRAZIL

Throughout its journey, SPCD has increasingly incorporated into its repertoire names from the national dance scene, Brazilian artists with solid careers, such as Henrique Rodovalho (*Desassossegos* [2022]; *Só tinha de ser com você* [restage 2020]; *Melhor único dia* [2018]; *Inquieto* [2010] and Rodrigo Pederneiras, (*Bachiana nº 1,* [2012]). These works bear the characteristic language of these two key figures in the national scene for decades, with recognized lines, impulses, and musicality in the dance universe – and among a portion of the audience.

In recent years, other names have emerged in the repertoire, and São Paulo has also become a gathering place for national creators, often unknown to the public. Created in 2012, the Brazilian Choreographers' Workshop signaled a commitment to new talents, paving the way for many names and ensuring that the Company's name was always associated with those shaping dance in the country.

"It's a way of dancing from Brazil to and with Brazil," says Inês. Rui Moreira, Alex Neoral, Jomar Mesquita, Leilane Teles, Poliane Fogaça, Cassi Abranches, Rafael Gomes, are among the creators who participated in the project. Some of these works have become part of the repertoire and, in addition to receiving good reviews and awards in Brazil, they are included in international tours.

Outside of Brazil, the artistic direction has built a repertoire that is also noticeable as a characteristic of SPCD and yet manages to adapt to different audiences: what is presented in Germany may not always be what the audience in France or Canada wants to see. The long tours rely on this flexibility and the number of works in maintenance. It is important to note that these international travels bring productions by Brazilian creators to the public, some with considerable critical and audience success, such as *Mamihlapinatapai* (2012) by Jomar Mesquita, and *Agora* (2019) by Cassi Abranches.

In this trajectory, SPCD was elected the best Company by the Grand Prix de la Critique in 2018/2019, in France. During the same period, it was also chosen as one of the best companies of the season by Dance Europe's Critic's Choice. This diversity in the Brazilian way of dancing is primarily part of this achievement.

PAST-PRESENT

Among the initiatives that surround the production and circulation of performances, with similar relevance, one of the most striking examples of this bridge between past and present is the documentary project *Figures of Dance*. "So far, there are 41 documentaries that make up the series. It's a way of honoring people, and I have learned (and continue to learn) a lot from those I interview for these films," says the director.

These documentaries featuring personalities from the Brazilian dance scene systematically document the journey of each of them. Beyond the tributes, the stories recounted by the artists themselves effectively expand the records of the development of dance in the country, but also, perhaps more importantly, enable the creation of identities and a sense of belonging: the bridge capable of connecting elaborations with the present.

The archive containing the lives and works of these artists was born with significant figures. In its first edition, for example, it featured two fundamental names for dance in São Paulo. Ivonice Satie (1950-2008), who early in the Company's history asked Inês to make a film about her journey because she was ill and passed away shortly thereafter. And at the same time, a recording with a simple camera would serve as a guide for another documentary, that of Ismael Guiser (1927-2008). He passed away a few months later, and there was no time to record a formal interview.

The idea of nurturing history, beyond its own performance, has spread the name of the Company and brought various generations of artists closer to São Paulo's actions. The uniqueness of São Paulo still lies in this union with activities that amplify the role of dance as a language: they seek to bring reflection on the role of art in our time, and something fundamental, they place the artist as the radiating figure of this thought.

In the same perspective, the essay books produced in these fifteen years delve into the artistic material produced by the Company: a record of the present time, often blending historical perspectives and future projections. So far, there have been nine editions (including this commemorative book), in a unique movement in Brazilian dance: the actions leave traces, telling the story, while also being part of the daily artistic creation.

Another example, in addition to those already mentioned, is the Company's intensified production of dance films since the COVID-19 pandemic, with over 300 audiovisual productions now available on its platforms as artistic archives that expand the ways of looking at and experiencing art.

PRESENT-FUTURE

The name is long and not always easy to remember at first glance, the *Program for the Development of Future Dance Artists Skills* (PDHFAD), when created by Inês Bogéa in 2013, addressed a concern little discussed in Brazil, the career transition of dance artists.

"When you stop dancing, the dancer loses part of their identity. I felt this when I left the stage, I wondered: How to transition to the other side of the scene? What preparation do people have? I created this program inspired by international companies, particularly European ones, which provide two years of retraining for this transition. Here we don't have that chance, but I wanted dance artists to be able to experience moving to the other side of the scene while remaining in dance: whether in the rehearsal room, in choreography, rehearsing, in communication, or in costume. When we leave the stage, it is important to recognize ourselves in another place. With the program, when they retire from the scene, they can have a place they have already experienced to know where to go next," says Inês about the program's conception.

Since its inception, many artists have gone through the program, directing themselves to various areas such as communication, choreography, audiovisual, rehearsal, or even preparing to teach.

The educational programs also originated with the Company's initial project: free performances for students and other audiences, lectures for teachers, dance workshops, which grew with technical training workshops, the *My Dancer Friend* project, conversations with the audience before the performances, among other socio-educational activities. The idea of expanding the audience through the contextualization of each work has always been a desire to break barriers, to give people more background to talk about dance. On the other hand, the educational axis was fundamental to the Company's initial profile because it presented other ways to reverberate dance beyond the stage: it was even innovative among other companies in Brazil and abroad. Each of the activities seeks to make dance "escape" from the theater, contextualizing the artist, the work, and its time. A persistent dialogue not only within the dance niche but also in an effort dear to Brazil to cultivate information.

SIGNS OF THE TIMES

Fifteen years is a milestone. Still young, SPCD has a history and time for maturation. Much of its profile is related to the way its artistic director sees dance and her tireless desire to place this art in different scenes. Over the years, the group's vocation resides in this transit and in the persistence of maintaining something built solidly in a short time. Continuity of leadership that brought a perspective that never ceased to renew and reinvent itself.

São Paulo Dance Company belongs to the public or to the publics – they are distinct profiles that come together for different reasons. And today they conjugate the verb, provoked at the beginning of their journey: they dance – a lot –, they carry out educational actions, memory-related ones, among others, with the involvement of more than 60 people directly – São Paulo Dance Company employees – and hundreds more indirectly. All this to have the public close, to belong and to "be belonged". This is a good measure to look back, live the present, and foresee the future. As they say, it is "the Company of all of us".

POLYGLOT BIRDS

The meaning of the word 'polyglot' goes beyond the sense that we usually use to adjectivize people who can speak many languages. Moreover, I found a second connotation of polyglot much more interesting and poetic, which refers to 'birds that are capable of imitating many sounds or mimicking other birds.'

I kept wondering how beautiful and intelligent such beings must be. Despite a certain negative tone that mimicry and imitation may suggest, imitation is the basis of our learning, from the most primitive forms. Children learn to walk, talk, and do a myriad of other things by imitating adults and other more developed children. Gradually, their traits, their personality, their style shape that speaking, that walking... and children then are able to enhance in fascinating and unique fashion each of the capabilities learned and developed from the imitation, mimicry. Moreover, mimicking is also associated with creativity, as mimicking is not only imitating, but also doing it in 'caricatural, twisted, mockery' fashion. Thus, this is beyond imitation, it is not only doing the same, it presupposes creativity to do it.

This process, which begins with imitation and acquires the own shades of each person, also extending to ethical values and character, permeates for long years, the individual development. This individual keeps learning, developing themselves as a person and citizen, through examples from their role models – those who are their source of admiration and love. Much stronger and indelible than what is taught when speaking, explaining, are the examples given through the attitudes of the ones looked up to.

Back to the polyglot birds, I like to believe in the creativity, intelligence, and good humor of these birds, who may play by infusing their personalities into the objects of their imitations and mimicry. I also like to believe that they are imaginative beings who are not limited to do exactly the same. Better yet.. they are so intelligent that they are capable of doing exactly the same and then they surpass the same, they imagine new forms and play beautifully with their songs and sounds, imposing their styles, their wills, personalities, and design beautiful creations... or cre-ACTIONS, as 'create' presupposes ACTION, requires effort, relentlessness, movement. Creations are also imbued with reflection and inspiration, but only with these verbs, which do not bring movement to their souls, but they become nothing more than just ideas. And I cannot think of any bird – let alone our polyglot birds – without thinking of movement, a lot of movement.

Talking about feathered creatures, little birds, songs, imagination, children, that reminds me of the poet Manoel de Barros: *O olho vê, a lembrança revê, e a imaginação transvê. É preciso transver o mundo* [The eye sees, the memory re-sees, and imagination trans-sees'. Once again I like to imagine that our polyglot birds – I say 'our,' because I took the freedom to own them, I already feel that I am their friend and their huge admirer – see, re-see and trans-see the world. They have their own songs, their own languages, their memories, they learn and seize others, they imagine and trans-see other sounds, other songs, they show us other possibilities of worlds.

Another poetic association that such polyglot musings brought to me was with the questions of Pablo Neruda. 'How does the translation of the birds' languages combine with them?.' Just like his other ingenious questions, this one also dispenses with answers and carries within itself the soaring and colorful movement of the imagination... of a child-like rich imagination. 'Which yellow bird fills the nest with lemons?.' 'What is called the flower that flies from bird to bird?.'

Letting the child within me emerge to the fullest – the only way to imagine answers to such questions – some names pop up in my mind. Not exactly for the birds or flowers from Neruda's questions, but for the languages that our polyglot birds sing. They would be: *Mamihlapinatapai*, *Gnawa*, *Peekaboo*, *Gen*, *Mira*, *Marmorea*, *Ibi*, *Ballo*, *Petrichor*, *Di*, *Ngali*... Imaginary name of the languages that our polyglot birds sing.

The reader who is somewhat familiar with São Paulo Dance Company (SPCD) can now begin to feel reassured in realizing that they were not accidentally reading a bound essay in this book. Yes, the names of the imagined languages are works of SPCD's repertoire, a polyglot company, a breeding ground of polyglot artists who live in companionship. It is undeniably Brazilian, without being regional, it is undeniably international being Brazilian. Amidst other companies – bilingual at most – SPCD plays this important role in Brazil's dance scene, bridging the gap with the global dance Babel, through its polyglot repertoire.

It is interesting to notice the coincidence of this topic with the choice I made for the titles – stemming from other languages – of the works I have created for SPCD, perhaps anticipating the writing of this text. Coincidence or premonitory act?' *Mamihlapinatapai* is a word originating from the Yagan language, from the original people of the *Tierra del Fuego*. '*Ngali*' is a word of Aboriginal origin, from Western Australia. Each of them has their own song, for birds with bodies of such skill that it is '*inmejorable*' – a word from the Spanish language without any correspondence in Portuguese, that describes something so good that one can say it is 'unimprovable.' That was the only adjective that I found to describe the dancers of this company... who imitate choreographers with the speed of the wings of polyglot birds. Next, they mimic the choreographers, where good humor, necessary to let creativity loose, floats on the rehearsal room. And, from a certain point onward, the word company materializes in the environment of creACTION, where reflection, movement, restlessness, inspirations, actions gather the flock, which has learned one more language, from one more choreographer – or a new accent from a familiar choreographer. The world is so trans-seen! Which language will I choose to borrow another word to name our next creation in the company of this polyglot company?

In *Mamihlapinatapai*, the sound of a heartbeat permeates the entire score, helping to imprint the density and the necessary and sought-after expectation for this composition. The topic is translated in the interaction complexity between two people crossed by the gaze, where desire and romanticism are implicit, but do not manifest in the act. And the fact this is not materialized only increases the desire, a way to channel more and more energy, maximizing attraction to the fullest. Sensation metaphorized by the duo, with the ballerina dancing almost the entire time without touching the floor. *Mamihlapinatapai* is considered one of the words having the densest meanings to ever have existed... or, otherwise said, the most succinct one, for condensing in one single word the entire complexity of a certain human interaction. At the time of creating the work, its most known meaning was used: 'a shared look between two people, in which each one hopes that the other will take the initiative for something they both desire, but neither of them initiates'. By revisiting *Mamihlapinatapai* recently, I came across with studies pointing out the hypothesis that the most primitive meaning of this word is, in fact, related to the time of reflection, silence, and stillness of a group around the fire, sharing looks, after having heard stories told by the older folks, conveying knowledge and values to the younger generations. Wouldn't that be what SPCD does after each performance, where the theater becomes symbolically a time to gather around the fire of dance, where stories and knowledge are exchanged between cast and audience? *Mamihlapinatapai* ends up metaphorizing, as the importance of maintaining the repertoire of a company to convey knowledge... and so many quiet reflections that are generated as a consequence thereof.

The repertoire of a company is the materialization of its knowledge. Tacit knowledge, at times concealed and precisely for that reason, possessing the capacity to exert such fascination.

Knowledge of arts and artists, which is, inclusively, one of the most valuable resources in transitions that are necessarily established between companies and cultural groups. Please, read: sponsorship. but which could be extended – such transitions – into real alliances between two organizations with valuable resources that can be mutually shared. Financial resources and others, indispensable for the maintenance of artistic production. And, in the opposite direction, in addition to marketing, reputation improvement, and corporate social responsibility for the companies, the power of knowledge of arts and artists. It would be so good if everyone were aware of the value of this resource. There is even a rich field in research, called art-based management. A search for new paradigms to address complex problems posed to us in contemporary times. The solutions from science and technology are not sufficient because, if they were, we would be satisfied with the surplus of numbers and data in the age of digital and exceedingly fast information. However, problems persist, because they lack a holistic, intuitive, and more subjective view for their solutions. There lies the value of arts in showing us paths beyond science, data, numbers, and individual perceptions, to allow us to make wiser decisions. Through the so after-sought more subjective skills, the soft skills, of which artists are usually masters. Not all bird species are polyglot, on the contrary. They seem rare to me. Therefore, they need to emphasize how valuable they are, and drink from their sources. SPCD's repertoire is proof of the value of the resources that the company owns, not only within the scope of culture, intangible, but also within the economic scope, as a tangible resource, a valuable currency on the negotiation table with partnering companies and sponsors. It is not me who says it, as surveys show a series of aspects that make up the chest of knowledge that the polyglot birds, like the SPCD's ones, can bring beyond its audience, to organizations that are smart enough to be interested in this type of sharing: inspiration, creativity, empathy, concentration, playfulness, humanization, new experiences, belonging, satisfaction, awareness, relationship, flexibility, intuition, self-awareness, openness to the new. After all, one of the meanings of the word 'repertoire' in the dictionary is: 'set of knowledge.'

Ngali... brings as its central theme of inspiration the theatrical play 'La Ronde' by Arthur Schnitzler, written in 1897 and later adapted into a film. Controversial for its time, the theme remains relevant for exploring couples, fidelity, betrayals, hypocrisy, essentially the inclusion of a third person in a relationship intended for two. Moreover '*ngali*' means: 'we both, including you.' Would this 'you' truly be your partner, emphasized in such a pleonastic manner to underscore your significance? Or a third person, an external element, who is always there to disrupt – or spice up and stimulate – a relationship? The work also explores coincidences that bring people face-to-face, interfering with the trajectories of others' lives. The routine. Bringing to the stage topics that closely relate to the lives of all of us creates a connection with the audience, which also resonates with the music of a popular repertoire. Such connections give rise to fascinating illusions in people who appreciate the work, make dancers closer, real and ordinary beings just like them. This makes the audience feel the desire to – and makes it seem possible – get up from their seats and dance with the cast. The dancer is no longer a supernatural being executing extraordinary steps, clearly impossible for mere mortals to perform. Another virtue of our polyglot dancing birds lies in their bodies' ability to effortlessly navigate languages, ranging from the classical repertoire of past centuries to the straightforward expressions used in everyday life – but not mundane – originating from the most popular ballrooms, deconstructed and transposed onto the stage.

Translating onto the stage an everyday body, a body dancing in parties, balls, for leisure and pleasure, may seem a task easier than preparing an actor or dancer with classical background. But it is not that simple in real life. The challenge is to find the balance. By the way, this is one of the greatest virtues of great artists in any field: finding the right doses. Finding the right amount of color, brightness, density, energy, contrast, variety, repetition, shadow, tension, harmony, symmetry... We place a body with classical training to the extreme end of bodies dancing simply for fun, sometimes without any technique. In spite of the lack of technique, such bodies bring other features that may become fascinating on the stage, such as naturality of gestures, which may generate, besides identification, complicity with the audience. The peculiar beauty of whom 'dances as if nobody were seeing.' But how to dance on stage with such magic, creating such illusion for those watching? Then, how to deprogram bodies conditioned daily, for years, to speak Latin and imbue them with the naturalness of mixed languages spoken on the streets, without losing erudition? Dazzling mystery that polyglot birds have the ability to achieve. And when this is achieved, they also achieve what should be one of the main goals of a company of SPCD's stature: to make their repertoire a magnet that attracts audiences... yes, audiences – in the plural – from the most sophisticated to the most popular or less knowledgeable about the arts in general, diverse audiences. Only polyglot birds enjoy that ability to form an audience for dance.

Back to the learning process described in the first paragraphs, which is given by way of example, nothing is better than dance to metaphorize it. The choreographer, sometimes cannot even speak the language – and now I refer to language itself, literally, native language, spoken – of dancers. However, the cast's birds learn, grasp through movements, songs, flights, gestures, and sounds of the choreographer, without the need for spoken language. As mentioned earlier, dancers do so because they admire the source of examples... as they are not just any choreographers. They are creators who speak stunning languages that have been carefully and diligently chosen by the polyglot birds in the company's direction. Because they are capable of further expanding and enriching the repertoire of sounds, songs, and languages. And, by making SPCD's repertoire richer, it contributes singularly and fundamentally to the polyglotism of Brazilian dance.

In my case, creation processes were also premonitory regarding this rehearsal, as my first goal for the polyglot-dancers-birds was always to teach them to sing a language, not to freely sing, but to communicate in a new way with each other: a language called connection. It seems easy, but this is a subtle and refined manner of gestural communication with a dancing partner. Where one responds faithfully and coherently to the stimulus emitted by the guide, who proposes, induces, and leads the movement to be performed by both. Essential language to achieve unique movement qualities of a dance – of a 'song' – as a couple, which significantly differs from a classical pas de deux or a contemporary dance duo. It is memorable the child-like and beautiful fascination that the dancers show while learning the grammar of this new language, while expanding their vocabularies and starting to make their own sentences, after imitating and mimicking the choreographer. A language based on the connection with the other. Connection that goes beyond physical touch, requiring full attention and heightened sensitivity, something rare to experience in contemporary times. Bodies that connect in an era of great physical disconnection. Polyglot birds that communicate with each other and communicate their art with the audience. Communication only breaks the fourth wall and connects with the audience because it establishes itself on the stage with intensity and organicity among the peers. Birds with such a strong connection on stage, like when they are in a flock or flight.

Learning a new language is not restricted to the language itself, but dance itself. It is to have all cognition windows open to learn a new culture. History and political knowledge, habits, music, art in general. It is to become universal, like SPCD. It is acquiring a new understanding perspective to embrace the stranger. It is the first step to like or not the stranger, but with the so-necessary possibility of interaction.

Typically, we use the word stranger with a negative connotation. Stranger is associated with the ugly, frightening, dangerous... who has never heard the line: 'don't talk to strangers.' I like to talk to strangers... the stranger is the different one, the foreigner, who can teach me new languages and knowledge, who can surprise me, make my eyes shine, cause admiration for their novelty or deviate from conventional. Or not.. but that is a risk worth taking and that true artists like to take. Nothing is better than being surprised by the unexpected. The stranger the sounds and songs that our polyglot birds have at disposal to imitate and mimic, the more beautiful, intelligent, and creative they become. No new artistic or intellectual trend, no novelty emerges without contact, interaction with the stranger. Without openness to the stranger, monotony and the dreadful prevail. There lies another factor for my deep admiration for polyglot birds. Their taste, their quest, their desire for the strange, for sounds and songs that are strange to them. Thus, their appreciation for diversity. There is no diversity without the strange... and SPCD likes to embrace the strange.

When I create choreographies, my quest is for the strange, for a set of movements and choreographic elements that are strange. When I see a dance performance, or any other form of art, I also long for the strange. SPCD can offer me multiple strange elements – because they are strange elements of a polyglot repertoire. The company is strange to me when I am on the stage, and the company is strange to me when I act as choreographer in the rehearsal room. Because those birds that live in the company are polyglot in its broadest sense. They are open to the strangeness of new languages proposed by the choreographers. And they can intelligently answer me with provocations that I like to make: 'I liked that movement, but we can try something stranger.'

Under another perspective, SPCD is a polyglot company of lines. Birds that navigate between straight, curved, and twisted lines. Bodies with plural forms that create dialogs with the extremely straight lines of the classical dance to then twist, contort and create other dialogs, in other more contemporary languages. The languages that I like to speak as a choreographer ask for those curved expressions, they use twisted words. Because passion is twisted. Nobody talks about passion or is passionate without twisted movements or gestures. Passionate love and desire are twisted. Nobody kisses on the mouth with the body tracing straight lines. Sexual intercourse is a beautiful dialog that uses a vocabulary of twisted movements. It was easy to twist those dancing birds and make them convey on the stage the passion that my dance seeks in a relationship of two bodies that dance connected. The passion with which SPCD produces its art is similar. Because nobody plays a role with excellence, especially an artistic production, without passion. Passion is embedded in those bodies. In some moments it was almost a simultaneous translation process... they spoke in straight lines, and I twisted them; they sang at beautiful and precise angles, and I twisted them, I made them ambiguous just like reality, which is twisted. Another new language for the repertoire of our birds.

SPCD is like a library for Brazilian dance. Even in the most contemporary versions of the digital era, libraries play a vital role in preservation and education. That is what the company does. A repertoire of works written in living languages, languages under experimentation, nearly extinct languages, archaic languages, classical languages. Fundamental lexicons for the culture of a country that does not value preservation and education, especially regarding the arts, particularly concerning dance. A language that has no speakers, that is not practiced, becomes extinct, dies. And with it, an entire culture dies. The repertoire kept alive and performed on stages by SPCD is, therefore, indispensable to keep dance languages alive, practiced, heard, watched. The ephemerality of stage dance is fascinating. It needs to be alive to live, it needs the game between audience and interpreters to exist. A feature that makes it harder works to survive. However, SPCD – a flock of polyglot birds – takes care to preserve this vitality with finesse.

Mamihlapinatapai has completed 10 years, being performed uninterruptedly. An example of this capacity to keep the vitality of the works, which is passed from cast to cast without being disloyal to the original composition designed by the choreographer. New dancers learn to speak the language, they can even add pleasant accents to the creation, but without losing the essence, the sense of sentences and each word remains the same.

I get to the end of the essay concluding that the title would be wrong, as I have

just discovered that the dictionary has another term to refer to people who speak more than six languages. They are considered hyperglot. Thus, much more than polyglot, SPCD is also an example of humbleness, courage, and curiosity for the Brazilian dance repertoire.
As these are the prerequisites for a new learning. Knowing that one does not know and have the humbleness, courage, and curiosity to seek new knowledge are intrinsic characteristics of our polyglot birds. One of the most important meanings that the dictionary has for the word curiosity is 'intense desire to'... intense desire = passion.
São Paulo Dance Company: 15 years of curiosity, humbleness, intense desire, creativity, intelligence, preservation, passion, knowledge, languages, action, multiplication, restlessness, courage... 15 years of polyglot flights.

WITH DANCE, FOR DANCE, BY DANCE

[by Amanda Queirós]

Words may have more than one meaning, but a synonym does not always convey what it is really meant. For instance, there are many ways to refer to people who gather to dance. Recently, many "centers" or groups have started to emerge, something quite different from what is called a "project." To a lesser degree, the existence of "collectives," "associations," "groups," "ateliers," and "troupes is also noticed."

Some terms, repeated over centuries, carry particular visions of the world. A "ballet" legitimizes in its business card a specific manner of approaching dance and, even when it works on a repertoire beyond classical technique, evidences its reference foundation. As for "corps de ballet," as researcher and dance critic Helena Katz suggests, "born from diversities (many bodies) compacted into the singular (Corps de Ballet), showing that they should aspire to be seen as a single one."[1]

This understanding is inversely opposed to one of the most popular expressions for this designation. "Group" reinforces the idea of different elements threaded together by something common. The word that I would like to get at; however, is another.

As usual in the Portuguese language, "companhia [company]" finds its root in Latin. "Com" harkens back to union, while "panis" means bread. In this entry,

---

1 KATZ, Helena. *Um trajeto de fios e teias*. In NAVAS, Cássia (org.). São Paulo City Ballet. São Paulo: Formarte, pp. 109-111. 2003.

therefore, it is possible to bring together many people around an interest that is not only common but essential. When a dance company decides to be baptized as such, it transforms its birth certificate into a letter of many commitments.

On January 28, 2008, when São Paulo Dance Company (SPCD) was announced by the State Secretary of Culture, João Sayad (1945-2021) at the time, this artistic language was experiencing a scenario of increasing recognition, support and production at the three spheres of public power from a strong engagement of the artistic class.

In the city of São Paulo, the largest Latin American metropolis, the Dance Promotion Law, approved by the City Council in October 2005, ensured funds up to 30 projects per year, selected via calls for proposals. This provided a minimum stability, despite temporary, to the capital's independent groups.

The establishment of a dance advisory within the Municipal Department of Culture not only contributed to enabling the execution of the Law but also strengthened this field within the City Hall, with the opening of a Dance Center in the recently revitalized Olido Gallery, in the city center. In this space, Paissandu Hall started to host a continuous program from Thursday to Sunday, with a different show on display each week and free admission, thus boosting the audience development.

In the year 2006, the state government also established its own cultural incentive mechanism. The Cultural Action Program (PROAC) provided indirect investments in the artistic field through ICMS funds, directed via sponsorship, and direct investments, granted after selection through a public notice. Dance was one of the supported disciplines since the inception of PROAC, which introduced innovations such as calls for proposals for emerging creators and earmarked funding for the interior and coastal regions, encouraging production beyond the capital.

In the city of São Paulo, in 2006, the State established the Dance Theater, occupying the former Itália Theater in the city center, with a program 100% dedicated to this artistic language with affordable ticket prices.

In the federal sphere, the dance incentive was on the way to consolidation mostly due to the creation of the Funarte Klauss Vianna Award, in 2006. Intended for distributing funds throughout Brazil, the calls for proposals considered criteria related to regional aspects and sponsored artistic creation in dance that explores plurality, providing support for choreographic productions, dance videos, installations, performances, seminars, festivals, and the touring of performances across the country.

In that given context, SPCD filled that gap. Until then, of the many existing state-owned dance companies, none was committed to the same extent to the classical and contemporary, including such a comprehensive repertoire as proposed, involving works from the 19th, 20th, and 21st centuries.

An initiative of such magnitude requires a concentration of investments – and this, in turn, generates discomfort. After all, there are many ways to slice the cake of limited resources intended for culture. To choose one beneficiary means to exclude another.

When a political decision is made in this regard, the responsibility is significant. This sense always led me to reinforce the public bias of the institution during my term at the company's Communication and Education coordination. "This Company belongs to each one of you," repeated in the opening of all presentations in Culture Factories, schools, and workshops.

The existence of such actions highlights the main asset of SPCD since its foundation, then led by Iracity Cardoso[2] and Inês Bogéa: structuring of a guiding principle towards a popular destination, building three interdependent pillars and of the same importance: production and touring of shows, audience development and memory preservation.

The production and show touring pillar ensure stable employment, with a signed contract, for dance professionals such as dancers, rehearsal directors, and teachers, all framed within a career and position plan. It offers alternatives for retention of talents educated in Brazil, many of them are from public dance schools, or projects financed through tax incentive, providing a return to the population for the investments made in the studies of those artists.

In a highly precarious and informally structured market, hiring under terms of the Consolidation of Labor Laws provides protection, ensuring rights such as vacation, Holiday bonus, Severance Pay Fund, counting time for retirement, maternity leave, and sick leave, something essential to ensure longevity in a profession that uses the body as a working material, allowing for full recovery in case of injuries and predictability in professional planning.

This is an aspect to which the Company contributed when designing, in 2011, the *Program for Development of Future Dance Artists Skills* (PDHFAD). Through this program, dancers can prepare themselves for the next stage of their careers, internally experimenting with different working practices. From this flank emerged teachers, choreographers, and rehearsal directors emerged, who are scattered across Brazil and abroad.

Besides that, the production sector is responsible for contracting services from choreographers, musicians, restagers, rehearsal assistants, costume designers, set designers, and prop designers, among other professionals, in a move to dynamize the production chain of this language and drive the domestic creative economy, a sector that contributes 3.11% of Brazil's GDP[3].

The option of not having a single resident choreographer led the Company to permanent conversations with the dance scene. This move can be classified into two distinctive fronts.

One of them seeks to connect Brazil with the history of western performative dance from restagings of emblematic pieces, such as *Serenade* (1934), by George Balanchine (1904-1983), great innovator in the traditional choreographic design of classical ballet; *Les Noces* (1932), by Bronislava Nijinska (1891-1972), one of the rare women to carve out space as a choreographer in the early 20th century,

---

2 Iracity Cardoso was director at São Paulo Dance Company alongside Inês Bogéa, from 2008 to 2012.

3 Reference to 2020, according to Itaú Cultural Observatory's Data Panel

with her nod to modernity by dialoguing with Stravinsky's music; *In the Middle, Somewhat Elevated* (1987), by William Forsythe, and its subversion of the boundaries of classical lines; and *Petite Mort* (1991) by Jirí Kylián, with a poetic and sensitive gaze at the materialization of pleasure and brevity of life.

Among many others, these works paved the evolution of the type of dance that SPCD proposes. Seeing them performed by Brazilian bodies adds new layers of meanings, promoting a reflection on why they resonate over time and how they contribute to the esthetic refinement of this language.

In parallel to this, we find a sensitive topic related to access. Over time, some of those pieces could be witnessed in Brazil via tours of international companies or restagings, for instance, as with *Serenade*, danced by the Ballet of the Municipal Theater of Rio de Janeiro. The distinctive feature of SPCD, in this case, is the ability to tour with the works, bringing them beyond São Paulo with free tickets or more affordable ticket prices compared to those for performances by international groups.

A second mobilization front aimed at incorporating identified trends from the outside world can be observed in the many connections established by the Company with the Brazilian dance scene.

Initially, the appointment of acclaimed choreographers such as Paulo Caldas (Staccato Dance Company), Henrique Rodovalho (Quasar Dance Company), and Rodrigo Pederneiras (Grupo Corpo) helped endorse the work of an institution in its early stages. Then, with the establishment of an Atelier of Brazilian Choreographers, it turned the table by endorsing a new wave of authors, providing a space for experimenting creations in a large-scale professional structure for the national standards.

This move enabled SPCD to map out choreographers with distinctive skills and insights, in addition to promoting its brand to introduce them to a wider audience. From this wave, names were picked such as Fabiano Lima, emerged in competitive festivals; Rafael Gomes, in-house dancer at the time; Luiz Fernando Bongiovanni, in his return to Brazil after 20 years dancing in Europe; in addition to Alex Neoral and Jomar Mesquita, with their own groups having a prominent trajectory at the Lyon Dance Biennial in France. In fact, the longest-running Brazilian piece in its repertoire is that by Mesquista: *Mamilahpinatapai*, a contemporary reinterpretation of ballroom dances, has been on display since 2012.

Both *Mamilahpinatapai* and *Ngali...*, also by Mesquita, are often requested by international agents for the Company's tours abroad. The same goes with *Agora* (2019), by Cassi Abranches, awarded as the best choreography in the year of its premiere by São Paulo Association of Art Critics. Her choreographic career was made official with *Gen* (2014), and continued with the company with other two commissions, *Schumann ou Amores do Poeta* (2018), shared with Milton Coatti, and *Respiro* (2020).

This exposure in countries willing to consume dance – especially Germany and France – is a significant showcase for the creativity and vitality of Brazilian art, contributing to the insertion of those artists in a well-established and competitive market.

Over these 15 years, the move to take national names abroad also operated in the other direction, bringing our nationals to reconnect with their country. It is the case of young dancers and choreographers Thiago Bordin and Lucas Lima, respectively based in the Netherlands and Norway, to whom *Petrichor* (2018) and *Instante* (2017) were commissioned.

The same happened with Rio Grande do Norte-born Clébio Oliveira, nominated in 2012 as breakthrough choreographer by Tanz magazine, Germany, where he has resided since 2008. For the Company, he created *Primavera Fria* (2017) and *Céu Cinzento* (2015) – the latter was even included, four years later, in the repertoire of another collective from São Paulo – Divinadança.

More recently, it was the turn of Rio de Janeiro-born Juliano Nunes, another Brazilian based in Germany. After having choreographed for companies like the Royal Ballet of Flanders, Nederlands Dans Theater 2, Mariinsky Theatre Ballet, and Zurich Ballet, he could present his work for the first time in Brazil with the new *Cartas do Brasil* (2022).

And why not talk about a valuable historical rescue responsible for linking relevant personalities to the new generations? In this domain, we find Antônio Gomes. Forty years after stepping away of his dancer position at the Municipal Corps de Ballet of São Paulo to dance a Ballet du Grande Théâtre de Genève, residing in Switzerland as choreographer, and 15 years after his creation in Brazil, he went back to the country to design *Madrugada* (2021).

In this regard, it's impossible not to mention the ties with Márcia Haydée, one of the top national dance stars. Muse of John Cranko (1927-1973), and director of the acclaimed Stuttgart Ballet from 1975 to 1996, she created *O Sonho de Dom Quixote* (2015), her first commission for a Brazilian group. The partnership was so successful that it was repeated with *O Quebra-Nozes no Mundo dos Sonhos* (2022).

We can also find a respectable memory preservation work when Ana Botafogo accepts to remount a work such as *Les Sylphides (Chopiniana)*, by Mikhail Fokine (1880-1942), bringing with her the experience of four decades as principal dancer at the Municipal Theater of Rio de Janeiro, and the whole classical dance tradition already shaped around the Brazilian body.

Something similar occurs with the restaging of the contemporary *Só Tinha de Ser com Você*, by Quasar Dance Company, as it happened in 2020. This is a rare move in Brazil, especially when the work in question is part of a company intertwined with its resident choreographer – in this case, Henrique Rodovalho. When this happens, the piece becomes even more accessible to a new audience and new generations of dancers, who embody a paradigmatic repertoire in their own flesh and contribute to carrying forward those references from new perspectives.

The recognition of independent scene of São Paulo is part of the package, with commissions to names such as Ricardo Gali (*A Quadratura do Círculo*), Ana Catarina Vieira (*Aparições*), Miriam Druwe (*Di*) and Gal Martins (*Ibi – Da Natureza ao Caos*). In common, all of them have extensive years of research in language with their own groups and consistency in the proposals presented.

The presence of Gal in this roster, alongside Leilane Teles, makes an important gesture towards the need to expand black narratives in a space grounded on an essentially white and European origin model.

This is reflected in a more attentive look into ethnic-racial matters in the Company's auditions. In recent years, the increased diversity among the selected candidates has enabled discussions attuned to the current social reality.

After intense discussions among the cast, creative team, and direction, the performances of the second act of the classic *Giselle*, restaged in 2021 by Lars van Cauwenbergh, saw the dancers performing without tights and wearing ballet shoes matching each one's skin tone. If in the past having different shades on the stage would be an affront to the uniformity premise expected in any ballet, in today's time the inclusion of representation means an understanding that art reflects its time, and traditions perpetuate only when they are updated.

By suiting the consumption-oriented logic of cultural journalism in the early 21st century, the actions of SPCD's production and touring pillar are its most visible arm. But, given the state-oriented facet of the Company, it could not be the only one.

As previously mentioned, audience development activities are a foundational pillar. They represent the most direct return to the population of the investment made through payment of taxes, acting towards the popularization of this language by offering contact with varying repertoires via free performances, lectures for teachers and general public, in addition to workshops for dance students and production of printouts containing information about the shows staged.

Over time, other actions have been incorporated, such as visits to schools, hospitals, and social assistance institutions through the project *My Dancer Friend*, training workshops for those interested in fields such as stagecraft, lighting, audiovisual and communication, in addition to productions intended for children, such as *Dance Tales*, inspired in the homonymous book by artistic director Inês Bogéa, and the web series *Play and Dance*, offering children ludic moments that encourage the exploration of movements from provocations of art educators Elizabeth Menezes and Márcia Strazzacappa.

Conceived and executed during Covid-19 pandemic, they were a result from the strong expertise of the Company in audiovisual, acquired from a third pillar even less evident, but essential for its continuity: memory preservation. Everything done there is extensively documented in photo and video. They are choreographic processes followed closely, as well as interviews with creators and footage of behind the scenes and tours.

Produced almost in real time, with an urgent care not to lose anything of an art that for centuries leave few concrete traces of its materiality, this collection of many terabytes of information, monitored since its inception, with care, by Charles Lima, gathers ever increasingly data waiting for researchers in future inquiries.

The extensive material collected allowed for a quick response to the context of social distancing, by broadcasting works in full-length under the seal #SPCDdigital. The idea came up overnight, in March 2020, after a short telephone call to Inês, and she realized an old wish she had, as a spectator and journalist specialized in dance, to revisit the extensive and pulsating Company's repertoire.

Under the seal, new documentaries were created and broadcast, and existing contents were revitalized, giving rise to webinars and materials that fueled social media – not to mention the live streaming of full seasons, an artistic, technical, and technological effort unprecedented by then, driven by the desire to take art further. This case, portrayed and discussed even by academic research, showed in the present time the value of the past for dance, inspiring companies all over Brazil.

In the face of an increasingly fragmented media space, books with texts like this one engage researchers, journalists, and cultural actors dedicated to recording, reflecting, and challenging the potentialities of dances produced by São Paulo, while *Dance Figures* series races against time to document as many influential personalities as possible, bequeathing their testimonies to new generations eager to understand the origins of the dances they continue. Having produced over 40 documentaries since 2008, it is one of the longest living Brazilian initiatives dedicated to systematically recording the dance.

Despite upheavals, this consistency endures. If 5 documentaries were produced a year in the beginning, from 2015 that ranged from 1 to 2 within the same period. It is a reflection of the financial shortening imposed on the Company, extending to other areas with the reduction of the dance corps, the abandonment of plans to build a theater as its own headquarters, and a shift in the selection of international repertoires due to the weakening of the Brazilian Real against the US Dollar.

In this context, partnerships, show sales abroad, and intensive fundraising efforts with private institutions and civil society, through a patronage program have emerged. All of this helps to create a more balanced financing portfolio between public and own resources.

Diversification of revenue sources leads to a funding proposal in line with current times, with know-how to be studied by other groups. After all, the adverse scenario is systemic, motivated by a wider budget crisis and decisions that impact culture as a whole.

Both the Dance Theater and Paissandu Hall schedule have been discontinued, and the calls for proposals for Dance Promotion, by PROAC, and Klauss Vianna Award have not been sufficient to encompass the growth of the number of artistic centers and the multiplicity of creative proposals that have emerged since the establishment of those support mechanisms.

With its strong capacity for accomplishment, adaptation, and resilience to overcome difficulties, SPCD assumes a greater role in light of this reality, producing a choreography of existence and persistence, constantly reconfigured while it happens and in dialogue with the audience. For that, it mobilizes agents, with commissions of stage productions, dance videos, choreographic installations, and conducting workshops, writing articles, producing audiovisual productions, making the language of dance go on despite all challenges.

In this way, it is strongly urged to remember the mission imposed on itself when calling itself a company. After all, this is still a place of many people, each bringing their own expertise and specific contributions. And that they all can keep this energy, inspiration and strength to continue sharing the passion for this so essential expression – with dance, for dance, by dance.

REFLECTIONS, ACTIONS, AND EMOTIONS: PASSAGES OF SÃO PAULO DANCE COMPANY'S EDUCATIONAL PROGRAM THROUGH DANCE

[by Renata de Oliveira]

> *"Education is a social process; education is growth. Education is not preparation for life; education is life itself."*
> (John Dewey)

Educational actions are found in all fields of individual and collective development, they are not restricted to the family and school environment, nor are they restricted to children and young people, they extend throughout life in a permanent process of learning, evolution, and renewal. The reflection is intended to show the comprehensiveness of the term "Educational" and the relevance of its choice.

São Paulo Dance Company was founded on three operational pillars: Production and Touring of Performances, Educational and Audience Development, and Memory Preservation Programs, which, in joint or individual actions, represent the Company. The educational touch permeates all of its movements, but it is on the pillar carrying the same name that it takes on the main role. The Educational Program is a segment that acts to expand the access to art and understanding of its meaning for society. Through a range of actions that include: educational, artistic, educational activities, lectures, seminars, and plenty of provocation about dance, it builds foundations so that this art can expand its fields of operation, reach more people, and reveal its potential as an educational tool and social integrator.

When this author thinks about the Educational Program, she thinks about Transformation. Over these 15 years since SPCD creation, how many lives have been transformed by its actions? Actions and their reverberations caused in people, communities, cultural assets, policies, areas of knowledge, and the economy that generate movement and become educational in various ways. Transformations that serve as the impetus for dance to become more present and participative in society and within government entities, promoting the expansion of its fields of operation, the expansion of its artistic reach, and its contribution to transforming lives and the direction of dance in Brazil. Transformations that fuel many hearts with hope.

The Educational movement is incessant; the team is always active, whether at the Company's headquarters, in the cities or towns where it implements its actions, on social media, in theaters, in public schools, in institutions... its gestures multiply and resonate, making dance flow and infect these spaces. A pulsating core of ideas, motivation, and accomplishments, which becomes even more vibrant due to the energy and creative potential of extraordinary individuals who believe in the transformative power of art and are the soul of SPCD, and also due to the competence and excellence of these professionals who tirelessly seek ways to communicate dance and bring it closer to people. Behind each activity of the Educational Program, there is a lot of research and planning; the creation goes through many stages until achieving the final format. Promotion and assertive communication are essential tools to connect the actions with the audience and are also the focus of the team's dedicated work.

Next, I will list some actions that show the socio-educational, cultural, and humane importance of the actions of this São Paulo Dance Company's pillar.

DANCE AND TECHNICAL TRAINING LECTURES AND WORKSHOPS

And dance is like that: has many facets, takes many paths, brings many names to prominence, and remains in constant motion, in an intrinsic relationship with the environment and time. In the rhythm of its movements, it carries traces of our history; in the patterns of its steps, it goes through many fields, connecting knowledge and practices. Living history transcribed in gestures, rhythms, and emotions.

How to address the extensive path traversed by dance since the early days to the current forms in the school curriculum? How to understand its ramifications, its importance in social and educational construction, its communicative power, and its transpositions? Aiming to share with teachers and educators information about history, art, possibilities, and repercussions of dance, the Educational Program offers *Dance Lectures*.
An action thought since SPCD's creation to broaden the understanding of teachers and enthusiasts about dance, suggesting ways to integrate it into the educational process of children and young people and approaches to insert them into different contexts.

Lectures become a moment of exchange, education, and interaction between those who educate and train generations and the Educational Program team. Led in a lighthearted environment, they bring dance and education, naturally allied fields, closer, and establish an open and continuous channel of communication between SPCD and the participants. To enrich the conversation and offer more specific tools for approaching the art of dance, the Educational Program created a rich collection of video and literary materials, some of which dialog with the art notebooks of the State Department of Education of São Paulo. They are works that clearly and punctually address many topics related to dance, they highlight intersection points with other knowledge, and suggest activities to be done with the students. The material is presented and distributed for free during the lectures, as are some of the produced DVDs: *A Escrita da Dança*, *Uma Roupa que Dança*, *Vida de Bailarino*, among others. It is also possible to access and download the booklets that accompany the material on the official SPCD website, in the educational section.

The contact with art improves cognitive skills, stimulates creativity, and helps with self-knowledge. The channel established between SPCD and Teachers/Educators contributes to institutional and personal development of students, school, and society, and promotes dance more actively in the Education scenario.

In this regard, it is possible to reflect that the construction of a performance involves a diversity of roles, and the *Technical Training Workshops* guide the focus of those that indirectly make up dance, providing training and information about their practices. They are free workshops, open for students, professionals, artists, and other enthusiasts through advance registration, which offer multiple topics such as Stage Lighting, Photography, Set Design, Communication, among others.

For the enthusiasts, it is a great chance to explore in detail the processes of this production chain. For artists and professionals of the field, a valuable contribution to improve their skills, to acquire knowledge, and point out different possibilities. For students, besides technical learning, it offers options that may pique their interest, professions associated with dance, arts, and show. The success of a company relies on the joint work of all sectors involved; the exchange of information and experiences during the workshops opens good communication channels and technical understanding between the fields that dialog. It shows the direction for better future organization in works and creations of participants, and, like the Lectures, it may take place on-site or remotely.

A dancing body is curious, it likes to experiment. Sometimes shy, sometimes not, it wraps and unwraps shamelessly in front of the mirror. It creates shapes and draws paths to express itself. *Dance Workshops* are conducted since SPCD's creation; it is an opportunity to share a little of its experience, technique, and art, through classical ballet, contemporary dance classes, and excerpts of the works that make up the Company's repertoire. Proposing classes conducted by SPCD's teachers and rehearsal directors and/or guests at its headquarters or in the cities and towns visited across Brazil and abroad. This is an activity provided for free through advance registration, and the number of vacancies is limited.

The dance student, dancer, or aspiring dancer who participates in the workshops feels in their body the energy and power of professional dance, the contact with the Company's renowned professionals makes the heartbeat faster at the mighty presence of those personalities and the knowledge they transmit. It is a unique experience to have contact with the same technique used by the Company through those who are there. At the same magnitude is the challenge of learning from the same masters, excerpts from the works that are part of the Company's repertoire, something that transports you, even if for a brief moment, into that choreography. An intimacy with the work emerges, revealing itself more strongly when watching "its choreographic moment" in the bodies of the talented dancers during the Company's performances. A physical connection that awakens the desire to improve studies and evolve professionally. That brings the participant closer to SPCD with the desire for more.

FREE PERFORMANCES FOR STUDENTS AND ELDERS AND MY DANCER FRIEND

Audience development and democratization of culture access being their key goals, the Free Performances for Students and Elders are targeted at public schools of the state of São Paulo, Social Institutions, Universities, Culture Factories, Unified Educational Center (CEUs), the elderly audience, and other enthusiasts. The participants are invited to learn the creation and staging process for the season's performances, and then they watch the choreographies. The company makes utmost efforts to improve access to its activities and has communicational accessibility resources available for access. It is ready to welcome and safely transport individuals with disabilities and mobility difficulties, ensuring that each individual and/or group receives the required attention and guidance to enjoy good moments along with the Company.

To promote the performances, careful planning starts way before the meetings. The trajectory begins by contacting institutions, managers, educators via SPCD team, aiming to prepare those who will be mediators, and provide educational material about the topics that are part of the performance, such as release, images, short videos. In possession of that information, educators are invited to create activities to prepare the students before going to the theater, building a connection between them and the content they will appreciate. Afterward, the student has the experience of being in a theater, and, upon returning to school, the teacher suggests classroom activities (drawings, writings, paintings, collages, etc.), retrieving the sensations and impressions of the cultural experience. To close that circuit, the outcome of that proposal goes back to the Educational Program, completing its 360 degrees, as called by them. The material is appreciated allowing for an assessment on the action proposed by the Educational Program and its outcomes. Lastly, it is carefully stored in the rich archive of perceptions and dance stories that the project maintains.

MELHOR ÚNICO DIA, 2018

It is an action that overflows the heart of the production, whose gaze is divided between two dances: the one that flows harmoniously and brilliantly on stage and the one that vibrantly transits in the seats. Two performances, two accomplishments. How not to be captivated by the bright eyes, enthusiastic expressions, and oscillating posture of those who are experiencing a theatrical dance performance for the first time?

Curiosity and euphoria go along with the students on theater visits, many of them have entered that cultural space for the first time. They get excited when they are handed the interactive brochures, and sometimes, with the chance to explore behind the scenes and unveil the mysterious black box composed of fabrics, rods, ropes, threads, and lights, which can create different environments. Understanding that apart from dancers, professionals from many fields play key roles in the construction of a performance is enlightening. They attentively listen to the explanations from the director of the Company, Inês Bogéa, about the creative process of the works, and they enthusiastically reproduce some dance movements proposed by her and some dancers, the most uninhibited even dare to go up on stage. The audience can talk to some dancers and see up close the so inspiring ballerina in tutu and pointe shoes in classical performances, and the outfit and everyday movement that takes another shape on stage in contemporary performances. Lastly, they are stunned by the expected performance! Moments that touch and bring art closer to life, generate knowledge, insights into new artistic expressions, and provide technical information that contributes to the development of a taste for dance and encourages the pursuit of this form of expression. They form the audience of the future and awaken the artist of tomorrow.

And if the audience cannot attend the performances or even the educational performances, *My Dancer Friend*, which carries the power of friendship in its name, and its bond in its actions, brings to institutions, hospitals, schools, nursing homes, among other places, choreographies of its repertoire, and talks to participants about the dance universe and the Company's work, in an activity associated with the culture of inclusion and accessibility to cultural actions.

The stage is transported to the institution's environment, the place of dancers is the same as the spectator's. Without barriers, the audience and artists share the same place, as well as emotions. Communication is established through various senses, the fascination in touching the costumes, props, and dancers – the emotion of feeling the curious touch, and hearing the captivating laughter, questioning looks – gestures that respond, taught movement vs repeated movement. In this exchange of discoveries, learning is reciprocal, so is satisfaction, memories that are indelible, and kept in the heart.

This dance that takes place outside conventional environments reaches an audience that cannot go to the theater, but that is fulfilled and feels valued with the visit and interaction. Watching choreographies, interacting with dancers, talking to the personnel, and exposing their feelings strengthen the social interaction of those groups, and reassures their position in society. Art evokes joy, hope, and sparks interests.

> "I have always believed that dance is a universal language that transcends barriers and brings people together." (Margot Fonteyn)

EDUCATIONAL AND AWARENESS MATERIALS

During social distancing caused by the Covid-19 Pandemic, SPCD team did not spare efforts to be close to its audience and help the population go through such hardship in a more interactive way. The work kept an accelerated pace to devise new works that could suit the guidelines of that time: "stay home!" With a lot of creativity, competence, and union, the production was rich, generating a vast digital content that became timeless, among some production under the educational pillar, I highlight the web series *Play and Dance* and the podcast *Dance Tales*.

Play and Dance is a web series that features two seasons and 20 episodes. Each one proposes a different activity, using materials and objects that are easily found at home to be part of the play, or to create toys, and invites the spectator to play by exploring the space they live with movements and imagination.

Children and adults have fun, balance and unbalance themselves in humorous experiments. With proposals for activities in pairs or small groups, family ties and friendships are strengthened. The games were pedagogically designed, presented, and demonstrated in a simple and explanatory manner. Activities that stimulate creativity, awaken physical and artistic abilities, and exercise motor coordination and spatial orientation. By adding to the repertoire plays, classic child games, stories and folk elements, such as "Where's the bacon that was here?" "Shuttlecock," and "Hopscotch," strengthens the bonds with our cultural memory and its perpetuation. The project's design and general direction are by Inês Bogéa, with pedagogical design by Elizabeth Menezes and Márcia Strazzacappa, it also featured the participation of pianist Rose Pavanelli, dancers from the Company, guest musicians, and the production and communication technical team.

Dance Tales is a podcast that shares ballet stories from the repertoire, and explains historical details about the production of each, such as year of premiere, choreographer, music composer, inspiration, or creation of the tale, among others. The stories come to life, enveloped by the voices of Inês Bogéa, Rodolfo Dias Paes, Luca Baldovino, and guests, along with dancers from the Company. The listener's imagination shapes characters and places, emotions are the passage to the magical universe of each episode, listening becomes an exercise of imagination and creativity. Swans and birds, princes and princesses, fairies, pirates, and peasants are some of the characters that take center stage in 18 tales such as *O Lago dos Cisnes*, *O Corsário*, and *Don Quixote*. To encourage participation of children and young, they are invited to engage with the educational pillar by sending their drawings or stories. Touchy memories that are part of SPCD's historical collection. The podcast is inspired by the homonymous book authored by SPCD's artistic director, Inês Bogéa, published by SESI-SP publisher.

Challenge, art or hobby? Since its foundation, SPCD designs and offers, free of charge, materials that bring people closer to dance's language and poetry. *Play and Dance* are booklets that can be distributed during free performances to students and on visits to schools, they are available for download on SPCD's official website, in the educational section. A fun challenge that leads the reader to learn more about the Company and get closer to the works of its repertoire by connecting that information to activities such as word search, connect the dots, maze, and crossword. To make it more fun, the reader is invited to be the artist and let imagination run wild. The fun and provocative tone has always existed in this perspective with the dynamic brochures distributed during the free performances for students, they explain the works by challenging the reader with questions, curiosities, and other interactions. Illustrated by renowned contemporary artists, the expressiveness of the images establishes a dialogue between young spectators and the works. Still on the same topic, it is worth noting that the program booklets for the SPCD seasons are exquisite works. The wealth of information reflects the care taken to let the audience contextualized, and the concern to present creators, artists, cast, and each participation that enabled the production, as well as the artistic view of the Company's artistic director Inês Bogéa on the choice of topic, and season's choreographies, and data on other actions from the "Pro-Dance Association." Permeated by testimonials and enchanting images that arouse further admiration for the world of dance, it is an informative and historical piece, serving as a reference for researchers and students. They are also available for download on SPCD's official website, in the Performances section.

THEORY AND PRACTICE TO THINK ABOUT DANCE

To think about dance – the Company also undertakes many initiatives to promote reflection on dance in theory and practice. The 1st International Dance Seminar was held in 2013, whose purpose was to discuss dance at many levels. It hosted national and international artists, and representatives of renowned cultural institutions from Brazil, Argentina, France and the USA. Offered for free, via advance registration, it targeted students, teachers, educators, artists, and enthusiasts in the field, lasting three days.

Structured with conferences to discuss and reflect on the reality of this art in different scenarios, challenges, expectations, and solutions, from personnel management to audience mobilization, it provided an enriching exchange of experiences. Personal accounts from national institutions and participating countries unveiled a panorama of how and by whom dance is perceived and supported in other nations and here in Brazil. As an example of practical application, roundtable discussions established a powerful collaboration between art, education, and social demands. The hands-on workshops and dance performance infused rhythm and movement. The impeccable SPCD mediation and organization established an open and interactive communication channel between the participants and the production, also sparking many reflections and reverberations. The Seminar was a landmark in the trajectory of dance in Brazil, establishing the country's position on the world dance scene, gathering key players, managers, national and international dance artists, and also leaving behind a constructive legacy of knowledge and propositions. It worked as a powerful spotlight of information, ideas, and actions showing SPCD's power to transform the national dance future.

From this perspective, it is more than just an event, a landmark designed and organized for a collaborative interaction between the fields related to dance is "SPCD International Atelier." Aimed at professional and pre-professional dancers, students, journalism and photography teachers, the three editions (two in Piracicaba and one in Campos do Jordão) were held free of charge via registration and selection.

Carefully planned, from the complex physical structure – to hold all participants and activities – to the extensive schedule intended for each participating group, the editions promoted a true immersion into the professional dance world. The initiative gifted the participants with the presence of personalities from national and international dance scene, icons working in technical and theoretical classes, choreographic rehearsals, performances, and thematic discussions. As for journalism and photography, renowned professionals offered the same educational possibilities in their fields of expertise but aimed at dance work. During the immersion days, participants developed technique, versatility, critical thinking, and knowledge, in an educational experience otherwise unreachable outside this context. In the presentation of the choreographic process designed for closing the ceremony clearly shows the technical and artistic growth that the Atelier provided to dancers. Similarly, through the final exhibition of photos and materials developed at the event, the growth and development of photographers and journalists are noticeable.

The three editions brought together dancers, teachers, photographers, journalists, and art enthusiasts, they connected the national dance community to the international network, established new parameters and shed light on many paths.

TO BRING TOGETHER STUDENTS AND SCHOOLS: *SPCD OPEN DOORS* AND *DANCING WITH SPCD*

SPCD is the host; the guests are schools and dance studios that want to bring their students to the Company's "home," where everything began. *SPCD Open Doors* is an action that showcases the headquarters' facilities, invites participants to see rehearsals of parts of the Company's repertoire choreographies, and to engage in a chat about the behind the scenes in order to learn how SPCD organizes itself beyond stages, and also receive an educational kit. Interested institutions must schedule a preferred date in advance through the Educational Program – the activity takes place exclusively for participants on that day – and it is a paid activity for those interested.

A great deal of dance students aims to be part of a professional dance company, a dream that requires a lot of dedication, discipline, and study to come true. The close contact with the Company's daily routine is revealing and motivating. It is evidence of a possible journey and joys of accomplishment. It is also a mirror of the preparation required to achieve the goal; thus, it is a very educational meeting about the present and future of that dance student. By watching the rehearsals, they can observe the technical rigor and artistic brilliance of the dancers, understanding that these are qualities that are constantly developing. The chat is essential to understand the Company's organizational capability and the committed routine of dancers. The visit encourages the dance student or beginner dancer to seek improvement, tone their muscles, and pursue their dreams. And the visit also inspires directors and professors to improve the teaching methods applied in their institutions.

If *SPCD Open Doors* brings enthusiasts to SPCD headquarters, *Dancing with SPCD*, takes them to the theater, on days of Company performance. In this activity, participants learn the routine of dancers on performance days at the theater, a place where, during the artist's professional trajectory, becomes a second home. The guests, schools, and dance studios are the same, what changes is the space and experience, as in this action the focus is the theater's daily routine. Interested institutions must also schedule in advance, especially considering the number of performances being held, and it is also a paid activity that includes the ticket for the show. Each student is given a kit containing the materials developed by SPCD.

Before the spotlights, before the applause, hours of training and lots of sweat. The performance day is also a day of class, rehearsal, corrections, and adjustments, in order to achieve a satisfactory outcome and a successful performance. Participating students follow the routines of classes, specific training, and rehearsals that precede the performances, confronting their expectations with the reality of a professional dancer. The creation of a work is a fascinating and particular process of each artist-creator, for each staging a different structure is planned. The lecture explains part of the creation trajectory of works that will be presented and its behind the scenes; mediation that transforms the spectator's experience, and that directs their gaze and sensations into the work. The interaction ends with the presentation of rehearsed choreographies. Participating in the Company's theater routine brings the student closer to the reality of professional dance and drives their professional aspirations. For directors, managers, and teachers who accompany the students, it provides good learning moments within the technical and artistic scope.

The singular contribution of SPCD's Educational Program shines in its multiple actions. The educational department of the company directly benefits from the attentive gaze, direction, and experienced leadership of renowned professionals in this field. Throughout the past fifteen years, they have made significant contributions to the growth of the educational department, serving as leaders in this field within the Company: Alexandra Itacarambi, Flávia Fontes, Marcela Benvegnu, Amanda Queirós, Morgana Lima, as well as teams and numerous other professionals hired for various actions. These include dance teachers, rehearsal directors, photographers, videomakers, artists, and producers, all of them committed to enriching the Company's activities. It is a collective effort that has vigorously propelled the dance scene in Brazil.

The strength of their performances instills respect and dignity for this art and its artists. The comprehensiveness of its proposals expresses an undeniable love for the art of dance and confidence in its transformative power for society. On top of all that, there is a special touch of SPCD, as well as humanization and closeness to the audience.

Thank you, São Paulo Dance Company, for gifting us with your art throughout these 15 years! Long live!

ABOUT A CRYSTAL: 15 YEARS OF SÃO PAULO DANCE COMPANY

[by Cássia Navas]

I considered the proposal of this article a challenge, which is part of this book, a publication, that, alongside other commemorative actions, also celebrates the fifteen years of SPCD (São Paulo Dance Company). Challenge accepted; how did its contours reach me? They came as inquiries: "*What has the creation of SPCD done for the Brazilian Dance scene over this time? What has changed? What are those characteristics? What are those unique aspects?*"

From these questions to the act of writing, I will comment on these matters. Not all and not necessarily in the order they have been assigned to me. These are very broad questions, actually provocations for discussions about a vast array of actions by this company from São Paulo, which consolidates itself under a considerable arc of achievements: from productions to educational and audience development initiatives, to memory preservation/information. The company opens these paths that depart and return to its basic scope: establishing itself as a dance company, bringing together professionals whose primary focus is the presentation of choreographic works, day after day.

For fifteen years it has made its name thanks to uninterrupted activities, despite the shortage of resources, which hit not only this company but also, as a whole, the important and vital network of dance from São Paulo, due to successive crises and changes to models and practices on culture and art management.

The crisis hindered all culture and art professionals, due to both the pandemic (2020-2021/Covid-19) and for becoming a field of human knowledge that has even been heckled for ostensibly not being a place for committed people and who are not responsible with the financial contributions received from direct financing or via patronage laws, among other reasons. About that, it is worth noting this has never been the case with APD (Pro-Dance Association), a Cultural Social Organization which manages SPCD and, since 2022, the new SPED (São Paulo Dance School).

On many levels, recent and difficult times for everyone, even for the so-called "stable companies," as in the text *As Companhias Estáveis* (2023), by Linneu Dias or in that one by Henrique Rochelle, (2023) *Dança em São Paulo Hoje: Continuidade e Instabilidade, de 1992 a 2022*. For the latter, stemming from the term "stability," as explored by Dias (in contrast with the precarious maintenance of groups/companies from the independent scene in the state's capital in the 1990s), Rochelle then delves into the realm of "instability" in dance production/dissemination.

This instability does not refer to the necessary realm of uncertainty and instability that is (or should be) present in the processes of dance invention and production. It refers to the instability, often extreme, present in the maintenance of dance, demanding further continuity in specific public policies in the fields of invention, creation/production, dissemination, and training in many of its forms.

The fifteen-year-old "unstable stability" that has ensured the existence of SPCD, occurs via a system that allows Civil Society Social Organizations, specialized in the fields of culture and art, to participate in calls for proposals from the Secretary of Culture, Creative Industry, and Creative Economy. In these calls for proposals, they submit projects, which, upon approval, generate management agreements between private entities and the public entity whose role, within its specificities, is to determine and drive (directly or indirectly) public culture and art policies of the state of São Paulo.

MAKING ITS NAME: BRAND

In these fifteen years, could we assert that, even without any qualitative survey on the topic, – in the capital, interior, and coast of the state – São Paulo Dance Company is a name cited by many when it comes to recalling a personality or dance entity?

My opinion about this hypothesis is that yes: SPCD is a brand within a broader category – the dance –, which consolidates as a benchmark cultural asset, which we remind by the quality, range of offers, frequency and persistence in many scenes of São Paulo, both for its dance, and educational and memory preservation programs, such as *Dance Figures*, which has many documented editions on national renowned artists, disseminated via the company's site, and broadcast on Cultura TV/ Padre Anchieta Foundation, and channels Arte 1 and Curta. In addition to that valuable set of "biographies in video," the company produced documentaries. This entire collection proved to be vital and quickly disseminated when the dance went "full screen mode," during the Covid 19 pandemic (2020-2021).

On the other hand, we have dance companies, as mentioned above, by Linneu Dias, called "stable," such as the Ballet Stagium (São Paulo, state of São Paulo), which, in 2023, completes 52 years of existence, which would also be recalled, if a survey on the "brands" had been qualitatively conducted. I dare say that this long-living group from the capital of São Paulo, given its precious memory and extensive trajectory, would also leave a mark in every corner of Brazil. Notwithstanding, its distinctive mark of origin would be more situated in the 1980s, with the shining mark (still present) of Grupo Corpo reserved for the 1990s (Belo Horizonte, state of Minas Gerais).

In the 2000s, this brand, as a memory to be reclaimed as an emblem, would be a bet on the Deborah Colker Dance Company (Rio de Janeiro, state of Rio de Janeiro), especially in the city of Rio de Janeiro, which has always marked, among others, its presence in long seasons, drawing people from many parts, at João Caetano Theater. Observing the lines forming at the entrance of this Rio de Janeiro theater always brought me great joy, just as seeing lines in front of the São Paulo Municipal Theater to attend a performance by Ballet Stagium or being in a crowded audience at a performance by Grupo Corpo or São Paulo City Ballet.

THE STRUCTURE (BEHIND) THE NAME

Over its fifteen years of existence, SPCD would consistently fill the seasons it continues to hold at Sérgio Cardoso Theater (São Paulo, state of São Paulo), which also gives me hope that there is more audience that is interested in watching dance, here and now. Behind the scenes of the development of this specific audience, there is an audience retention strategy, continuously conducted by SPCD.

This happens through the sale of annual subscriptions, creation of a structure of patrons for the company, talks about dance before the performances, online encyclopedia with dance entries, performances aimed at places outside traditional scenes, seven important books, mini-tours around the city of São Paulo, tours and premieres presented by many municipalities from the state of São Paulo, in performances where a group/company hosting "São Paulo," the nickname by which the company is referred to behind the scenes of its production and communication, usually participates. All that is done on top of national and international tours.

Combined with the works presented, scene after scene, theater after theater, this vast array of actions carried out over fifteen years of existence positions SPCD as a valuable and unprecedented space for information, research, art production, and memory preservation, dissemination and distribution of precious aesthetic knowledge within the dance field and community. A space to be celebrated every day, but, in particular, in its fifteen years of existence we celebrate now.

MANAGEMENT AND PUBLIC POLICY: RETAINING AUDIENCE FOR THE ENTIRE DANCE

Throughout its history, the primary focus of "São Paulo" is to retain an audience. This is demand requires a great deal of work and resources. And, like other similar dance companies, in its format, beyond the reduced financial contributions, SPCD faces the perpetual challenge of internal economics that ensures a constant "being with/close to" dancers, creators, musicians, teachers, set designers, costume designers, lighting designers, sound designers, producers, and managers, an effort rarely understood by those who watch its performances.

Groups and companies, whether originating from the wish of a master, teacher, or creator, or a public policy proposition, as was the case with SPCD, cannot do without this "internal economics," a type of centripetal force (less, more or intensively exerted). This force organizes all knowledge and skills required, which, during the rehearsals and then on the stages, together embody themselves in pulsating centers of creation and dissemination. From them, the essence of each creator's initial hypothesis is built (or rebuilt, in the case of restagings and recreations) in the ongoing confrontation that takes place almost every day, in studios and classrooms/rehearsals, often quite distant and even unknown to the audiences.

One day, the outcome of those almost private confrontations, given that they are shared by few within a creation studio, the essence of the choreographers' hypotheses can materialize in dance professionals during a final rehearsal. After that, the work will premiere, becoming public, publicized for audiences, which we expect are increasingly many and multiple.

From the 20th century, many forms of "being with/close to," "in company"," consolidate in the realm of dance, emerging varying forms of grouping artists that differ from SPCD model, even though in certain of its creations this group is traversed by other modes of production, very similar to those of groups that structure themselves around a single creator, coordinating short-term projects even when based on long-term research.

The variety of choreographies staged and presented by SPCD consists of works from the 19th, 20th, and 21st centuries, requiring its dancers to embody various identities, possess strong and highly flexible bodies, and always be "corporeally" and artistically receptive to new creators, in a constant flow between different scenic proposals.

A NEW SHIP IN THE DANCE OCEAN

At the time of its inauguration, fifteen years ago, when its creation and budget were announced, I had the impression a new ship was being launched into the sea, still under construction, but already causing gigantic waves that would destabilize some other ships, boats and rafts of dance. By the enthusiasm and the rush of professionals to the Company, I realized that this impression was not only mine; many people wanted and want to be inside this ship.

Nevertheless, the ship was still under construction, step by step, initially guided by the four hands of two directors – Iracity Cardoso and Inês Bogéa, appointed by the then Secretary of State for Culture, João Sayad (1945-2021), unlike other administrators, until that moment, with the exception of João Batista de Andrade (management 2005-2008), who was a connoisseur and admirer of dance. Sayad charted the course of this ship when he took the initiative to consolidate the board of the

Pro-Dance Association with people who shared his cultural vision. For that, it was vital to bring together representatives from the business and finance world to representatives of culture and art. And that is how it was done.

The start of the company also featured a certain calmness among those who make up what we commonly call "dance community." In my opinion, this would come to happen due to an unprecedented, essential, and powerful instrument for fostering dance in the city of São Paulo, Law No. 14,071, dated October 18, 2005. From successive calls for proposals, under this law, the Municipal Department of Culture starts to support many companies/ groups from the city, referred to as "independent" by Dias (1992), given they belong to the city's independent scene, and structured through different modes of production/management – also referred to by Dias as – "stable companies," such as São Paulo City Ballet, Ballet Stagium, or Cisne Negro Dance Company.

The São Paulo Dance Incentive Law was enacted by the City Council of this city, following the Theater Incentive Law (Law No. 13,279 – January 8, 2002), forged by the pressure from the movement "Arte contra a Barbárie," notably organized by theater people, in fact, people from "all of the theater." In contrast to what happened in this legal text, an adjective was introduced in the dance incentive law that we do not find in the theater incentive law, to determine which varieties of theater groups could be supported. In the dance incentive law, the adjective "contemporary" was added to the noun "dance," segmenting the territories of dance in the city of São Paulo from the outset, which included (and includes) groups of all types of languages.

On the other hand, unlike what had happened with the law dedicated to the theater, from which, since 2002, periodic calls for proposals had already been generated, the Dance Incentive Law, having gone through the City Council, had some of its articles vetoed by the then city mayor, the economist José Serra.

From such vetoes, the "dance incentive," unlike what happens with "theater incentive," did not have its budget directly tied to the increase (or decrease) in municipal tax revenue. Its budget would be (and is until today) determined by the Municipal Department of Culture (São Paulo), and the calls for proposals (and their budget) tied to this law had very harsh adjustments in the 2000s, which generated unprecedented unrest among the dance artists against the Municipal Department of Culture and the City Hall of the City of São Paulo. Such upheavals deserve to be thoroughly studied, and they will not be addressed here.

The period from 2005 to 2008, the date of the SPCD's foundation, is highlighted to indicate a lack of more vigorous reaction from dance artists regarding the ship being launched – the SPCD – in a shipyard of great style. It is a time that reflects a significant change in the sustainability of dance in São Paulo, where production increases, subduing mobilization for better-developed public policies, including one that was absolutely necessary: the dissemination of what was being produced and of the much that would be produced.

That was a period in which, due to the dance incentive law in São Paulo, clearly pointed (and points) towards a time of "stable instability" for groups/companies, contributing to "settle the dust" in SPCD's trajectory, potentially paved by a certain political-artistic peace.

Those circumstances are part of the context in which SPCD kicks off. However, this ship is still sailing, docking at many stages here, there, and everywhere, propelled by the work done there, in many ways, feeling its way through the dance universe – especially through what has been established – meeting the more conservative taste of São Paulo audiences and elsewhere, but also accommodating some experiences that border on the experimental aspects of the language of the art of dance, as will be seen next.

WEARING BALLET SHOES, SNEAKERS, OR BAREFOOT, DANCERS DANCE INSIDE AND OVER A CRYSTAL

Researcher and dance critic Sally Banes, in the book "Terpsichore in Sneakers" (1980) presents a synthesis of dance history, through footwear (or lack of it) with which dancers touch the stage floor: from ballet shoes (half-sole and/or pointe), barefoot – no stocks or any shoes – to wearing sneakers. Nowadays, to this triad, we could add ankle socks, extensively worn by some contemporary creators.

In a very synthetic manner, SPCD's dancers could be defined by these three (or four) basic forms of stepping on the stage where they walk over. As mentioned above, the company structures, somewhat inspired by the model of certain symphony orchestras that perform scores from various centuries, a repertoire of works (recreated or new) spanning from the 19th century to the 21st century.

Unlike an orchestra, SPCD dancers are not industrially manufactured instruments, they offer, based on the quality of their performance, also internationally recognized, to dance with commitment through this variety of repertoire, in programs where the differences in choreographic signatures and dramaturgical contexts distinguish themselves, often requiring contrasting interpretations.

How do those SPCD artists, rehearsal directors, teachers, along with production and direction, since 2012, managed solely by Inês Bogéa, handle this unique and challenging task? With intense work – hundreds of classes and endless rehearsals – courage, perseverance, and professionalism, a combination of factors that do not always result in interpretations of completely marked identities. That is, sometimes we notice a formative and artistic foundation acting on stage; powerful and strong. This dance foundation is there, taking on nuances of new elements, steps, dynamics, directions, weight, and the temporal-spatial aspects of each creator and restager.

Such foundation is like a crystal with numerous and irregular facets, through which rays of light, or their absence, allow the passage of light or shadow from each creation, the programs consist of performances – typically three works – crafted to embrace diverse perspectives and, consequently, multiple perceptions of what dance can represent in contemporary times.

These performances deserve to be seen due to their immense capacity for dance production, creation, and dissemination, also directed towards audience development. This formation

is a distinctive feature of "São Paulo": by blending works from the classical ballet repertoire – short-term or medium-term pieces, pas de deux, or suites – with contemporary creations from Brazilian and international choreographers, it provides a diverse range of options for audiences to identify themselves, at some point, as appreciators of the cultural asset: dance.

This careful selection, which constitutes the performances composed of more than two works, aligns with the audience's desire for dance, it not only satisfies their desire but also provides additional opportunities for enjoyment and appreciation by introducing surprises on stage through dances they may not have encountered until that moment.

STILL, CRYSTAL

Besides the presentations described above, SPCD took on another challenge: the creation and/or recreation of "all night long" works, such as with *Romeo and Juliet* (2013, choreography by Giovanni di Palma), *La Sylphide* (2014, choreography: Mario Galizzi, based on August Bornounville), *Swan Lake* (2018, choreography: Mario Galizzi, based on Petipa/Ivanov), *O Sonho de D. Quixote* (2015) and *O Quebra- Nozes no Mundo dos Sonhos* (2022), the latter ones are stagings of the great Brazilian master Marcia Haydée.

In addition to providing the cast with opportunities for deeper dives into the company's foundational crystal, the emphasis on the choice of these works aligns with an old (yet current) desire of dance audiences: to have access to classical ballet repertoire and novelties that predominantly emerge from this technique, reinventing themselves in new aesthetics.

Yes, appreciation for ballet has always been – residually, or not so much – present in audiences all over the world. At times, this appreciation was expressed less intensively, especially in aesthetic realms (cities and/or countries) where modern/contemporary dance took over, whether from the important and vital initiative of its creators, or from the great incentive to its consolidation by governmental institutions. This situation has impacted, at times, in a somewhat predatory manner, consolidated or inventive trajectories of classical dance, jazz dance, or modern dance.

The repertoire composed of contrasts between classical ballet, modern ballet, contemporary dance, experimental dance – dance in general – aims to restore, through the possibilities of a subsidized dance company with a new management model in art of dance – and for the audiences of São Paulo –, a balance of forces among current dance forms. They are cultural assets to be appreciated/consumed in many ways, coming from current contexts, proposed in the form of chorographical dramaturgies that present us not only what sets us apart, but also what unites us.

A COMPANY OF MANY FACETS

The variety of repertoire not only engages audiences from Brazil, notably those from the state of São Paulo. SPCD does international tours, especially in European countries, reaching audiences for their foundational trait, being a crystal with many facets, scattering choreographic voices of Brazilian and international creators. In these facets, international audiences, curators, and dance professionals can also look at themselves, establishing the precious interplay of emission-reception in the spectacle of performing arts, where dramaturgies travel between the stage and the audience.

In international tours, when composing recitals of more than one work, the SPCD usually presents, in a policy of dissemination of choreographic writing from our country, programs composed of works by creators from Brazil, among them Cassi Abranches (Belo Horizonte/São Paulo), Jomar Mesquita (Belo Horizonte) and Henrique Rodovalho (Goiania), Brazilian choreographer who also worked as a resident-artist of the group, in an incentive action for the continued choreographic creation of SPCD, by putting its cast and its production and dissemination capabilities at the service of the invention and reinvention of the new.

With this, "São Paulo" establishes itself in theatrical venues in other countries, bringing back the trace of appreciation from those who watch them, and also financial support that adds to the company's budget, allowing for new artistic horizons.

It is not a result of little consequence for a group that celebrates fifteen years of existence, persisting in a "stable instability" in a city and a state where there is much, and perhaps every type of dance. Many of these dances may not even have a name or not even fit into known historical-choreographic classifications.

They may be in their infancy, tender and inventive, waiting for all sorts of public policies to support them. In the manner of dance, an art of the body par excellence, demanding and daily, impregnate themselves routinely with the cultures through which their artists navigate. They may be incorporated to the thinking of the present time, ours, in the now, while preparing for the future.

In a complex and highly competitive environment, SPCD engages and positions itself to move forward, tracing previous paths, establishing lines of connection with those who came before, coexisting with those currently engaged in multiple conflicts where consensus is hoped for, and dissent is expected, respected, and embraced.

Long live São Paulo Dance Company!

BIBLIOGRAPHIC REFERENCES

BANES, S. *Terpsichore in Sneakers*. Boston: Houghton Mifflin, 1980

BOGEA, I. *Oito Ou Nove Ensaios Sobre o Grupo Corpo*. São Paulo: Cosac Naify, 2001

BOGEA, I. *São Paulo Companhia de Dança, 10 anos*. São Paulo: Martins Fontes, 2019

BOTTONI, F. Isso aqui ô ô é um pouquinho do país. In *Folha Top of the Mind* 2023/ Issue of November 1st. São Paulo: Folha de São Paulo, 2023

CALDAS, P. & GADELHA, E. *Dança e Dramaturgia (s)*. São Paulo: N-1 / Nexus, 2018

DIAS, L. As companhias estáveis. In *Dança Moderna 1992 2022*. Ed. NAVAS, C. Bauru: Mireveja, 2023

DIDI-HUBERMAN, G. *O que nos vê, o que nos olha*. São Paulo: Editora 34 (publishing house), 1988

GUY, J. *Les Publics de la danse*. Paris: La Documentation Française, 1991.

HAWKINS, E. What is the most beautiful dance? In *The Dance has many faces*. Org. SORELL, W. 3ª Ed. Chicago: Cappela Books, 1966

HOMANS, J. Apollo's Angels, *A history of Ballet*. New York: Random House, 2010

J. GANS. H. *Cultura Popular e alta cultura*. São Paulo: SESC editions, 2014

MACAULAY. A. Is Ballet dying? Sure, It's died many times. In www.nytimes.com/2011/01/05/arts/dance/05homans.html, New York: *New York Times*, 2011

NAVAS. C. *Do íntimo, do particular e do público: subsídios para a gestão em dança. Seminário Políticas Culturais: Reflexões e Ações*. Rio de Janeiro: Casa Rui Barbosa Foundation/MINC and Itaú Cultural, 2010

ROCHELLE, H. Dança em São Paulo hoje: continuidade e instabilidade, de 1992 a 2022. In *Dança Moderna 1992 20022*. Ed. NAVAS, C. Bauru: Mireveja, 2023

WOKOVIER, A. *Bailarinos*, São Paulo Companhia de Dança. São Paulo: Ipsis / J. P. Morgan, 2021

WOSNIAK, C. *Balé do Teatro Guaíra, 52 anos de uma história da dança paranaense*. Curitiba: Associação Brasileira de Apoiadores Beneméritos do Teatro Guaíra / Centro Cultural do Teatro Guaíra (Brazilian Association of Meritorious Supporters of the Guaíra Theater / Guaíra Theater Cultural Center), 2021

2. WEB

SPCD – São Paulo Dance Company website. Secretary of Culture and Creative Economy & APD – Associação Pró-Dança, 2023. <spcd.com.br> (Visited in November 29, 2023)

MADE IN BRAZIL: THE INTERNATIONALIZATION OF SÃO PAULO DANCE COMPANY

[by Marcela Benvegnu]

Two and a half years after the official launch of São Paulo Dance Company (SPCD) by the government of the state of São Paulo, on January 28th, 2008 – SPCD, under the artistic direction of Iracity Cardoso[4] and Inês Bogéa, set sail to its first international presentation in a neighboring Mercosur country: Paraguay, in the 10th edition of Latin American Gala of Classical and Modern Ballet. In the repertoire, the duality of the *pas de deux from Gnawa* (2005), a contemporary piece by Nacho Duato, and *Tchaikovsky Pas de Deux (*1960*)*, a classic by George Balanchine (1904-1983), reaffirmed the purpose of creating a repertoire company: to present classical and contemporary works by renowned creators and dance figures, as well as to unite and unfold different artistic languages.

Timidly, in 2010, the Company's internationalization process began there, linked to the creation of a brand, multiple aesthetics, and languages, which over 15 years, has consolidated itself as one of the most important dance companies in Latin America, embarking on extensive tours to different countries around the world with funding 100% subsidized by presenters, who purchase SPCD's performances and initiatives.

São Paulo Dance Company has taken dance from Brazil to 20 countries[5] – Germany, Argentina, Austria, Belgium, Canada, Chile, Colombia, United Arab Emirates, United States, France, Netherlands, Israel, Ireland, Italy, Luxembourg, Mexico, Paraguay, United Kingdom, Switzerland, and Uruguay – in more than 240 performances, for an audience of more than 320 thousand people.

"The first night of the tenth edition of Latin American Gala of Classical and Modern Ballet offered an interesting scenic variety, with the presence of both national and international artists. (...) The Brazilians also took the stage with the piece *Tchaikovsky Pas de Deux*. They showed good resilience in complex steps, especially for spins and duet movements." (by Sérgio Ritter, in "Stylistic Beauty that Hypnotizes," for Última Hora Newspaper, on Aug.14th, 2010, Paraguay)

A lot has been written and thought about the internationalization concept. Factors such as globalization, organizational structure, international relations, communication, brand, technology, product, price, distribution, and purchase have been studied and analyzed as variables in this process, which assess internal and external issues to provide technical answers on how an institution gains global prominence. However, when it comes to dance, it should be added a new and important aspect to all theories, which originates from practical order: the human element and ability to have a team prepared to

---

4 'Iracity Cardoso acted as artistic director at São Paulo Dance Company from January to December 2008, with Inês Bogéa as her associate artistic director. Later, both jointly took on the company's artistic direction from 2009 to April 2012.'

5 List as of late February 2024.

manage international relationships in different contexts and cultures, which differ from country to country.

First used by McKinsey & Co. and Michael Rennie, in 1993, in the publication "Global Competitiveness: Born Global," the "Born Global" term suits the trajectory of São Paulo Dance Company in this context. Rennie writes about small and medium companies that export high added-value products and have a differentiated internationalization pattern. The term "born global" ended up being used to refer to companies with early internationalization processes – within three years – and, in their research, it is possible to analyze companies with similar structures because they encompass: global action strategies, innovation capacity, consumer-targeted, use of partnerships, use of seasonality, reinforcement of brand and positioning, values and beliefs, establishment of plans whether they be social, political, and/or economic, they work with communication, crisis and marketing strategies, and are ready for the bureaucratic variables of each country.

According to Kunyi Lin and Zheng Wang in "Internationalization Process and Strategy of Born Global," "entrepreneurs are important for the international development of the company and an individual analysis should be important for understanding their international behavior." In other words, it sets up a two-way action. Company and entrepreneur. In the operations of São Paulo Dance Company, we can replace the word entrepreneurs with international managers, who are those responsible, along with the artistic direction and production superintendent, for building and maintaining relationships and, above all, for understanding the behavior of each planned action and vice-versa. But how has the company become this "Ambassador of the Brazilian Scene", having 15 years of existence, as written by Rosita Boisseau, in the headline of the article published in the most important French newspaper, "Le Monde," on December 20th, 2023?

STOMPING THEIR FEET: THE DANCE OF GERMAN APPLAUSE

The year 2011 opens the dance season for São Paulo Dance Company in Europe, a tradition that has continued annually up to the present day. The city: Baden-Baden, Festspielhaus Theater. In the repertoire, part of its identity: The creations *Polígono* (2008), by Alessio Silvestrin, *Os Duplos* (2010), by Maurício de Oliveira, and the restagings of *Sechs Tänze* (1986), by Jirí Kylián and *Serenade* (1935), by George Balanchine. Journalist Sabine Rahner, in the review "A Young Audience Discovers a Young Dance Company," published by Badisches Tagblatt, July 2011, wrote: "This performance at Festspielhaus was an important step in SPCD's trajectory. And for the audience present, it was a unique opportunity to discover a new dance company." The Company made it to this stage via negotiations by Luca Baldovino, the Company's Production Superintendent, in talks with Meinrad Huber, manager and international consultant.

Founder of a major European dance agency, Ecotopia Dance Productions, which has worked with names such Batsheva Dance Company, Nederlands

Dans Theater, Gauthier Dance, in addition to Brazilian companies since 1992, Meinrad Huber was introduced to São Paulo Dance Company through Iracity Cardoso. "We met when Iracity was leaving Ballet du Grand Théâtre de Genève and going to the direction of Balé Gulbenkian, in Portugal. Years later, when she joined SPCD, she told me that I should get to know the Company to manage it," he recalls. "It wouldn't be easy to start SPCD's internationalization, with two stable companies carrying the name of São Paulo in the city[6]. People hadn't heard about this new project. Then we started introducing the Company with a classic repertoire, in dialogue with the contemporary dance, to distinguish from what had been around. It was a strategy, and as the Company garnered more prominence and became better known, that changed," he mentions.

"The explosive South American pace meets the North American formalism. That could be thought of São Paulo Dance Company, which is only three years old, in its first performance in Europe. (...) In SPCD's version, *Serenade* was performed with energetic, exciting steps, full of vitality. (...) *Polígono Revisitado*, conceived by Italian Alessio Silvestrin, especially for the Company, showcases the dancers with a perspective of birds flying, like dancing musical notes. With *Os Duplos*, Maurício de Oliveira devised a work that impresses. Applause was also intense for Jirí Kylián, by *Sechs Tänze*, with a ten-minute jubilation." (by Nikolaus Schmidt, in "The Commitment to the Classic," for Badische Neueste Nachrichten, on 07/2011, Baden-Baden.)

According to Huber, the success of São Paulo Dance Company internationalization in Europe, particularly in Germany, the country where the Company has performed the most over these 15 years, is a result of many factors. "We can't deny the quality of dancers, the choice of repertoire, and the way they work as a team. It is a reliable Company, and that reflects in the scene. It's a pleasure to work with São Paulo, because we know for sure that things will work," he adds.

In 2018 and 2023, the Company returned to the Festspielhaus stages in Baden-Baden. In 2018, with a full classic ballet: *O Sonho de Dom Quixote*, by Márcia Haydeé, a piece that was a natural fit for Germany, as Haydeé was a principal dancer and director of the Stuttgart Ballet for decades – and later in 2023, the Company returned with a new repertoire that showcased Brazilian culture: *Odisseia* (2018), creation of French Joelle Bouvier, *Cartas do Brasil* (2022), creation by Europe-based Brazilian, Juliano Nunes, *Agora* (2019), creation of Brazilian Cassi Abranches, and *Duo Pássaro de Fogo* (2010), restaging of German Marco Goecke.

In Germany, the art of São Paulo Dance Company has already been seen in 70 performances, across 16 cities, including Baden-Baden, Bonn, Colonia, Friedrichshafen, Fürth, Gütersloh, Hannover, Leverkusen, Ludwigsburg, Ludwigshafen, Mainz, Neuss, Recklinghausen, Remscheid, Viersen and Wolfsburg. In the former, in 2013, the festival Movements Festwochen der Autostadt, hosted the global premiere

---

6 He referred to the São Paulo City Ballet, a stable corps of the Municipal Theatre, founded in 1968, which started with tours across Germany in 1997.

of *Peekaboo* (2013), creation of German Marco Goecke for São Paulo Dance Company, in coproduction format. This event represented a significant milestone for the Company. It is worth noting that the work has already been restaged by Theater Augsburg (2015) and by Boston Dance Theater (2020). In the evening, the repertoire also included two other creations by Brazilians: *Bachiana No. 1* (2012), by Rodrigo Pederneiras and *Inquieto* (2011), by Henrique Rodovalho.

Additionally, "Trick Cell Play "(2019), the sophomore creation by Edouard Lock for SPCD, premiered in Europe at Theater Hafen 1, in Wolfsburg, Germany, also co-produced with Movements Festwochen der Autostadt. And was performed alongside *Gnawa*, by Duato and *Agora*, by Cassi Abranches. Besides the aforementioned pieces, the following creations were performed in German cities: *The Seasons* (2014), by Édouard Lock, *Ngali...* (2016), by Jomar Mesquita, *Anthem* (2019), by Goyo Montero, *Gen*, by Cassi Abranches, *Céu Cinzento* (2015), by Clébio Oliveira, *Pas de Deux de Romeu e Julieta* (2013), by Giovanni di Palma and *Melhor Único Dia*, (2018) by Henrique Rodovalho, and also the following restagings: *Pas de Deux de Fada do Amor* (1993), by Márcia Haydée, and *Supernova* (2009), by Marco Goecke.

"What draws our attention is the way the Company dances a German choreographer, such as Marco Goecke, or dances restagings such as *In The Middle, Somewhat Elevated* (1987), by William Forsythe, or *Suite for Two Pianos*, (1987) by Uwe Scholz (1958-2004). The Company dances in a different way," says Huber. "Creations are also very welcome." The German also wants to see *Mamihlapinatapai* (2012), by Jomar Mesquita, *Umbó* (2021), by Leilane Teles, and whatever comes," he says. "International seasons are prepared at least one year in advance. We set our schedule and find ways to make it financially feasible through talks, considering that the tours are subsidized via funds. We need to think about our sustainability," he completes.

In Germany, not only São Paulo Dance Company cast dances. It is interesting to see the audience's feet dancing at the end of the performance, which reflects the scene. A German habit: to applaud by stomping the feet, which reverberates in the performance stage in a special manner, where the vibration of bodies and curtains reaches dancers directly across many cities for more than 10 consecutive minutes. The body vibrates. This encounter between the audience and the artist leaves a mark that transcends time and does justice to, perhaps goes even beyond, the concept of "born global".

UNE HISTOIRE D'AMOUR: FRANCE

Just as France's most romantic and passionate landscapes, which give rise to sensations that linger in the collective imaginary, is SPCD's relationship with the country. France has hosted the Company since 2015 – Le Carré du Perche, was the first city – and since then 64 performances have taken place[7], across 24 cities: Alès, Annecy, Antibes, Bèziers, Biarritz, Blagnac, Chalon, Chambery, Creteil, Foix, Grenoble, Le Carré du Perche, Le Havre, Lyon, Massy, Merignac, Mortagne-Au-Perchem, Narbonne, Nîmes,

7 As of February 2024.

BINGO, 2014

Paris, Perpignan, Rueil-Malmaison, Saint Etienne and Sète.

Unlike Germany, which features a program blending Brazilian and international choreographers, in recent years, the French have embraced a Brazilian-themed approach in seasons with titles like *Watercolor of Brazil*, where the repertoire is 100% composed of works by Brazilian creators, in evenings including programs lasting up to four hours, such as the one presented in 2023 at the Maison de La Danse de Lyon, featuring: *Cartas do Brasil*, by Juliano Nunes, *Umbó*, by Leilane Teles, *Só Tinha de Ser com Você* (2020), restaging by Henrique Rodovalho and *Partita* (2022), creation by Stephen Shropshire.

In France, the international relationship is possible via SPCD, through another manager and consultant, French Guy Darmet, a known player in the world of dance for the artistic creation and direction of Lyon Dance Biennial (1984-) and for the artistic direction of Maison de La Danse, for over 20 years. "I came into contact with São Paulo Dance Company through the figure of its artistic director, Inês Bogéa. I've known Inês since she was a ballerina in the Grupo Corpo, from Belo Horizonte, which performed in France very often," she says. "Inês knew I was stepping down from directing at the Bienal and Maison de La Danse and wanted to introduce me to the Company. Then I told her: "I'm coming to São Paulo to visit SPCD," and I was impressed at first sight for the quality delivered. I know that dance struggles in Brazil, and from the first performance, the technical level of dancers and the kindness of each member of the Company impressed me the most," she recalls.

Guy Darmet points out that the internationalization process of São Paulo Dance Company in France was primarily based on reliability and quality because the competition among dance companies vying for space in theaters for their performances is intense. "People trusted me, my recommendation, but above all, they saw quality in our presentation. When we show teasers, images, the Company's material, it is noticeable we are dealing with a high-level group. And that's how Domenique Hervieu, my successor at the time, told me: "Ok! We will let São Paulo Dance Company perform at Maison de La Danse for one week. It's a good start," she recalls.

"The highlight of this dance spring is a Brazilian company. At full steam, São Paulo Dance Company is choreographed by two masters: the Spanish Nacho Duato (with *Gnawa*) and the Quebecois Édouard Lock (*The Seasons*)", wrote "Lyon Capilate". And journalist David Tran from *Le Progrès*, added: "In their first visit to Lyon, the Brazilian company thrills with its technical ability. (...) The dancers, indeed, are amazing, moving with impeccable technique, from a revisited classic to a form of oriental trance." That is how SPCD made it to Maison de La Danse, in 2016, for five performances with sold-out sessions, an accomplishment that was repeated in that *maison* in 2018, 2022, and 2023.

Reliability was also a key word for Inês Bogéa, artistic director at the Company, when Guy Darmet introduced her to French choreographer Joelle Bouvier, for a co-production with Théatre National de Chaillot. And from that encounter, *Odisseia* was born, which premiered in Paris in 2019 and, according to Darmet, serves as a successful bridge between Brazil and France, with numerous performances and critical acclaim. "Part of the role of an agent and consultant is to suggest new names to the company and to seek similarities," he says.

According to Darmet, France likes Brazil very much, and vice-versa, and the audience desires to see Brazilian choreographers. Guy emphasizes that, although the French audience desires to see a Brazilian repertoire, this does not mean that the company cannot perform pieces by other choreographers, as asserted by Huber. "SPCD presents part of the Brazilian soul when dancing Brazilian choreographers, and that's Brazil for the French. The performances here sell out within months in advance, not a single spot is available. Very few are the companies that tour for five months worldwide. In Latin America, only SPCD achieves that. And 15 years seem a lot for a company, but it's not. I'm proud of this Company, of Inês' work, of the dancers, and everyone who works there. You have educational and memory preservation campaigns, you dance from *Giselle* to *Umbó*, at a unique technical level. People enjoy working with each one of them, and that is noticeable in and out the stage. It's reciprocal. You see smiles at the exit, in the backstage, and from the audience," he concludes.

Besides those already mentioned here, São Paulo introduced other works to the country: *Bachiana No. 1*, by Rodrigo Pederneiras, *Mamihlapinatapai* and *Ngali...*, by Jomar Mesquita, *Céu Cinzento*, by Clébio Oliveira, *Gen* and *Agora*, by Cassi Abranches, *Melhor Único Dia*, by Henrique Rodovalho, in addition to pieces such as *Peekaboo* and *Pássaro de Fogo Pas de Deux*, by Marco Goecke, *Gnawa*, by Nacho Duato, *The Seasons*, by Édouard Lock and *Suite para Dois Pianos*, by Uwe Scholz.

For 2024, São Paulo Dance Company has a scheduled tour for 10 performances in France, from May to June, in the cities of Nîmes, Sète, Tarbes, Chalon, Foix, Perpignan and Bèziers. "Enfin[8]": born global!

> "The 2018-2019 Season Best Company award granted to São Paulo Dance Company by the Professional Union of Theater, Music, and Dance Critics of Paris, following their tour in Chaillot-Théâtre National de la Danse (Paris), proves the evolution of the group. (...) This enthusiastically Brazilian night exudes the feverish sensuality of bodies and the emphatic impulse of souls, presented to a satisfied audience. Inês Bogéa joins her dancers on the stage during the final bow. Under her direction, the company fully adheres to its initial commitment made in 2008: "present the heritage of the past while connected to today's world." This is evident tonight and goes on with a big tour across France." (by Jocelyne Vause, for Croniques de Danse, 12/23, France)

AROUND THE WORLD AND BEYOND STAGES

> "(...) This is São Paulo Dance Company. Three years ago, the young Brazilian company was in the Netherlands for the first time. Unknown until then. In that case, it was a gift. That's the charm of an international festival like Holland

---

8 A French term that means finally, in English.

Dance. You don't know where to begin, yet you're surprised, and sometimes there's a different and very uniform atmosphere in the world of modern ballet and modern dance." (by Miriam Van der Linden for Holland-dance.com, in 02/2012, Hague.)

In addition to Germany, France, and Paraguay, São Paulo Dance Company's passport has been stamped numerous times by Argentina (2011, 2013, 2015), the Netherlands (2012, 2019), Uruguay (2013), Israel (2014, 2017), Austria (2014, 2018, 2014), Chile (2014), Italy (2014), Luxembourg (2015, 2018), Switzerland (2016, 2019, 2020, 2021), Canada (2016, 2022), the United States (2016), Colombia (2016), Belgium (2017), Mexico (2018), the United Arab Emirates (2021), Ireland (2024), and the United Kingdom (2024).

"Returning to cities is our seal of approval. Promoters want us back, the local public wants to see the Company. For me, that feedback is really important." This statement is by the Production Superintendent at São Paulo Dance Company, Luca Baldovino, who, since 2008, has traced alongside Inês Bogéa, our artistic director, the paths of performance touring in Brazil, and also the international campaigns. With passports stamped by all these destinations, he reaffirms Meinrad Huber and Guy Darmet's vision, extending beyond the stage. "We are backed by a strong team working professionally to propel SPCD onto the global stage," he concludes.

Baldovino includes in this list: Antônio Magnoler, Production Manager and Antônio Dias, known as Titão, Technical Manager, who follow him and help design the Company's campaigns in all international tours. However, the work would not be possible without the production by André Souza, lighting by Pedro de Christo, sound design by Alexandre Ciriaco Vianna, and the efforts of wardrobe assistant Edmeia Evaristo and stage technician Espedito dos Santos. "An amazing team that collaborates with other teams within the Company. Without communication, for example, we can't sell performances to managers, because we don't have the material, the release, the images. Without audiovisual we don't record, we don't edit. Without management, we don't receive, we don't pay... Everything needs to be in motion," says Luca. These teams are directly involved in the practical operationalization of the tours. From sending the cargo – whether by ship or plane – purchasing tickets, visas, rooming lists, transfers, theater setups and dismantling, lighting maps, costume organization, logistics, sending video and communication materials, campaigns with local programmers, among others.

Regarding the internationalization process, in Baldovino's vision the concept "Born Global" is to be reinforced, particularly concerning investment. He explains that during São Paulo Dance Company's first trip to Europe, specifically to Baden-Baden as mentioned earlier, approximately 50 individuals traveled. "It was necessary to introduce ourselves, to deliver a good performance." The cast was huge due to the choice of repertoire and because we needed to invest in SPCD's image." Today we are about 30 people travelling (22 dancers, director, production superintendent, production manager, rehearsal manager, technical manager, lighting designer, sound technician, wardrobe attendant), and only when we dance all night classical pieces we travel with more people.

In nearly daily dialog with international managers and promoters, Baldovino's work on these bridges, in harmony with the management, also directly influences the selection of works. "When Inês is commissioning a piece, we have to consider if it's viable for a tour, in other words, if it sells," he explains. Thus, we consider the investment, return, and application feasibility in broader conceptual terms.

For Ruben Ortiz in "Influence of Relationship Networks on the Internationalization Process: the Moderating Effect of Born Global," "experience is a key variable that explains the internationalization success." And SPCD has acquired it over its 15 years, as evidence some of its pieces are coproductions – such as those already mentioned here *Peekaboo*, *Odisseia*, *Trick Cell Play* – we need to highlight the works by Stephen Shropshire: *Rococó Variations* (2020), *Marmórea* (2021), *Partita* (2022), and *The Eighth* (2024), which were created in partnership with The Dutch Performing Arts Program of the Performing Arts Fund NL (Netherlands), having The Eighth co-produced with the Bruckner Festival and will premiere in April 2024 in Linz, Austria. "It's a dual co-production," Luca comments. Shropshire was a resident choreographer at SPCD to create those four pieces and was recommended to the Company by Meinrad Huber.

And the repertoire is further extended. Among the works mentioned earlier, we can also include restagings of *Ballet 101* (2006) by Eric Gauthier, *O Grand Pas de Deux de O Corsário* (1958) restaged by SPCD, *Indigo Rose* (1998) by Jirí Kylián, and the creation of *Paixões Brasileiras* (2021) by Milton Coatti, which have graced stages abroad over these 15 years.

> "Brazilians still have to prove that they are the world champions of soccer. They have already shown that they are the world champions of dance, on Sunday night at the Tanzsommer dance festival in Innsbruck. São Paulo Dance Company exceeded all expectations and sets new standards! (by Moni Brüggeller, for Kronen Zeitung, in 07/2014 Innsbruck – Austria)

It should also be said that the international campaigns by São Paulo Dance Company go beyond the scene. In the course its trajectory, three international auditions have taken place, two in Baden-Baden (2011 e 2012), Germany, in that opportunity a Brazilian ballerina joined the cast and there was another audition in 2013, in Buenos Aires, Argentina, when two Argentinians also joined the Company. An approach to enable Brazilian dancers to return to dance in the country as a form of repatriation, and for others from Mercosur countries to join the cast, making it even more "global."

Educational and audience development also have taken off. Dance workshops – whether classical ballet or repertoire in motion – are often held in addition to seminars about the evenings repertoire and the Company's history in the visited countries, such as Germany, France, Israel, Italy, the United Kingdom, Uruguay, among others. In 2023, we were in Portugal providing communication consultancy to the Theater Viriato team, and seminars about educational and memory preservation campaigns, at the International Meeting of Art and Accessibility, upon invitation by *Dançando com a Diferença* and Viriato Theater.

Ruben Ortiz lists the "results" from global campaigns that make us look at São Paulo Dance Company and recognize its internationalization work. They are: prestige, brand recognition, negotiating power, wide range of channels, relationship resources, and intellectual property.

Therefore, it can be concluded that São Paulo Dance Company is "born global," but still has a vast universe to explore, many passports to stamp, but without overlooking its primary purpose: to dance in the city, in the State of São Paulo, and in other States of the country, unveiling this "made-in-Brazil" dance not only abroad, but also to ourselves.

5,6,7...8! ACTION!

[by Gisele Kato]

After two years of studies at The Royal Ballet School in London, ballerina Márcia Haydée was advised to audition for a position at Ballet de Cuevas, a prestigious company founded by the Chilean Marqués de Cuevas in 1947 in Paris. She recalls that the audition took place on the stage of the Teatro Colón in Buenos Aires, and she left with the promise of a signed contract with the French team as early as January 1956. But Márcia arrived in Paris only to find out that the position was canceled. At the age of 19, having nothing to lose, she decided to attend the company's spaces anyway, taking classes as a kind of gatecrasher, taught by stars like Russians Lubov Egorova and Olga Preobrajenska. Eight months went by between unofficial classes and meals consisting of the novelties of French gastronomy.

Márcia's comfortable routine was interrupted by a surprise invitation from Marqués de Cuevas himself. The patron wanted to give a second chance to the determined dancer who stayed in Paris even without a position in the company. But the young girl with a curvy body on that day no longer had the measurements required by the classical ballet at the time. Márcia even heard the refusal, but upset, she managed to tell the panel of teachers and the marquess how she found all that unfair to her. Márcia Haydée joined the Ballet de Cuevas, her first professional work, on that day. She remained with the company for five years, until 1961, thanks to her talent and effort. But perhaps we should say that she got the position itself because of her good argument, at that time.

The Márcia of 2010 tells that story in a delightful way. And the audience of the program *Dance Figures* laughs out loud. More than fifty years set apart that one Márcia who needed to overcome her fear and give a piece of her mind about the situation she had been through in the foreign company, and that other Márcia who talks to the director at São Paulo Dance Company, Inês Bogéa, the owner of an award-winning career, knowing that after such hard start, came the journey at The Stuttgart Ballet, where she shone as a prima ballerina and became a director. After Paris, she met South African choreographer John Cranko, came the partnerships with British Kenneth MacMillan, American John Neumeier, and French Maurice Béjart.

Márcia Haydée's journey is a great example of a successful path in Brazil's arts, and that is enough to warrant a highlight here. But it turns out that this story is about Márcia, and also about classical ballet. It is about Márcia, but also about a type of dance that a few of us dare to envision as a viable profession. There is no access to various information about the field: from practical class opportunities to the chance to watch performances. So, the spontaneous laughter of those involved in Márcia Haydée's *Dance Figures* episode means a lot. The program succeeded in melting the solid distance that usually is imposed between an acclaimed dancer and the public in Brazil. The image of an untouchable, unreachable Márcia, on plaster pointe shoes, gave way to a more human, closer Márcia, but no less seductive and admirable.

Conceived by São Paulo Dance Company in 2008, year of its creation as an artistic body of São Paulo State Department of Culture and the Creative Economy, the project *Dance Figures* currently has 41 episodes, each one of them is dedicated to a protagonist of the field, who explores their own career from intimate perspectives, demystifying preconceived notions, and strengthening the bond with the audience, an essential aspect of a dancer's work. From Ruth Rachou's modern movements in São Paulo, to the interdisciplinary proposals that Angel Vianna debuted in Belo Horizonte, to the singular aesthetics that Paulo and Rodrigo Pederneiras infused in Grupo Corpo performances: the series *Dance Figures* has established itself over these last 15 years as a significant initiative for documenting and preserving dance memories in Brazil.

Handed out for free to educational and cultural institutions, including public libraries, NGOs, schools, and universities, and broadcast on TV channels such as TV Cultura, Arte1, and Curta!, as well as being available on SPCD's YouTube channel, *Dance Figures* brings together very diverse individual stories that, together, in addition to composing a rich panel on how dance has evolved in Brazil and its projection on the international scene, envision postures and policies that may be adopted in the future. It is a panorama capable of providing tools for professionals in the field, in both public and private sectors, choreographers, dancers, and the audience. And this is just one of the projects that the São Paulo-based company develops in audiovisual.

Entitled *Canteiro de Obras*, a series of documentaries produced between 2008 and 2014 focused on capturing behind-the-scenes moments of the group, and showcased the daily routines of the members, including classrooms and rehearsals, as well as the diverse creative processes adopted over these years to achieve the outcome of almost 40 repertoire pieces. Directed by Kiko Goifman and Jurandir Müller, 2013's film, for instance, follows the company's work throughout that year, dedicated to the three great themes of humanity: life, love, and death. In 2013, Italian choreographer Giovanni di Palma made his version of *Romeu e Julieta* for SPCD, with the music of Russian Sergei Prokofiev. And German Marco Goecke created *Peekaboo*, a performance rooted on the image suggested by the child's play hide-and-seek to split the dancers into solos, duos, trios, and groups, and talk about fear and solitude.

Since 2021, the web series *Conheça o Artista* profiles the members of the company themselves. With this program, we have the chance to dive into the biographies of those who we literally see on the stage. Not by chance, the debut of the recorded profiles was with Yoshi Suzuki, a company-bred talent, who combines the remarkable charisma, technique, and versatility in the trajectory and stagings of the group. And, since 2022, SPCD has also produced a podcast, entitled *Dance Tales*. In very short episodes, clocking around 10 to 15 minutes, artistic director Inês Bogéa narrates the stories of the most classical ballets of all time, such as *O Lago dos Cisnes*, *O Quebra-Nozes*, *Giselle*.

The list of initiatives by São Paulo Dance Company in audiovisual is extensive. Upon closer examination of their work, it is noticeable how much this policy and this desire to communicate are intrinsic to the operations of the ballet corps as a whole, almost organically. And here, we need to break the flow of the text shortly to ensure that everyone understands the dimension of this company's conduct. Because we are discussing numerous programs with diverse approaches, executed with a frequency that is uncommon in Brazil, encompassing a wide range of topics and periods from our history, and they are further distributed to large audiences, benefiting from the digital era, transcending borders and inciting actions and reactions that we may not even be able to predict. Yes, because the primary goals of Inês Bogéa proposition are to document the dance scene in the country, gather information, and preserve our memory. But initiatives certainly go beyond that. We have already discussed about the audience development work that directly or indirectly takes place. Well, I also can't help but imagine a child or a young person who, on any given afternoon, unintentionally starts watching a video on YouTube, then another, and suddenly finds themselves watching some of SPCD's content. Perhaps their initial instinct is to click to exit the screen, but for some reason, they stay on, and suddenly, as if by magic, a new love story with dance begins. And this child or young person becomes a regular spectator of performances. Or a dancer. Or a choreographer. Or all of this. And truth be told: long before the pandemic tragedy accelerated and made actions in these media mandatory for all cultural institutions in the world, the SPCD was already exploring formats and languages

The "dance videos," which the company has been investing since

2018, are the result of the accumulated experience in the field. 18 pieces have already been released, each with an unusual proposal to blend dance, music, and audiovisual elements into a never-before-seen product. Dance videos go beyond mere recordings of performances, especially because director Inês Bogéa is not a fan of the idea of offering the audience with a recorded version of a choreography designed to be experienced live. "Part of the experience is lost," she told me a long time ago. Designed to make sense beyond capturing a staging, dance videos are Inês's response to this dilemma. And, from the very first content produced, they radiate enthusiasm to function independently.

Directed by Inês Bogéa and Luciano Cury, executive production by João Marcello Bôscoli and choreography by Milton Coatti, *Mira*, the first SPCD's video dance, was recorded in 2018, at Oca, Ibirapuera Park. By using virtual reality resources, the creation was designed to be seen in 360°, preferably wearing VR headsets, subverting the viewer's relationship with the artwork. Instead of the usual distancing between audience and stage, *Mira* also places the audience at the center of the action, who sees the performance as an integral and active part of the group, immersed in spaces between a dancer and another, close enough to perceive and feel the movements of bodies in unique fashion, having autonomy to choose points of view and perspectives. And that was just the beginning.

Last year, SPCD released five dance videos in partnership with the Ipiranga Museum. Directed by Inês Bogéa and Alexandre Cruz, and original score by André Mehmari, the pieces show the company's dancers interacting with new environments of Ipiranga Museum, at the time closed for visitors due to renovation and restoration works that lasted nine years. The episodes *SPCD no Museu* invite viewers to explore new perspectives on the building's architecture through a blend of poses, gestures, and unique angles, both in relation to the human body and the physical space itself.

This boldness and constant quest for different results, born from the union of high technology and the movements of SPCD dancers, brings to mind another episode of *Dance Figures*, dedicated to a master we lost to Covid-19 in 2021. Ten years before that global tragedy, in late 2011, during the recording of the performance, choreographer and dancer Ismael Ivo asked himself why, at that time at the age of 56, he was still coming to a dance studio every day. And in a serene voice, he leans forward and answers right after: "Because I want to be happy." (...) I find joy seeing my body, and other bodies drawing things in the air, within this so ethereal discipline."

The boy from Vila Ema, on the outskirts of São Paulo, built an international career. He created an international dance festival in Vienna, assumed the direction of the Venice Dance Biennale, and later directed the City Ballet of São Paulo. Known for his expressionistic gestures, Ismael Ivo choreographed many pieces where theatricality plays a vital role. The drawings in the air he referred to in the program were, in his case, always imbued with emotion and intensity, a deliberate attempt to elicit a response from the audience.

Also, in Ismael Ivo's episode of *Dance Figures*, his narrative converges with that of ballerina and choreographer Márcia Haydée, initiating a compelling fusion. Their rendition of "Tristan and Isolde" in 1999 left an indelible imprint on The Stuttgart Ballet and the German dance milieu. The clash of Ismael's intense dramatic muscularity with Márcia's lithe and graceful, classical form ignited the stage. Over four years, they worked in tandem, presenting pieces celebrated by both critics and the audience.

This *Dance Figures* ends with Ismael Ivo reflecting on mankind's inherent desire to leave traces of their existence. To him, life was a great ballet underscored by movements that helped him see and absorb the world. Ismael used to say that dance was his way of seeing all things around. With the audiovisual projects of São Paulo Dance Company, intended for memory presentation and documentation in the field, we can revisit Ismael Ivo's insights and transcend them. The history of our dance can serve as a conduit for us to understand a lot of our country's history. Moreover, this can be a starting point to envision alternative futures. Like that, in plural.

PRIMAVERA FRIA, 2017

SOME MILESTONES OF SÃO PAULO DANCE COMPANY

2008

Establishment of the Company

ARTISTIC PRODUCTION
Polígono, by Alessio Silvestrin
Les Noces, by Bronislava Nijinska
Entreato, by Paulo Caldas
Serenade, by George Balanchine

TOURING
40 performances
STATE OF SÃO PAULO: Caraguatatuba, Ribeirão Preto, Santos and São Paulo
BRAZIL: Belém (PA), Curitiba (PR), João Pessoa (PA)

AUDIOVISUAL PRODUCTION
• Debut of series *Dance Figures* in partnership with TV Cultura: Ady Addor, Ismael Guiser, Ivonice Satie, Marilena Ansaldi, Penha de Souza
• Educator-oriented documentaries (*Corpo-a-Corpo com o Professor*): *A Dança no Tempo*; *Nos Passos da Dança*
• Documentary behind the scenes of creative processes (*Canteiro de Obras*): *Construindo Polígono*

EDUCATIONAL PUBLICATIONS
• *Corpo-a-Corpo com o Professor* with illustrations by renowned cartoonists: *Polígono*, art Laerte; *Les Noces*, by Maria Eugenia; *Entreato*, by Caco Galhardo; *Serenade*, by Alex Cerveny
• Program booklets
Polígono, *Les Noces*, *Serenade* and *Entreato*

OTHER HIGHLIGHTS
Begins partnership with the brand Uma – Raquel Davidowicz

——— 2009

ARTISTIC PRODUCTION
Ballo by Ricardo Scheir
Passanoite by Daniela Cardim
Gnawa by Nacho Duato
Tchaikovsky Pas de Deux by George Balanchine

TOURING
61 performances
STATE DE SÃO PAULO: Araraquara, Bauru, Caraguatatuba, Indaiatuba, Ourinhos, Piracicaba, São Carlos, São José do Rio Preto, São José dos Campos and São Paulo
BRAZIL: Belo Horizonte (MG); Fortaleza (CE); Joinville (SC); Porto Alegre (RS); Salvador (BA)

AUDIOVISUAL PRODUCTION
• Documentaries *Dance Figures*: Antônio Carlos Cardoso, Hulda Bittencourt, Luis Arrieta, Ruth Rachou, Tatiana Leskova
• Documentaries for teachers (*Corpo-a-Corpo com o Professor)*: *Vida de Bailarino, Caixa-Preta*
• Documentary (Canteiro de Obras) about the Behind-the-Scenes of SPCD's Productions of the Year

EDUCATIONAL PUBLICATIONS
• *Corpo-a-Corpo com o Professor* with illustrations by renowned cartoonists: *Ballo*, by Marcelo Cipis, *Passanoite*, by by Odilon Moraes, *Gnawa*, by Paulo Caruso and *Tchaikovsky Pas de Deux* by George Balanchine, by Ionit Zilberman
• Program booklets
Gnawa, Ballo, *Passanoite*

BOOKS
Launch of the first book of SPCD essays and pictures *Primeira Estação — Ensaios sobre a São Paulo Companhia de Dança [First Seasons — Essays on São Paulo Dance Company]* (with texts by Beatriz Cerbino, Ciane Fernandes, Inês Bogéa, Iracity Cardoso, José Possi Neto, Lilia Moritz Schwarcz, Marcelo Coelho, Modesto Carone, Roberto Gambini, Vadim Nikitin and photographs by João Caldas and Jurandir Muller)

——— 2010

ARTISTIC PRODUCTION
Os Duplos by Maurício de Oliveira
Sechs Tänze by Jíri Kylián
Prélude à L'aprés-midi d'un Faune by Marie Chouinard
Theme and Variations by George Balanchine

TOURING
65 performances
STATE OF SÃO PAULO: Campos de Jordão, Caraguatatuba, Indaiatuba, Jundiaí, Paulínia, Piracicaba, Presidente Prudente, Santa Bárbara d'Oeste, Santos and São Paulo
BRAZIL: Curitiba (PR), Fortaleza (CE), Recife (PE) and Salvador (BA)
ABROAD: Asunción (Paraguay)

AUDIOVISUAL PRODUCTIONS
• Documentaries *Dance Figures*: Angel Vianna, Carlos Moraes, Décio Otero, Marcia Haydée, Sônia Mota

• Documentaries for teachers (*Corpo-a-Corpo com o Professor)*: *Uma Roupa que Dança*
• Documentary (*Canteiro de Obras*) about the *Behind-the-Scenes of SPCD's Productions of the Year*

EDUCATIONAL PUBLICATIONS
• *Os Duplos* and *Theme and Variations*; *Sechs Tänze* and *Prélude à L'aprés-midi d'un Faune* (September)
• Program booklets
Os Duplos, Sechs Tänze, Prélude à L'aprés-midi d'un Faune, Theme and Variations

BOOKS
Rehearsal Room – Texts about São Paulo Dance Company (with texts by Antônio Prata, Manuel da Costa Pinto, Sandra Meyer, Francisco Bosco, Márcia Strazzacappa, Flávia Fontes Oliveira, Fabrício Corsaletti, Agnaldo Farias, Inês Bogéa, and cartoons by Caco Galhardo)

OTHER HIGHLIGHTS
First presentation outside Brazil, as a guest at the 10th Latin American Gala Ballet

2011

ARTISTIC PRODUCTION
Legend by John Cranko
Inquieto by Henrique Rodovalho
Supernova by Marco Goecke

TOURING
76 performances
STATE OF SÃO PAULO: Americana, Araraquara, Botucatu, Caraguatatuba, Espírito Santo do Pinhal, Garça, Itatiba, Jaú, Jundiaí, Limeira, Ourinhos, Piracicaba, Santa Bárbara d'Oeste, Santo André, Santos, São Bernardo do Campo, São João Boa Vista and São Paulo.
BRAZIL: Belém (PA), Fortaleza (CE), Rio de Janeiro (RJ), Salvador (BA), São Luís (MA) and Vitória (ES)
ABROAD: Baden Baden (Germany) and Buenos Aires (Argentina)

AUDIOVISUAL PRODUCTION
Documentaries *Dance Figures*: Ana Botafogo, Célia Gouvêa

EDUCATIONAL PUBLICATIONS
• *Corpo-a-Corpo com o Professor* with illustrations by renowned cartoonists: *Inquieto* + Legend (art Laurabeatriz) and Supernova (art Daniel Boeno)
• Program booklets
Inquieto, Legend, Supernova

BOOKS
*Terceiro Sinal – Ensaios Sobre a São Paulo Companhia de Danç*a [*Third Signal – Essays about São Paulo Dance Company]* (with texts by Alcino Leite Neto, Eliana Caminada, Inês Bogéa (org.), Noemi Jaffé, Marcela Benvegnu, Sidney Molina, Alberto Martins, Sayonara Pereira and Daniel Galera, and photos by João Caldas, Wilian Aguiar, Silvia Machado, Alceu Bett and Tom Lisboa)

OTHER HIGHLIGHTS
PDHFAD | Creation of the **Program for Development of Future Skills of the Dance Artist**, whose purpose is to allow the dancers of São Paulo Dance Company to develop other professional skills linked to dance – choreographer, rehearsal assistant, teacher, photographer, designer, communication assistant, and others – during their term at the Company

2012

ARTISTIC PRODUCTIONS

Azougue, by Rui Moreira
Mamihlapinatapai, by Jomar Mesquita
Pormenores, by Alex Neoral
Bachiana No. 1, by Rodrigo Pederneiras

TOURING

74 performances
STATE OF SAO PAULO: Caieiras, Caraguatatuba, Catanduva, Garça, Ilhabela, Indaiatuba, Paulínia, Piracicaba, Presidente Prudente, Salto, Santo André, Santos, São Paulo and Sorocaba.
BRAZIL: Belo Horizonte (MG), Fortaleza (CE), Goiânia (GO), Porto Alegre (RS), Recife (PE) and Vitória (ES)
ABROAD: Neuss (Germany) and Den Haag (Netherlands)

AUDIOVISUAL PRODUCTIONS

• Documentaries *Dance Figures*: Lia Robatto, Ismael Ivo, Marilene Martins, Edson Claro
• Documentary about behind the scenes of creative processes: *Essay on Movement* by Evaldo Mocarzel

EDUCATIONAL PUBLICATIONS

Corpo-a-Corpo com o Professor with illustrations by renowned cartoonists: *Bachiana No. 1* and *Ballet 101*, by Madalena D' Agostinho, *Dois a Dois* [Two by Two], by Manoel Britto and *In The Middle, Somewhat Elevated*, by Rafael Coutinho
• Program booklets
Bachiana No. 1 and *In The Middle, Somewhat Elevated*

BOOKS

Em Cena – Ensaios Sobre a São Paulo Companhia de Dança (On Stage – Essays about São Paulo Dance Company) (with texts by Inês Bogéa, Marcio Junji Sono, Ernesto Gadelha, Arnaldo Siqueira, Ana Terra, Arnaldo Alvarenga, Jerusa Pires Ferreira)

AWARDS

• *Bachiana No. 1* | Veja São Paulo – Best Dance Performance of the Year
• *In the Middle, Somewhat Elevated* | Guia da Folha de S. Paulo – Second Best Dance Performance of the Year (jury vote)

OTHER HIGHLIGHTS

• Launch of the Choreographic Atelier program that debuted the 1st Atelier of Brazilian Choreographs with the participation of the following choreographers: Alex Neoral, Jomar Mesquita and Rui Moreira
• Creation of the tool *Dança em Rede*, as an online dance collaborative encyclopedia

2013

ARTISTIC PRODUCTIONS

Peekaboo, by Marco Goecke,
Por Vos Muero, by Nacho Duato
Petite Mort, by Jirí Kylián
Romeu e Julieta, by Giovanni di Palma

TOURING

96 performances
STATE OF SÃO PAULO: Araçatuba, Araraquara, Bauru, Campinas, Caraguatatuba, Ilhabela, Indaiatuba, Jundiaí, Limeira, Mogi das Cruzes, Mongaguá, Piracicaba, Praia Grande, Presidente Prudente, Ribeirão Preto, Santos, São Carlos, São José do Rio Preto, São Paulo, Sorocaba and Tatuí
BRAZIL: Fortaleza (CE) and Vitória (ES)

ABROAD: Bregenz (Austria); Fulda, Ludwigsburg, Ludwigshafen and Wolfsburg (Germany); Montevideo (Uruguay); Rosario (Argentina)

AUDIOVISUAL PRODUCTIONS
• Documentaries *Dance Figures*: Hugo Travers, Eva Schul, J.C. Violla, Cecília Kerche, Janice Vieira
• Documentary (*Canteiro de Obras): Amor, Vida e Morte* by Kiko Goifman and Jurandir Muller

EDUCATIONAL PUBLICATIONS
• *Corpo-a-Corpo com o Professor* with illustrations by renowned cartoonists: *Por Vos Muero*, by Renato Moriconi, *Peekaboo*, by Arnaldo Angeli Filho, *Petite Mort*, by Marcos Alberto Garuti and *Romeo and Juliet*, by Zélio Alves Pinto
• Program Booklets: *Por Vos Muero*, *Utopia or the Place that Does Not Exist*, *Petite Mort* and *Romeu e Julieta*

BOOKS
Jogo de Corpo – Ensaios sobre a São Paulo Companhia de Dança [Body Game – Essays about São Paulo Dance Company] (with texts by Lucia Santaella, Nelson Ascher, Paulo Caldas, Evaldo Mocarzel, Kathya Godói, Maria Eugênia de Menezes and Inês Bogéa and photos by Marcelo Maragni)

AWARDS
Romeu e Julieta| Guia da Folha de S. Paulo – Best Dance Performance of the Year (jury vote)

OTHER HIGHLIGHTS
• Beginning of the partnership with the Arte1 Channel
• Start of the Subscription Program
• SPCD became resident company of Teatro Sérgio Cardoso

2014

ARTISTIC PRODUCTIONS
GEN, by Cassi Abranches,
Bingo!, by Rafael Gomes,
La Sylphide, by Mario Galizzi,
The Seasons, by Édouard Lock,
Duo Moderno Clássico: Le Spectre de la Rose + The Black Swan Grand Pas de Deux, by Mario Galizzi

TOURING
93 performances
STATE OF SÃO PAULO: Amparo, Campinas, Caraguatatuba, Catanduva, Cerquilho, Indaiatuba, Itararé, Jacareí, Limeira, Mogi Guaçu, Mogi Mirim, Paraguaçu Paulista, Piracicaba, Poá, Praia Grande, Presidente Prudente, Ribeirão Preto, Rio Claro, São João da Boa Vista, São José do Rio Preto, São Paulo, São Simão and São Vicente.
BRAZIL: Belo Horizonte; state of Minas Gerais; Recife, state of Pernambuco and Salvador, State of Bahia
ABROAD: Beer Sheva, Haifa, Herzliya, Petah Tikva (Israel); Bolzano (Italy); Colonia (Germany); Frutilllar (Chile); Innsbruck (Austria)

AUDIOVISUAL PRODUCTIONS
• Documentaries *Dance Figures*: Paulo Pederneiras, Mara Borba, Jair Moraes, Eliana Caminada
• Documentary (*Canteiro de Obras*) – *Notas para um Olhar Dançar*
• Documentaries for teachers (*Corpo-a-Corpo com o Professor*): *A Escrita da Dança*

EDUCATIONAL PUBLICATIONS

• *Corpo-a-Corpo com o Professor* with illustrations by renowned cartoonists: *Brincadeiras de Dança,* by Zélio Alves Pinto and Luiza Whitaker*; La Sylphide,* by Milla Pizzi*; Le Spectre de La Rose,* by Takako Nayama; and *The Black Swan Grand Pas de Deux, by* Erasmo *Spadotto.*

• Program Booklets: *La Sylphide*, *Workwithinwork*, *The Season*, *Gen* and *Bingo!*

BOOKS

Passado-Futuro – Textos e Fotos sobre a São Paulo Companhia de Dança [Past-Future – Texts and Pictures about São Paulo Dance Company] (with texts by Inês Bogéa, Marcela Benvegnu, Roland Clauzet, Felipe Chaimovich, Cacá Machado, Peter J. Rosenwald, Amanda Queirós and Rodrigo Lacerda with photos essay by André Porto)

AWARDS

The Seasons, by Édouard | Guia da Folha de S. Paulo – Best Dance Performance of the Year (jury vote)

OTHER HIGHLIGHTS

Photo exhibitions: addressing the topic 'Love, Life and Death' was exhibited at subway stations Clínicas, Sé and Luz

——— 2015

ARTISTIC PRODUCTIONS

Litoral by Mauricio Wainrot,
O Sonho de Dom Quixote, by Márcia Haydée
Indigo Rose, by Jirí Kylián.
Grand Pas de Deux from Le Corsaire, by SPCD from the 1858 original by Marius Petipa

Productions at the Brazilian Choreographers Atelier:
Céu Cinzento, by Clébio Oliveira
Epiderme, by Binho Pacheco

TOURING

80 performances

STATE OF SÃO PAULO: Barra Bonita, Bauru, Campinas, Caraguatatuba, Cerquilho, Franca, Ilhabela, Indaiatuba, Jacareí, Jundiaí, Lençóis Paulista, Limeira, Mogi-Mirim, Paulínia, Piracicaba, Pirassununga, Praia Grande, São Caetano, São João da Boa Vista, São Paulo, Sorocaba, Ubatuba and Votuporanga.
BRAZIL: Brasília (DF), Caldas Novas (GO), Fortaleza (CE) and Joinville (SC)
ABROAD: Bonn, Friedrichshafen, Leverkusen and Viersen (Germany); Buenos Aires (Argentina); Luxembourg (Luxembourg); Montevideo (Uruguay); and Mortagne-Au-Perche (France)

AUDIOVISUAL PRODUCTIONS

Documentaries *Dance Figures*: Nora Esteves, Maria Pia Finócchio

EDUCATIONAL PUBLICATIONS

Program Booklets: *Indigo Rose*, *Litoral, O Sonho de Dom Quixote*, *Epiderme* and *Céu Cinzento*

AWARDS

Indigo Rose, by Jirí Kylián | Guia da Folha de S. Paulo – Best Dance Performance of the Year (audience vote)
O Sonho de Dom Quixote, by Márcia Haydée | Guia da Folha de S. Paulo – Second Best Dance Performance of the Year (jury vote)

ACTIONS WITH PARTNERSHIPS

Museu Dançante [Dancing Museum], with MASP and Conspiração

2016

ARTISTIC PRODUCTIONS

Six Odd Pearls, by Richard Siegal,
Suíte para Dois Pianos, by Uwe Scholz,
Ngali..., by Jomar Mesquita,
O Talismã Pas de Deux, by Pablo Aharonian;
Fada do Amor e Carmen Pas de Deux, by Márcia Haydée

Productions at the Brazilian Choreographers Atelier:
Pivô, by Fabiano Lima

TOURING

81 performances
STATE OF SÃO PAULO: Araras, Barueri, Campinas, Ilhabela, Indaiatuba, Itapeva, Jacareí, Jundiaí, Osasco, Pindamonhagaba, Praia Grande, Santa Bárbara d'Oeste, Santos, São Paulo, Sorocaba and Votuporanga
BRAZIL: Belo Horizonte and Uberlândia (MG), Goiânia (GO), Joinville (SC), Londrina (PR)
ABROAD: Biel, Bulle, Monthey, Morges, Winterthur and Zurich (Switzerland); Montreal and Ottawa (Canada); Bogotá (Colombia); Lyon (France); New York (United States)

AUDIOVISUAL PRODUCTIONS

Documentaries *Dance Figures*: José Possi Neto

EDUCATIONAL PUBLICATIONS

Program Booklets: *Six Odd Pearls*, *Suíte para Dois Pianos*, *Pivô* and *Ngali...*

AWARDS

Ngali..., by Jomar Mesquita – Best Dance Performance of the Year (audience vote) | Guia da Folha de S. Paulo and Third Best Dance Performance of the Year (jury vote)
The Seasons, by Édouard Lock | Grand Prix de La Danse de Montréal – Choreographer winner for the creation of the work and his career
Pivô, by Fabiano Lima | Guia da Folha de S. Paulo – Third Best Dance Performance of the Year (jury vote)

2017

ARTISTIC PRODUCTIONS

Firebird Pas de Deux, by Marco Goecke
14'20", by Jirí Kylián
Primavera Fria by Clébio Oliveira
Pulcinella, by Giovanni Di Palma in partnership with the Santa Marcelina Social Culture Organization
Act II of Swan Lake, by Mario Galizzi

Productions at the Brazilian Choreographers Atelier:
Raymonda Suite, restaging by Guivalde de Almeida
Instante, by Lucas Lima

TOURING

99 performances
STATE OF SÃO PAULO: Atibaia, Barueri, Bauru, Campos do Jordão, Diadema, Franca, Garça, Ilhabela, Jundiaí, Pindamonhangaba, Piracicaba, Praia Grande, Salto, São Caetano do Sul, São Paulo, Sorocaba, Taubaté and Ubatuba.
BRAZIL: Curitiba, state of Paraná; Fortaleza, state of Ceará; Joinville, state of Santa Catarina and Recife, state of Pernambuco
ABROAD: Alès, Annecy, Chambéry (France); Antwerp (Belgium); Cologne, Gutersloh, Hanover, Ludwigsburg, Mainz (Germany); Herzliya, Jerusalem, Yagur (Israel)

AUDIOVISUAL PRODUCTIONS
Documentaries *Dance Figures*: Aracy Evans

EDUCATIONAL PUBLICATIONS
Program Booklets: *14'20"*, *Firebird*, *Primavera Fria* and *Raymonda Suite*

AWARDS
SPCD | Gütesiegel Award – Best Performance of the Year for 2016/2017 season in Germany (popular vote); Best Dance Company of the Year for 2016/2017 season in Germany (popular vote)
SPCD | Tanz Jahrbuch / Tanz Magazine – Nominated for Best Performance of the Year by critic Nicole Strecker, from Germany
Act II of Swan Lake | Guia da Folha de S. Paulo – Best Dance Performance of the Year (with performance at São Paulo Room with São Paulo State Symphony Orchestra)
Pulcinella Ballet | Concerto Magazine Award – Best Opera Performance of the Year (with the performance Pulcinella & Arlecchino, in partnership with São Pedro Theater Orchestra)
14'20" | APCA Award – Best Performance of the Year for dancers Ana Paula Camargo and André Grippi
Primavera Fria | APCA Award – Nominated for the Choreography/Creation category

OTHER HIGHLIGHTS
Partnerships established with six other Social Organizations for Culture (OSESP, Santa Marcelina Cultura, Catavento, POIESIS, ACAM Portinari, APAA)

2018

ARTISTIC PRODUCTIONS
Melhor Único Dia, by Henrique Rodovalho
Odyssey, by Joelle Bouvier
Schumann or The Poet's Love, by Cassi Abranches and Milton Coatti
Bernstein 100, by Erika Novachi and Edson Guiú
The Swan Lake, by Mario Galizzi

Productions at the Brazilian Choreographers Atelier:
Petrichor, by Thiago Bordin
Mira, by Milton Coatti

TOURING
138 performances
STATE OF SÃO PAULO: Araras, Barueri, Cotia, Franco da Rocha, Guarulhos, Ilhabela, Indaiatuba, Jundiaí, Lorena, Piracicaba, Ribeirão Preto, Santo André, Santos, São José dos Campos, São Paulo, Sorocaba, Suzano and Taubaté.
BRAZIL: Belo Horizonte (MG)
ABROAD: Baden Baden, Fürth, Ludwigshafen (Germany); Mexico City (Mexico); Creteil and Lyon (France); Linz (Austria); and Luxembourg (Luxembourg)

AUDIOVISUAL PRODUCTIONS
- Documentaries *Dance Figures*: Tindaro Silvano
- Videodance: *Mira*

EDUCATIONAL PUBLICATIONS
Program Booklets: *Petrichor*, *Instante*, *Melhor Único Dia, Swan Lake*

BOOKS
São Paulo Dance Company (10 years) (with texts by Ana Terra, Ernesto Gadelha, Iara Biderman, Marcela Benvegnu, Maria Eugênia de Menezes)

AWARDS

Melhor Único Dia | APCA Award – Best Premiere of the Year
Melhor Único Dia | Guia da Folha de S. Paulo – Third Best Performance of the Year (jury vote)
Swan Lake | Guia da Folha de S. Paulo – Second Best Performance of the Year (audience vote and jury vote); Technical Award for Vivien Buckup, for dramaturgy of the work; Nomination of Yoshi Suzuki in Interpretation category
Odyssey | Guia da Folha de S. Paulo – Third Best Performance of the Year (audience vote)
Schumann or The Poet's Love | APCA Award – Nominated in Choreography/Creation category (audience vote)

ACTIONS WITH PARTNERSHIPS

Ainda Arde – Performance, with Vera Martins | Gestures – Occupation

2019

ARTISTIC PRODUCTIONS

Agora, by Cassi Abranches
A Morte do Cisne, by Lars Van Cauwenbergh
Trick Cell Play, by Édouard Lock
Vai, by Shamel Pitts
Anthem, by Goyo Montero
Production at the Brazilian Choreographers Atelier: *Quadratura do Círculo*, by Ricardo Gali

TOURING

79 performances
STATE OF SÃO PAULO: Araras, Caieiras, Campinas, Guarulhos, Ilhabela, Mongaguá, Praia Grande, Santos, São José dos Campos, São Paulo, Taboão da Serra and Taubaté
BRAZIL: Fortaleza, state of Ceará
ABROAD: Annecy, Antibes, Paris, Sainte Maxime (France), Cologne, Ludwigshafen, Mainz, Wolfsburg (Germany), Fribourg (Switzerland), Heerlen (Netherlands)

AUDIOVISUAL PRODUCTIONS

- Video dances: *Dobras*, *Máscara*, *Voo*

EDUCATIONAL PUBLICATIONS

Program Booklets: *Agora*, *A Morte do Cisne*, *Trick Cell Play*, *Anthem* and *Vai*

ACTIONS WITH PARTNERSHIPS

World Ballet Day | São Paulo Dance Company was invited to participate of the 5th edition of World Ballet Day (#WorldBalletDay) as the first Latin America Ballet Company

AWARDS

SPCD | Critics' Choice of Dance Europe – Best Dance Companies of 2018/2019 season
SPCD | Grand Prix de la Critique – Best Dance Company of the Year for 2018/2019 season in France
Agora | APCA Award – Best Choreography of the Year; Nomination for Technical Award for Sebastian Piracés, for the work's score
Agora | Guia da Folha de S. Paulo – Second Best Performance of the Year (audience vote)
Trick Cell Play | Guia da Folha de S. Paulo – Second Best Performance of the Year (jury vote); Nominated in Performance/ Premiere of the Year category
Anthem | Guia da Folha de S. Paulo – Third Best Performance (audience vote)
Dobras, short film directed by Cristian Borges, free adaptation of Peekaboo

choreography | São Paulo International Short Film Festival – Voted one of the top 10 Audience's Favorite

OTHER HIGHLIGHTS

Pro-Dance Association signed a new Management Agreement for managing São Paulo Dance Company for the next 5 years (December 2019 to November 2024)

2020

ARTISTIC PRODUCTIONS

Só Tinha de Ser com Você, by Henrique Rodovalho
Rococó Variations, by Stephen Shropshire
Respiro by Cassi Abranches

Productions at the Brazilian Choreographers Atelier:
Aparições, by Ana Catarina Vieira
Pas de Deux de Carnaval em Veneza, by Duda Braz
Video works: Dança Hoje, composed of 8 contemporary choreographies, *Cantares e Dançares*, including *Imaginária Serenata* e *Matrizes*, by Igor Vieira, and the work *Gala Clássica*

TOURING

43 performances (25 performances alive and 18 performances broadcasts)
STATE OF SÃO PAULO: Araras, Bauru, Piracicaba, Santa Bárbara d'Oeste, São Paulo, Taboão da Serra and Ubatuba
ABROAD: Winterthur, Neuchâtel (Switzerland)

AUDIOVISUAL PRODUCTIONS

• Documentaries *Dance Figures*: Gisèle Santoro, Neyde Rossi
• Documentary *Dança em Construção* by Galeria Produções: *O Lago dos Cisnes*
• Video dance Documentary: *Amálgama*
• Video Dances: *Dança Hoje – Amálgama*; Cantares e Dançares | São Paulo Companhia de Dança e Theatro São Pedro; Matrizes e Imaginária Serenata
• Launch of Web Series *Brincar e Dançar*
• Podcast *Contos do Balé*

EDUCATIONAL PUBLICATIONS

Program Booklets: *Rococó Variations* and *Só Tinha de Ser com Você*

AWARDS

SPCD | APCA Award – Nominated for the Maintenance Action category for maintenance and expansion of creation, communication, artistic residence, and memory activities of the Company throughout the Covid-19 pandemic

ACTIONS WITH PARTNERSHIPS

Corpus – Alma e Esperança, with the São Paulo City Ballet
World Ballet Day

OTHER HIGHLIGHTS

• Creation of the seal #SPCDdigital, created in March 2020, in compliance with the #CulturaEmCasa [#Culture@Home] program guidelines, mobilized by the Department of Culture and Creative Economy
• Partnership with the State Education Department, aiming to promote SPCD performances via the Institution's Intranet

2021

ARTISTIC PRODUCTIONS

Madrugada, by Antônio Gomes
Les Sylphides (Chopiniana), by Ana Botafogo

Giselle – Act II, by Lars Van Cauwenbergh
Paixões Brasileiras, by Milton Coatti
Umbó, by Leilane Teles
Infinitos Traçados, by Monica Proença, Jonathan dos Santos and Esdras Hernández Villar
Marmórea, by Stephen Shropshire

Production of a piece for a special event in Dubai: *Interfaces Gala/Moda*, by Milton Coatti

Production of works for video: *Dança Hoje, Reflexos de um Tempo Presente – Part 1* e *Dança Hoje, Reflexos de um Tempo Presente – Part 2,* both composed by four contemporary choreographies in each part

TOURING

85 performances (60 performances alive and 25 performances broadcasts)
STATE OF SÃO PAULO: Araras (virtual), Bauru (virtual), Botucatu (virtual), Campos do Jordão, Guarulhos, Jundiaí, Marília, Piracicaba (virtual), Salto, Santa Bárbara D´Oeste, São Paulo, São Vicente, Vinhedo
BRAZIL: Belo Horizonte, MG (remote)
ABROAD: Dubai (United Arab Emirates); Fribourg, Morges (Switzerland); Friedrichshafen, Fürth, Fürth, Ludwigsburg, Ludwigshafen (Germany)

AUDIOVISUAL PRODUCTIONS

- Documentaries *Dance Figures*: Ilara Lopes
- Video dance: *Reflexos de um tempo presente* [Reflections of a present time] EP1 – Dança Hoje, Marmórea, Nuvens
- Documentary *Temporada em Construção* by Galeria Produções | World Ballet Day
- Video Dance Documentary: *Reflexos de um tempo presente* [Reflections of a present time]
- *Brincar e Dança*r [Play and Dance] Web Series
- Web Series SPCD *Na Estrada* [SPCD *On the Road*], with ten episodes (São Paulo, Botucatu, Bauru, Araras, Piracicaba, Salto, Campos do Jordão, São Vicente, Jundiaí, Santa Bárbara D'Oeste)
- Series within PDHFAD – *Program for Development of Future Dance Artists Skills*: *Conheça o Artista [Meet the Artist] – Season 1*
- Podcast *Contos do Balé* [Ballet Tales]

EDUCATIONAL PUBLICATIONS

Program Booklets: *Les Sylphides* (*Chopiniana*) and *Giselle – Act II*

AWARDS

SPCD | APCA Award – Nominated for the Project / Program / Dissemination / Memory category for dance education and dissemination activities during Covid-19 pandemic
Umbó | APCA Award – Nominated for the Choreography/Creation of the Year category
Giselle – Act II | APCA Award – Nominated for the Technical Award for Vera Hamburger, for the work's set design

ACTIONS WITH PARTNERSHIPS

- International Dance Day | 24 hours of dance, with international Companies
- World Ballet Day

OTHER HIGHLIGHTS

- Launch of the Patrons Program of the Pro-Dance Association/São Paulo Dance Company
- SPCD represented the State of São Paulo at Expo Dubai

2022

ARTISTIC PRODUCTIONS

Desassossegos, by Henrique Rodovalho
Di, by Miriam Druwe
Partita, third work by Stephen Shropshire
Ibi – Da Natureza ao Caos [Ibi – from Nature to Caos] by Gal Martins
Cartas do Brasil [Letters from Brazil], by Juliano Nunes
O Quebra Nozes no Mundo dos Sonhos [The Nutcracker in the World of Dreams], by Márcia Haydée

Productions at the Brazilian Choreographers Atelier:
Divertissement de Paquita, by Diego de Paula
Verso, by André Grippi
Lost, by Beatriz Hack
Scrappy, by Ammanda Rosa and Nielson Souza
Nkali, by Letícia Forattini
In Excelsis, by Matheus Queiroz

TOURING

111 performances (90 performances alive and 21 performances broadcast)
STATE OF SÃO PAULO: Campinas, Campos do Jordão, Ilhabela, Itú, Praia Grande, Ribeirão Preto, Salto, Santa Bárbara d'Oeste, São José dos Campos, São Paulo, Suzano and Ubatuba
BRAZIL: Belo Horizonte (MG) and Fortaleza (CE)
ABROAD: Alès, Biarritz, Blagnac, Le Havre, Lyon, Massy, Mérignac, Narbonne, Rueil-Malmaison, Saint Etienne, Sète (France); Montreal (Canada)

AUDIOVISUAL PRODUCTIONS

• Documentaries *Dance Figures*: Esmeralda Gazal, Hugo Bianchi
• Video dance: *Reflexos de um tempo presente* [Reflections of a present time] EP2
• Documentary *Turnê SPCD 2022 França e Canadá [SPCD 2022 Tour France and Canada]*
• Documentary within the PDHFAD program – *De olho na obra [An eye on the work] with Joëlle Bouvier*
• Series within the PDHFAD program – *Conheça o Artista [Meet the Artist] – Season II*
• Podcast *Contos do Balé* [Ballet Tales]

EDUCATIONAL PUBLICATIONS

Program Booklets: *Di, Desassossegos, O Lago dos Cisnes, O Quebra-Nozes no Mundo dos Sonhos*

AWARDS

Inês Bogéa | Tarsila do Amaral Medal – Homage for contributions to culture and creative economy of São Paulo in the fields of arts and cultural production through Pro-Dance Association

ACTIONS WITH PARTNERSHIPS

SPCD at the Museum | Series with five videos that incorporated the special programming for the reopening of Ipiranga Museum, with USP Museum

2023

ARTISTIC PRODUCTION

I've Changed My Mind, by Shahar Binyamini,
Le Chant Du Rossignol, by Marco Goecke
Petrushka, by Goyo Montero
The Eighth, by Stephen Shropshire
Sal, by Lucas Valente

Productions at the Studio of Brazilian Atelier:
Memória em Conta Gotas, by Lili de Grammont
Teia de Renda, by Arilton Assunção
Veias Abertas, by Poliane Fogaça
Ver o Ar Ouvir o Verão, by Eduardo Fukushima

TOURING

78 performances (69 performances alive and 9 performances broadcast)
STATE OF SÃO PAULO: Araras, Barueri, Garça, Guarulhos, Ilhabela, Itapevi, Itu, Jundiaí, Mogi das Cruzes, Ourinhos, São Carlos, São Paulo, São Sebastião and Taboão da Serra
ABROAD: Annecy, Biarritz, Grenoble, Lyon, Mérignac, Saint Etienne (France); Baden-Baden, Cologne, Fürstenfeldbruck, Fürth, Wolfsburg (Germany); Viseu (Portugal – educational activity)

AUDIOVISUAL PRODUCTION

• Documentary *Dance Figures*: Carlos Demitre
• Documentary *O Quebra Nozes no Mundo dos Sonhos by* Galeria Produções
• Lecture about the choreography *I've Changed My Mind*

EDUCATIONAL PUBLICATIONS

Program booklets: *I've Changed my Mind* and *Le Chant du Rossignol*

Check out SPCD's documentaries, podcasts and web series!

YouTube

Dance Figures

Contos do Balé [Ballet Tales] Podcast

*Brincar e Dança*r [Play and Dance] Web Series

SPCD Website

ROMEU E JULIETA, 2013

15 SHORTSTORIES

In order to celebrate its 15th anniversary, São Paulo Dance Company requested us to gather fifteen prominent authors in contemporary Brazilian literature, and commission stories from them somewhat related to the duties, dilemmas, pains and delights of a life connected to dance. The guests would thus have the challenge and freedom to combine text, movement, and music.

For each year of SPCD's existence, a tale, and at the core of each tale, one of the trades that make up the staging of a dance performance.

Therefore, we gathered 15 authors.
Micheliny Verunschk / producer
Natalia Timerman / costume designer
João Anzanello Carrascoza / choreographer
Paula Fábrio / audiovisual professional
Joca Reiners Terron / administrators
Juliana Leite / rehearsal director
Cidinha da Silva / set designer
Carol Rodrigues / ballet teacher
Rafael Gallo / composer
Paulliny Tort / artistic director
Sérgio Rodrigues / stage manager
Pedro Augusto Baía / communications
Paulo Scott / lighting designer
Taiane Santi Martins / dancer
Aline Bei / dancer

The producer of a dance company is inside the flame — a dream that triggers the narrative created by Micheliny Verunschk, in an open psychological dive into poetic prose.

Natália Timerman evokes "fibers" – fibers of the body, fibers of clothes –

in a poetic text and, at the same time, colloquial, which pulsates and breathes.

João Anzanello Carrascoza – in a dialogue with *Um apólogo [A fable]*, by Machado de Assis – proposes a philosophical conversation between a dance step and motionlessness. Movement or inertia? The choreographer has an answer.

In a dystopian vision of futuristic communication, Paula Fábrio takes us to the post-apocalypse; little remains on Earth, but the dance preserves some of mankind's beauty.

For the characters of Joca Reiners Terron, addiction to work takes on a fast pace, reflected in the text style. Administrative matters acquire philosophical meaning.

The narrator-rehearsal director memories conceived by Juliana Leite blend with the present time. Those memories are trapped in the rehearsal of a feeling that could not fully develop.

Cidinha da Silva finds in black light the focus to craft her set design, made up of many layers. Hence, the preparations and execution of a dance performance are gradually unveiled.

The ballet teacher, in the storyline by Carol Rodrigues, have to deal with a very fearful student — who could not turn his back on anything, but needed to turn and turn and face the panic.

Rafael Gallo introduces us to a composer who faces the anxieties arising from artistic creation — and, worse, the anxieties of collective creation and eagerness for approval from the public and critics.

In Paulliny Tort's story, an experienced artistic director recalls the early stages of her career while observing the oscillating ambitions of a young dancer.

Sérgio Rodrigues creates a storyline that progresses by depicting the memories of a stage manager. Work and family mingle in the theater backstage and dance performance.

In Pedro Augusto Baía's story, the idea of improvisation fascinates the press agent, who asks: "How is it possible that a body speaks that much?"

Lights go on (and off) in many ways within the electric style of Paulo Scott. Words go on and off, giving movement to the text.

Words dance in Taiane Santi Martins's story. A dancer in the midst of a sensory and movement explosion, who trespasses boundaries and imprints silences, conjuring waters and deserts.

And Aline Bei builds on her narrative with a sequence of short segments to chisel, little by little, a dancer with desires, expectations, frustrations, and potentials.

The panel of reflections and feelings composed of the fifteen invited writers, each one of them with their own proposal and respective language works, mirrors the combination of talent and professionalism required for the best dance performances. A valuable combination, which, in the last fifteen years, SPCD has been offering to dance lovers in Brazil and worldwide.

Rodrigo Lacerda
Felipe Franco Munhoz

THE ROSE, THE SPECTER OF THE ROSE

[by Micheliny Verunschk]

I'm inside the flame. Flame that can be soft, mild, flame that causes no burn and; however, moves quickly. I'm in the eye of the flame, inside its core, and I don't know what this means, but I see, simultaneously, inside and outside. Everything I see inside is a whirlwind, but I cannot find a single word that could define what I see outside. This, the nebulous nature of the dream. Of the entire dream. That one dream that keeps repeating, with some variations. Suddenly, I open my eyes and there I am, inside that strange flame, at times it hovers beneath an intensely golden light, while at other times, it trembles in a bluish cave, or is it a room? Flame that at times seems to fly, taken God knows where, and at times lies down, but still relentless and pulsating, over creases and creases of fabric.

If my therapist had not still been under observation, after a heart attack, I would show him the sequence of dreams that intrigues me. Is he related to it? The turmoil I've been through since our sessions were interrupted? Fear of him no longer listening? I don't know. I slowly silence possible meanings under the weight of everyday life, misunderstandings with Alice, the dental treatment that exhausts me, longer walks with Nijinsky and Copélia, so hard to be a dog in a world that wasn't made for them. Nijinsky recovering minimal fractions of her wild soul every time she rubs against living fences of buildings, those clumps that landscapers place in front of constructions, and as they're repeated to exhaustion, we barely notice that they're plants. Hard to be a plant between the wall of a building and the edge of a sidewalk. The living fences are the tamed dogs of large condominiums, I find myself thinking.

***

The corps de ballet rehearses. The adverb *exhaustively* is a cliche that, when used in whispered conversations during the pauses, falls short of capturing what this past month has been like. The period preceding two premieres. In one performance, small clashes, tensions between the set designer and the lighting designer; in another, a strange electricity that rips apart the relationships of the duo of dancers. I need to smooth out those rough edges. I need to understand what is going on. There's another ballet that unfolds behind every performance. An invisible ballet that sets in motion the one who will perform for the audience, a restless movement that I keep articulating so that the conflicts don't tear the wings of the swan on a full *grand jeté*, so that the rose does not lose its petal.

The rose. The one that was supposed to debut as a scenic object failed to deliver. I need to handle that too. Alice once said that the producer is a sort of choreographer. I laughed because I thought she was romanticizing what I do. She did not get angry like she does now with my slightest gestures. Nor do I think she still admires what I do. I sensed a hint of disdain when she said at the bar table in front of friends of friends: *she's a producer at the dance company*. Or maybe that isn't Alice. Maybe it is nothing of that. Maybe I have some trouble with myself. Maybe I've been impatient with her, sometimes quite harsh. I don't know. I will get all this sorted up between the set designer and the lighting designer tomorrow. They're professionals after all. That is what comforts me. And the rose. I need to see the rose. The schedule that had already outgrown the notebook, now comes out of its electronic existence and takes over the wall of petals and petals of colored post-its. *My head is a mess without the therapist*, I write down in lowercase on the edge of the notebook, fearing what that means.

***

I'm the flame, I notice it now. And I burn intensely. I burn and shiver from the cold. And while I move, while I spin, I spread something around me, something that reverberates loudly. Wings? Ashes? No, no. It is something else. I wake up startled. Nijinsky and Copélia bark restlessly, the noise of the dream lingers and for a moment I think it got into the wakefulness. The window slept ajar and slams with the unexpected breeze of dawn. I will no longer be able to sleep.

The new rose gleams again on its silky petals on the bedside table. I picked it up yesterday at the studio where I ordered it, and the traffic prevented me from returning to the theater. I brought it home yesterday, caring for it as if it were a new lover. And thinking about all that, I find myself ready to break up with Alice. What does the time of relationship matter to me? Why does it matter if she looks at me with those big blue eyes as if I could always embrace them? This no longer works with me. I need to be honest.

The office receptionist, who I always call by Jaqueline, but who is named Luciana, told me that the therapist is doing well, another fifteen days until his return. Cadu. Poor Cadu. Poor me without him at this moment. I don't want to make any important decisions now and I will definitely cancel the dentist today. I will limit myself to that decision. And from afar I hear the rustle of the dance company. I must run. One week until the premiere.

***

At the stage, the poem by Gauthier that Michel Fokine turned into ballet. The rose that the lover brings from her first ballet and that became a young person, the specter of the rose itself. In the dream, I turned into flame, an enraged rose of fire, of such a beauty, but peevish, so far from the precise movements of dancers who, beyond the impression they gave me, now they love each other on and off the stage. Now I know, the energy that runs through with each new premiere, which gets through my mind, my relationships, my ways of living in the world. And no matter what, all is always new.
The performance under applause, the production that does not reach the end as the curtains close. Alice's huge blue eyes waiting for me at the exit. The window of her heart always opens to me. But, within a month, I know, Odile and Odette will vie for my heart.

TEAR THE SKIN

[by Taiane Santi Martins]

Today I'm Maghreb himself. That is what my movement says as I glide over the stage. A single semicircle turning sand into writing, the entire desert in just one gesture. While the feet allure Sahara, the shoulders arch. Tilted, the trapeze and the neck. The arms stretch out, they follow an ethereal flow at the speed of a blow and return to the body in front of me. I place my hands on her waist. I feel the water reaching me through my fingers. It snakes through my trunk and spreads quickly between us. Many are the bodies around me. We're many and we're just one. Together, we leave the sands behind and plunge straight into the open sea. One of us is the ricochet of the wave against the hull of a ship. You don't see the ship, but you feel the wind change. You recognize the storm in the movement of the waves that we first balance on our clavicles, then they extend in amplitude and height, and they break on our arms and legs.

Ours, not yours.

Yours are at rest, the feet grounded on the theater floor, the arms over your lap grip tightly the wrists of a cotton jacket. You feel cold. You watch it all without getting wet, but of all places, yours is the least safe. It's you who crosses the Atlas Mountains, steps on the surface of the desert, and then is thrown into the midst of a storm in the Mediterranean. It's you who sees the Maghreb in me, who syncs your heartbeat with mine, who tenses the muscles, and lets the body lean to one side or to the other, depending on my movement. It's you who first stops seeing me, then you forget the water, and now you see the ship only. Imagine, then, the fate of the vessel without thinking about what it leaves behind. Entrust in it, in me, all your dreams of departure, that burning prick you feel in the lower left corner of your chest. It's your pain that boards with me when I enter the ship and close the openings with an elbow leaning against my face, I feel it heavy between my lungs.

In a second, I'm the center, the next I'm not even part of the crew. I become again the ship and water and wind and us. A small dancing particle in the cluster of our bodies. And the more you see us. Indissociable, infinite, unfolding and completing ourselves. The more the limit of our bodies fades away in your retina. The more us there's in me, the more I can be me. There, in that small cut of rhythm, sweat and synergy, which makes me matter, gains autonomy. Starting by the veins and the texture of the tissues that make up my skin.

My blood flows like the sap of a blooming orange tree, my hairs bristle as if I could feel the gentlest touch that the atmosphere can ever produce. As if I were the power of an entire tree, before there is any flower, bark, or trunk, before there is ship, before there is the stage under my feet. As if I kept inside me the power of a seed, as if I were the time that soothes your pain.

Here, all I am is time. Measured at four or eight beats, it doesn't matter, all is marked within me. Among all that hurts you, weight is what I know. I carry it with me in the transmutation of our choreographed movements, and that is why you feel your chest calmer at every change. And let the air flow gently through the nostrils, the trunk relaxed in the armchair, the hands now still. Getting

closer to me, getting further from what burned before.

At every step of mine, whatever is skin comes close to a tear that transcends boundaries. At stage, we intertwine our arms, and you know that you already belong to our circle. Without untangling from each other, we mark the rhythm in the same movement of sand that my foot has made at the beginning of everything. Afterward, the circle lifts me, I'm sustained in the air by the arms that make us one. My chest opens, my legs kick high, then I return and praise the center. One step of destiny, you tell me, and I understand now why there's no more boundary in the grooves of my skin. At every *ciranda* we create, you reveal what was once a secret, and I inscribe our silence in the sands of the desert.

AN ADMINISTRATIVE ISSUE

[by Joca Reiners Terron]

Like every morning, Rosenberg & Rosenberg woke up at five in their cot under the stage of the Dance Company. There, they slept and worked in the group's administration. There was no better place for the task. In the stillness of the basement, they could count the number of steps of all forty dancers, unavoidable data for the annual financial statement. They barely left the place. They knew that a dancer could not take fewer than six thousand, nine hundred and fifty-one steps during an average twelve-hour shift. From a system that included two forks, a polished pebble and two cups, Rosenberg & Rosenberg developed a sort of a metronome used in measurement, very useful when the phone rang. This way, they never lost count.

With the ears pressed against the bottom of the stage, which protruded slightly with each step, Rosenberg & Rosenberg could skillfully detect even a potential injury that would afflict a dancer in the future, due to the more intense or gentle pressure that a heel or knee exerted while touching the mahogany of the stage. Bent over, with gleaming eyes, they observed the slight bending of the wood under the weight of the dancers, anticipating the creaking of bunions. This ability was used to prevent delays in the rehearsal schedule or postponement of performance premieres.

As Rosenberg & Rosenberg focused their senses on the administration, they would end up contracting a sort of synesthetic dysfunction: they could not stand the sunlight and metropolis noises, or any topic that was unrelated to their activity. Anything that had not to do with deduction, calculation, accounts payable, payment receipts, and budget forecasting, made them irreparably bored, irremediably bored, just like a reader's pair of eyes towards extremely long adverbs. In short, they abhorred the interruption of their tasks. Their skills became closer to those of species with herd behavior.

While above, on the stage, dancers moved in complete disharmony, staggering, rehearsing sequences instructed by the choreographer, but still in embryonic stage, in a struggle against the limit of their tendons and muscles stretched to the maximum extent, on the verge of incalculable losses for the company, and especially for the State that subsidized it, Rosenberg & Rosenberg moved like a single and indivisible cell. Everything was under their control.

In the morning when this story takes place; however, Rosenberg & Rosenberg ability was put to test early on by an unexpected problem, even if being caught off guard was the last thing they wished, in this story or any morning. The telephone screamed in panic, red, foreboding misfortune.

We prefer not to leave, said Rosenberg & Rosenberg added: sure, that is what we prefer. But the company's director's determination demanded the opposite, according to the voice of the secretary emanating from the phone receiver, a hoarse and nebulous voice sounding as if cradled between ripples when expelled from a pipe. The somewhat sphinxlike situation demanded the presence of both Rosenberg & Rosenberg in the storeroom. An error in the form of an inheritance left by the pair of administrators preceding them. A confusion between symbolic representation and reality. An enigma that only they could solve.

We won't go, said Rosenberg & Rosenberg added: under no circumstance. They could not stand the sunlight, they said, hearing back that there was nothing resembling the sun in the dark room occupied by the storeroom, and the management secretary certainly must have mentioned that, gosh, the cramped place must not be so different from the basement where both lived. Following this disdainful comparison, the administrators' refusal to leave their office sounded even more categorical.

Shortly after the phone call was cut off, a messenger from the management dumped part of the problem through the trapdoor. It came wrapped in a yellow tissue paper and tied with purple strings. It reminded me of a birthday gift, but Rosenberg & Rosenberg, although they had their birthdays on the same day, knew that May (their sign was Gemini), and worse, May budget, usually as thin as a bride on a diet, was far from being open and complete. Attached to the package with a tape, a note with the secretary's pointed handwriting, nearly piercing the paper, said: *Anarchy reigns, the State bleeds.*

Under the note, there was a set of bagpipe. Rosenberg & Rosenberg lifted it, puzzled, appreciating the horn-like structure that made it resemble a goat's head, as a musical instrument could only be a problem for those who did not know how to play it, and they did not. Hanging from the inflating tube, the paper tag indicated that the object had been used on stage for the adaptation of Midsummer Night's Dream by Dance Company. In the bellows of the wind instrument, a small aluminum plate secured by two screws warned: Public Property. Quite dazed, with lips pressed against the mouthpiece, first one, then the other, Rosenberg & Rosenberg tried to blow it. No sound was emitted.

They unscrewed the inflater, and then the two melody tubes. The inflater was not hollow, nor the tubes. And the bellows were solid, not providing the pouch needed to accumulate the blown air that allows the instrument to work. That was a replica. In the impossibility of reassembling the bagpipes, getting even more disturbed, Rosenberg & Rosenberg thought for a moment that they committed a crime against the public good, because it was evident that the object was not shaped as before. Soon, they got caught up in thoughts about the unsettling situation they were in. After all, if that replica had been archived as a public good, a fake object with no purpose other than falsely decorate a scenario for show, without anything real behind it, everything could be fake, including innocent administrators just like them, the theater where they worked, the dancers, the management secretary, and even the director. This situation would include the city, the province, the nation, the continent, the world. Who knows the moon and the sun would be no more than a painted cardboard covering the spotlights. Nothing was true.

Then the phone rang. The smoke rings vaporized by the device indicated that going to the storeroom was inevitable. The problem did not stop with the bagpipes, said the management secretary; on the contrary, it continued with a number of other replicas that seemed to be copied from themselves, no longer retaining any traces of the objects that originated them. Others were copies of others, generating triplicates and quadruplicates. The ghost of Hamlet's father is on the stage, said the secretary. He claims it was replaced with the ghost of Macbeth in the choreography. If the ghost came from Beyond, the administrators would have to come out of the basement. There was no other way out.

Crossing the hall of the main building, drowned in the daylight that pierced through *cobogós* and windows, Rosenberg & Rosenberg noticed the reality just how it was, in the light: naked and mysterious, filled with things completely beyond their control. The replicas were scattered in front of the stock room door, arranged on the floor. Their only function was to look exactly like the other objects. In this aspect, they recalled things that did not even exist, despite occupying their place in space, bewitched objects, as they were haunted by the shadow of the original object. However, they failed as copies, as each displayed their metal plate saying that they were a public property. If so, they lost their status as copies: they became the original, with the irreversible addition that they simply did not work. Emerging from behind a lacquer screen, the secretary said: there's more. It's terrible. They need to be inside the stockroom. It's about an administrative problem.

And that is what Rosenberg & Rosenberg did to escape from so much light. Inside the deep dark room, an animal stench hung in the air. Acre, like the sweat accumulated on the shroud that for thousands of years was mistakenly thought to bear the face of Christ, an unpleasant and primal sweat. They heard the clattering of hooves on the concrete floor. From the clothesline full of musketeer costumes, next to Napoleon Bonaparte's tricorn hat, mermaid tails, crepe paper lake from *Swan Lake*, and its stuffed swans, flying carpets, the frightening glass eyes of *Coppélia* dancer doll, midst sumptuous fabrics from the costume used in Balanchine's *Serenade*, among the clocks from Herr Drosselmeyer in *The Nutcracker*, clocks that set no time, and if so, they would set seconds of an inaccurate and pointless time, a horse snout emerged. We cannot believe, said Rosenberg & Rosenberg completed: what our eyes see. The animal made up of a man' body and a horse's head fully revealed in all its impurity. It acted against any and all administrative code of ethics. It shouldn't exist, but it existed. Rosenberg & Rosenberg allured it to the hall with crumbles found in the pockets of his jackets. The centaur did not hesitate to follow them. They laid it down between a Venus de Milo replica and a David. With the help of a scimitar, whose treasury control number was 987590-05, Rosenberg & Rosenberg beheaded the centaur, and for a moment, only for a moment, while they watched the horse's head exhale its last gasp, nearly the imitation of a neigh, and a man's body laid immovable on the floor, reason and delirium finally set apart, they felt that reality was rapidly moving away from its feeble and pale representation. They breathed, both calmer, while the world slowly got back on track.

2984

[by Paula Fábrio]

My name is Lupa. For a very long time I have wandered off the cosmos looking for stories. That is a way to feel less lonely. In general, I capture memories and inventions, and I transcribe them to a file with infinite and perennial capacity. Even so, my task is destined for failure, as every record tends to disappear: it escapes, fades away due to a lapse, a technical error, a coup d'état, or by the overwhelming force of space-time.

But the world is made of chaos and stubbornness, which allows me certain indulgence with my obsessions. I'm a creature clinging to obsolete systems, such as written language — extinct in most of the universe for many inter-solar centuries. For many reasons, it disappeared even from the most conservative or low-historical value planets. The latter, fragments of planets, as they're usually called. Right now, I'm heading towards one of them.

The yellow dust being its main feature. Dense and polarized atmosphere. They talk of ghosts, but what remained was a dead ocean and an eroded surface. I look for holograms, a type of a standard-memory of its old post-civilization. The holograms replaced archaic audio visual supports, screens where the dominant species watched and were watched.

Before landing, I notice the clearing, the solitude of this planet. It isn't possible to pinpoint at which moment the post-civilization perished. According to reliable calculations, the Great Decline occurred around the orbital year of 2048, with the rise of oceans. Today, there's no type of life here.

I get ready for the landing. I read the atmosphere; lithium, uranium, and plutonium.

There isn't much to explore, only the search for the exact hologram. Complex work. Pollution grows larger: I move away from stories where pets died, monsters brought panic, mothers regretted giving birth. Or: about diseases that hit the most fragile and good ones. Easy appeals. They don't convince me. I need something that says without saying. I don't want narratives. I look for what has been left unharvested and unenjoyed. A shy hologram, but without the primitive romanticism. I want the last, the smallest of all, like this one here, hidden underneath the debris of a data cloud without apparent purpose. It is a beautiful specimen. But it might be empty or corrupted.

Finally, I spin the hologram in the air, and it opens first with a layer of static, then settles into a subtle frequency. I need to get relaxed, focused, and available.

Ready.

I wait.

Gradually, a picture takes shape, pale. Then, the image sets in, accompanied by a surprise: there are no words, no sound. Only the movement of bodies. And an unlikely lightness. They're humans. So, is this a human?

Poem is maybe a word.

I behold: bodies move like the universe itself. Marked, rhythmic movements, with a dramatic tone at times; at others, a light and playful air stands out. How to name something so diverse? I have no data to compare. I activate the advanced search, in a rhizomatic manner.

The answer comes from such a distant point of the universe, nearly ethereal:

Dance — primary word; a habit that tends toward the metaphysical; an activity or art accompanied by music (see primary word: sound).

Dance, so here is the name.

Do those humans dance for me or for themselves? Their expressions are so beautiful and moving. Are they moving because they no longer exist? Do they no longer exist? They dance in silence. At some point the sound was gone. The image may also vanish. I need to record as many details as possible.

In a rush, I jot down: those people seem confined, untouchable for some reason. Can they already sense extinction? Trapped on the balcony of an apartment, inside their homes. Do they dance for the machines, at a remote time? Do they dance for some kind of life? Who directs them? This light, this light. Why this cut and not another? This angle.

Staging, structuring. Behind the technique, a sensitive, intriguing intelligence. Made to feel. Made of questions. Human intelligence?

I follow the movement of bodies in shock. I feel compelled to mimic the high-pitch of each jump, to touch the air around. I'm not sure, but I'm in the presence of the ephemeral fusion of humans with what is called soul or enchantment. Something I know, but I cannot explain.

The images unfold successively: A dance for oneself. A corps de ballet. A ballet to dance the dreams. Many moments from a group: happy, sad, sad for being so happy.

I stabilize the looping of images, it is necessary not to want everything at once. I choose a random episode.

Inside an empty museum, on the linoleum floor, a couple of sculptures suddenly come to life and start to dance. A gentle turn, another, and another. They move away and then closer as in a game of seduction. A black man, a white woman. Sublime and strong. They walk around the rooms, the windows open in the background. No cut. They go from myth to drama in this silent theater, which is the search for immortality. Above, a skylight invites them, like the sun. And, suddenly, the pendulum-body, the doubt. The embrace. All captured by an attentive look. This look which isn't mine, but calculates my existence.

When the dance ceases, and the dancers go back to their original status of statue, I see myself as a child, frightened, by seeing a broken finger of a mannequin in the middle of the department store. I suspect it is a true memory. For me, the mannequin was alive, just like the sculptures that dance in the hologram.

I reckon: that child is me. Epiphanies also happen to machines, but they don't alter our condition. And all that consciousness is pointless if in the end what is left for me is the agony of evoking, retaining, and understanding what is unknown, and can only be sensed, being available to me the words only. I have all and none. And it is no more. And I can no longer say. It lasted a moment.

THE TRAPS

[By Rafael Gallo]

His mistake was to say he accepted it.

But, as soon he got a proposal he answered yes, of course, it was an honor to take part of the project, hoping that the partnership would still yield many positive results. No reservations, no suggestion to change the process this time. Potential disagreements, before they were needed to be omitted in words, vanished from his thought. The mind converted to a docile dog mode.

It takes time for displeasure to take shape. To obliterate the ideas from before: Estela glad for the prompt answer, the satisfaction spread within the Company, they can always count on him, the efficiency in person. And Miguel didn't even consider that they would call him again. Now, at the piano and facing the blank sheet music, he sees the traps ready to ambush him. Each section to be composed, a trapdoor open to mistakes. Thus, the greatest trap has already unveiled itself, by accepting the invitation.

Would it be appropriate to propose a cooperative effort at all? The choreographer abreast of each music section, as soon as it's conceived; the development of the dance in his presence; the rehearsals and scenic choices supervised by both. No, it's better to say nothing. It would be inconvenient, it would disrupt the course of things.

He stands up, darts around the studio. If they looked for you again, it's because they liked your work, right? Or they've tried other people, but no one was available. Chill out, it's necessary to

think objectively: Pygmalion, the previous performance, was well-received. Already in the premiere, intense applause. And the nodding of the mother and the father, who accompanied him. In the backstage, all that was heard was: "Beautiful." Additional sessions scheduled, tickets for them also sold out, performances in other cities, other countries. Awards received. Almost unanimous praise in the reviews of the ballet.

Almost.

Estela showed him that newspaper and explained that Antônio Fabre was one of the most renowned critics in the country. And said: "Well, even Christ didn't please everyone." He tried to laugh, as she laughed, but his eyes had already come across the sentence. Miguel Proença's music does not help achieving a successful result.

As he thought and thought and thought about this line, it intensified; he still recites it by heart today, inexorable and evident like a mathematical theorem. Fabre was right. In addition to not being successful, his music had not indeed cooperated: worked together. Amidst the smoke of praise and the signs of success, the critic laid the foundation of a truth. Miguel had sensed part of this truth, since that nebulous disturbance in the premiere, but it was necessary for Fabre to make it crystal clear. And if Christ didn't please everyone, those who didn't restrict themselves to adulate him were essential for the revelation of the greatest truth. Judas, the most essential apostle, with his fatal kiss; in order to have the resurrection as a proof of divinity, it was necessary to die first.

He goes back to the piano. He could compose something of quick resolution; maybe his ideas don't even make a difference. The job would completed, at least; he would be free from it. Afterward, he would make up excuses, and would never watch the performance. He would never read the reviews about it. Who is he trying to fool? If the mistake is there, there's no point suppressing only what accuses it.

"You had to track everything to approve or disapprove. The music is yours, right?," said the mother, next to him, in the premiere of Pygmalion; the curtains still closed. He tried to explain that it didn't work like that: he had only delivered the records, nothing had been seen of the performance. He would be as surprised as the others in the audience. In fact, his astonishment was about to prove to be much greater. The only one there who knew the entire music and, based on that, he had presumed part of the ballet. He knew, at least, that it would start with the orchestral tutti; short attacks interspersed with long pauses. Something thought for the entire corps de ballet – equivalent to the full orchestra – in movement sequences aligned with the music and stops at silent intervals. Beautiful contrast.

The curtains opened. Just one dancer on the stage.

The first chord sounded, she was immovable. Before Miguel formulate the realization of his mistake – the lack of preparation for the musical entrance – the dancer leaped into the silence. She threw herself to the floor, turns and maneuvers in percussive clashes against the stage. She halted at the new attack of the recorded orchestra, confirming her opposition to the music. Consecutive refusals to the chords and dances in the pauses, as if it were necessary to fill in what had been missing in the composition. For the rest of the performance, more short-circuits in Miguel's understanding. Every section and everything at that stage – a scaffold? – warned that it should have been another music. The father and the mother observed, attentive.

At the restaurant, after the performance, the father asserted: "It was... different." Miguel had no answer. A docile dog that, in this moment, understood nothing. The disruption only accentuated over the days, as more positive reviews were published, making the ballet more successful. What pleased everyone, what they judged beautiful, was what only caused him bewilderment. His misconception went beyond music; it lied in his vision of the world. A personal logic that didn't work in conjunction with that of others. Fabre's theorem elucidated the problem in various aspects.

The many awards for Pygmalion – in almost every category, except for music – finally attested: its success was precisely due to diverging from the path set by the composer. "What nonsense. If it weren't your music, the performance wouldn't even be as it is. These awards are like lottery," Estela consoled him, when he shared the frustration. And laughed.

Could it be that, this time, the invitation came because a ballet with a conception diametrically opposed to his music worked well? A good north for dance: to head towards where Miguel points to the South. He closes the stave notebook. Why did he put himself through this again? He grasps the mobile, ready to write Estela and give up the job. But that would be a big failure. On the device, he comes across messages from his mother. In writing, an address, with date and time; on audio, the message: "Son, a ceremony will be held for awarding the Grand Cross of the Order of Judicial Merit to your father. I'll copy the information here. Let me know if we can confirm your attendance. Kisses". A Friday; it was hard to travel all the way there and refuse to stay for the weekend. With so many demands to fulfill, here. He goes to the computer, searches for flight prices, curses the ticket prices. "Didn't he receive it the last time I went there?", he replies. "No, that was the Grand Cross of the Order of Merit Jus et labor." After a cup of tea in the kitchen, he tries: "Do you really think I need to go?" He disables the mobile's silent mode. His mother's audio message is also disabled: "Make this effort, your father will be happy."

Round-trip, on the credit card. "You can confirm that I'm coming." He sits at the piano, the notebook still closed. How to evade it? He finally sends an e-mail to Estela, he deeply apologizes for turning down the invitation, but it was impossible to dedicate to that work now. The refusal comforted him, as a spell on him had been broken. It wasn't that hard, was it? The mobile rings shortly after, with a response from the choreographer. Yes, she is the efficiency in person. She laments, but she understands. "Perhaps another time." So, the doors remain open, his chances were not ruined.

Or was that an irony? A subtle way to say that she will never call him again? The comments that would spread: we need to find someone else, what the hell happened to Miguel, we can't trust him, we'd better cross him off the list. He jumps from the seat, and standing, he writes a new email. Another thousand apologies for the mistake, he explains that the message was meant for another Estela, a namesake. He had to dismiss her exactly to focus on the ballet. No way, he would never say yes and then backtrack. The work over the sheet music had already begun. Hopefully, he had not caused any inconvenience. His mistake was to say he refused it.

The next mobile notification shows up even faster. He checks it, hoping for the restored satisfaction of the choreographer. He sees his mother reply: "Good, son. I knew we could count on you."

ANOTHER APOLOGUE

[by João Anzanello Carrascoza]

The immobility and a dance step discussed who was more important for the world.

– Why that proud air of one who thinks is the pinnacle of choreography?

– Your question already has the answer and the jealousy of those who live there, immovable.

– Movement, gesture, dance steps like you exist, because I exist. All comes from me and to me all returns.

– The sublime does not happen in the beginning, nor in the end, but in the middle.

– The sublime is only possible because there is the before and the after. That is: me.

– The applause emerges only when the dancer performs me. – Me, the most admired step.

– The applause, no matter how loud, how prolonged, it ceases. Your glory is ephemeral, soon I reclaim my kingdom. For hours, days, weeks.

– Until I shine again. Something that isn't meant for you. And applause, few or many, you will never have them.

– I have the silence, which is longer and honest. Without it, there's no applause.

– Are you suggesting that the applause isn't deserved?

– The applause is for the entire dance, not only for you, who is just a step.

– The decisive step! The dance reaches the climax when I show up.

– But who is on the stage the whole time? It is from me that the choreography is made possible.

– We'll get nowhere by repeating

affirmations. That is against my nature, which is movement.

– Well, we end the discussion, and I win.

– No, no. Let's go on. We just need to change the arguments.

– Let's say I'm the needle and you're the thread. Who is always in the seamstress hands? The needle.

– But at the time of the ballet, who is attached to the clothes? The thread. You go back to the sewing kit.

– The destiny of clothes, especially the sparkling ones, is inside the wardrobe. The needle continues playing its role.

– We're deviating towards another apologue, that one by Machado.

– I don't know that one.

– Of course, one who does not move, is attached to one's own culture.

– Have you noticed that the axe handle is a branch of a tree? A dead branch that serves to decapitate others, alive?

– What does this have to do with our discussion?

– The axe, in the tool holder, causes no harm at all. It needs to be moved to cut a tree branch.

– The tree lives fixed to the ground, that is its destiny. And the purpose of the axe is to cut.

– As the sound cuts the silence.

– Or as the silence chops the sound.

– Words and silence alternate. The same happens with the light and the shadow.

– The waves of the sea also take turns, crashing against the rocky shores.

– We're deviating even further...

– Yes, let's go back to the scene we belong to.

– In this scene, I, in complete paralysis, am always present, whether there's a performance or not. Not you.

– What is the value of presence if it goes unnoticed? I, when I show up, am the event itself

– You're nothing more than a dance step.

– Consensus is the most beautiful. And there's no use standing there looking at me, motionless.

– I'm not standing motionless, I'm motionless myself. Something you are not: you are in the dance. To be something is a condition, to be somewhere is just a moment.

– A moment that stays.

– Maybe in one's memory, but not in the solid world.

– Everything in this solid world comes undone.

– But it takes long. A great wall withstands for centuries. The movement, on the contrary, goes as fast as it comes, just like a blow

– A divine blow.

– No, human. And who knows if such a blow just happens by chance.

– By chance or not, a blow is better than nothing.

– Exactly: even because the nothing is static

– And some would say it is ecstatic.

– Look who's coming, the choreographer. What is his point of view?

– I don't know, but if he came, the movement brought him.

– The movement, I say it again, comes from the inert and to the inert it returns.

At this precise moment, the choreographer, gathering the dancers at the stage, said:

– Movement, life; death, immobility.

And started his work of giving less death to life, and more life to death.

[by Paulliny Tort]

Before loving dance, I loved birds. At least that's what they used to tell me at home. They said I was fascinated by thrushes, sparrows, and great kiskadees, and any other little bird that would appear in the backyard, where my mother left papaya and other fruits for them. My parents found it beautiful that I wanted to mimic them, by flapping my arms and standing on the tip of my toes. They thought I tried to fly like the birds. I was very little, I do not remember those plays, nor the house we used to live in, but I knew that the flight wasn't exactly what fascinated me – otherwise I would also be interested in airplanes, helicopters, kites. What appealed to me was that the flapping of wings resembled a dance, it was the natural choreography of animals. I told that story to Eneida, when she came to me at the end of a rehearsal and told me she felt ready for the *Double Firebird.*

It was an interesting coincidence. Between smiles and laces in sweat, Eneida told me she had been given a black bird when she was a child, and that she used to dance with it at family parties. The little bird would have been her first partner, which proved that she was rehearsing for this role for a long time. I knew that was a serious topic, despite the nearly childish tone. Eneida, who joined the company about a year ago, besides an admirable technique, she has this innate will, this obsession with dance. And I stared at that twenty-two-year-old girl for a while, because she reminds me of the dancer I once was and who, in many ways, I have never left to be. I said she would be welcome at the auditions, and she ran her hand through her forehead, relieved. That was when I said that I had also danced with little birds. The following month, I, and the restager appointed by the choreographer, chose her for the role. At the time, Eneida said she loved each gesture that Marco Thoms created for the *Double*, both the grand ones and small ones, the most expanded and the most measured. I think of those scenes as I drive, knowing the type of conversation we would soon have. I stop at the traffic light, I see my eyes in the rearview mirror. They're the eyes of the director, not those of the dancer, although they remain with me, somewhere. I engage the first gear, I brake for a belated pedestrian, and go.

The Double is a twelve-minute piece. Thoms interprets a contemporary Russian fairytale. In this *pas de deux*, there's no Ivan Tsarevich against the magician Koschei, we hardly know if there's a *Firebird*, but we witness the encounter between two magical creatures. One day, at a rehearsal, Eneida said she had the feeling that the creatures would be one single individual, and would represent the inner negotiations happening inside people. An interesting interpretation, quite Freudian, and I complimented her. Eneida usually comes to work by subway, sometimes I do too, but today I decided to come by car, so I know we won't meet at the parking lot. I step out of the car, turn my wrist to check the time, twenty minutes left until our coffee meet-up. I press the little button that closes the automatic windows. Headlights turn on and off in the daylight. I greet the janitor, we chat for two minutes about something, and I go up the stairs.

Since I took on the artistic direction,

I've been thinking about the *Double*. It was imperative that we danced Stravinsky. In March last year, when I began planning the season, I decided that we would perform *The Firebird*, but I was still uncertain about the choice of choreography. Beyond the version itself, it was necessary to consider the repertoire as a whole, the other ballets that we would dance throughout an entire year, so that there would be a balance between languages. No doubt a classic staging would draw crowds, as with *Swan Lake* in the previous season. I can even imagine the rush for the tickets if I had chosen Fokin's choreography for the *Firebird*, with folkloric sets and costumes, ballerinas in pointe shoes, everything that the audience likes. But, besides the high production costs, I had other options available to stage a classic. *The Firebird* allowed us to dare, invite the audience to explore new grammar, something that both Eneida and I enjoy so much. When she dances, the classical training is evident in her body, even when performing contemporary movements, but a ballerina prefers challenging works, from choreographers who reflect the present time. I think about the costume fitting, the eager happiness of that girl, as I pour the first cup of coffee and gaze out the office window. The cars, the sleepy people on the streets, the pigeons on power lines, the leaves of trees, everything dances. I'm convinced that Eneida also sees the city like that.

The most appealing thing about the *Double* is simplicity and flexibility; the *Double* can be danced in any formation: two women, two men, or a woman and a man. It's a synthesis work that represents the essence of that myth for Thoms. Eneida captured that perfectly. Due to her enthusiasm, she often exceeded the daily six hours of rehearsal because, in addition to being part of the cast of other works, she practiced at home, despite me telling her not to push too hard, I was also twenty-two years old and an aspiring ballerina, so I understand that excitement. Last Monday, I told everyone, but it was intended for her, that our career is longer and more joyful if we take care of ourselves, if we prevent injuries that may become serious problems. Eneida pretended it wasn't meant for her. She already suffered stress fractures in the ankle, before joining the company. The only effective treatment for stress fractures is rest, and she knows it. But, how could she decide to stop so young when a dream is at play? How could she give up the role of her deepest desire and hand it over to a dancer from the alternate cast? I turn on the coffee machine, considering whether I will mention my conversation with the company's physiotherapist, or that I saw her limping as she was leaving the last rehearsal.

The dancers notice that I connect with whatever happens on stage. Whether they're at ease, confident, I also see myself like that, and I can physically feel when someone dances with some discomfort. I even know if they have some problem at home. Involvement provides us with a kind of third sense, an intuition. The company is a collective mind. So perhaps Eneida also senses the content of the conversation we will have. After all, this is a daily problem in our universe, but it always touches sensitive aspects of our lives, of our personal limits. Dancers live to expand human boundaries, but that cannot be done indefinitely. And when she knocks on the door and comes into my office, the smell of bitter coffee hanging around the room, we do not need to say much. Eneida needs to stop, rest for a while. I have the commitment to take care of this, as much as I take on the mission to make her come back stronger. While she stirs the small spoon in the coffee, I say: don't worry, Eneida. You and I can only understand life by dancing, we never stop dancing. Never, you got it? She smiles, even if she isn't happy, and tilts the cup to her mouth. She dries a solitary tear, and commits to see an orthopedist, care for health, then she says no more. In the final hug, I feel she seeks comfort on my shoulder, so small, like a daughter. Before she leaves the office, she does a *port de bras*, which is her way of saying she will be back soon. The birds always come back, Eneida. And that is what I believe. And every ballerina needs to believe that.

LET ME TAKE CARE OF THE REST

[by Sérgio Rodrigues]

You do not see me directing the stretching of the linoleum, one meter and sixty centimeters wide, six rolls, and later, when your small brown feet glide over it as if winged, I know that you do not think of that for a second, nor of the linoleum, nor anything that needs to work so that you can shine. It is even a sign of your grandeur, this indifference. What needs to work should work, simple as that, that's what you would think if you thought at all, I know I'm the last person to cross your mind that time. Not that it makes me less devoted to you; it makes me more devoted.

I'm used to being invisible. I measure with the eyes, and then with the tape measure between the legs: stretched, fourteen meter proscenium, big and old theater. Falling apart for real, many useless bars, but when the curtain opens, nobody cares if the extensions are all patched up with dried-out electrical tape. The cyclorama lights up a magnificent amber, then blue, and then the drums and violins enter, and then you come flying like a butterfly.

You: just turned twenty, in a short tulle skirt, accentuating your long legs enveloped in thin mesh, as beautiful as your mother's. The legs are her most evident inheritance; as for the rest, I find you both quite different, and not just because of the contrast of skins. When your mother rushes out from the right wing, so white-skinned, dress at knee height, and you both begin to cover the entire stage in that tormented pas de deux to the sound of a Russian composer whose

name always escapes me, at that moment, you both look even more different, two women almost opposite in body, soul, dance. Like positive and negative. It is beautiful to see, but, in a way that's hard to explain, uncomfortable.

I notice that, of the four spotlights forming the left diagonal, one is threatening to burn out. Of course, for now, only I know about it; a slight flicker in the light, an almost imaginary oscillation, maybe just a premonition. I take mental note to change the spotlight before tomorrow's performance, and when I return my attention to the stage, I find a tense scene, the climax of the drama being portrayed, where the young lady fulfills the role assigned to her kind and, between bold and insecure, challenges the older woman. The latter, covered in glory, isn't as foolish to the point of ignoring that she's in decline. She suffers. She has malevolent thoughts. She even threatens to slap. I pay close attention. The music amplifies the pathos of the scene, and the choreographer skillfully explores the sparks that come from the mother's eyes at that moment; one can see that he designed it with true feeling, not just to please the woman, also the director of the company, the tragic challenge she throws at time.

In the end, the old ballerina will die, the young one will cry; the name of the Russian is on the tip of my tongue. But the applauses will come, are coming, ah, laudatory, from the crowded theater, everyone standing, audience one, audience two, galleries, this heatwave that sweeps the night won't be enough to dissipate the tension that will linger, that always lingers, between you and your mother after the theater lights go out, and from the dressing room everyone goes home, and from the vigil they plunge into sleep. Maybe no one else notices this, just me and my professional eyes?

No, not this time, people notice: the lighting crew, the driver, the social media girl, the dancers, everyone notices, even if no one says a word, when the city's most renowned critic praises you from head to toe in the newspaper at the same time he reserves his mother some cold, protocol-like words, to the point of sounding hostile.

That night, the great ballerina dances like never before, as if it were her last performance. Ferocious, suicidal, the theater is in ecstasy to see her; that's pure gold, the pinnacle of a life dedicated to art, the exact moment when she reaches the ceiling and plummets from above, screaming like a mortally wounded eagle.

In the scene where you both argue, your mother must stop the slap just a few inches from your face; however, the slap swings in full, snapping against your cheek as if you were a percussion instrument.

Taken aback, I see the blush on your left cheek, the pain in your eyes, your struggle to stay in character and keep on dancing, but you continue; after a slight hesitation that maybe only I, eyes of the duty, notice, you keep on dancing heroically, beautifully, and carry the performance through to the end.

The applause takes the world again, but what is left is more than tension. I hear the quarrel in the dressing room, I do not dare to knock on the door, even when sounds of destruction, glass shattering, come from inside. Your mother saying that you can go and look for another company, that tomorrow, the last day of the tour, both will dance the last dance together. Wasn't she a grown woman? Didn't she want to fly? So, fly to f... hell. At that moment you start to cry, and I vividly remember another time, twenty years ago, with my ears pressed against the door to catch the slightest whimper or sob from you, forbidden from holding you in my arms.

Your mother's husband at the time, whom you learned to call father, was the excuse for the abyss she dug between us, the queen's daughter, and the stage manager. Her husband left later, others came, and the abyss widened even more than the largest of the prosceniums; it opposed my rights, I think it even opposed the laws of nature, but it was already there, so it was easier to stay. The big star, an aristocrat by birth, grew up and became huge; you were no longer a child; I remained invisible, making everything work.

On that night, your mother shouting "brat! spoiled! bitch!" like crazy in the dressing room, you breaking down, and me in the corridor wringing my hands, that's when the whole idea came to me at once, the complete plan. The end of the tour would bring an end to much more. The fall of the spotlight, fatality; theater falling apart. As for precision, a matter for the eyes and tape measure, no one needs to know about it, and you less than anybody else. Just shine, my child, with that shine of yours; let me take care of the rest.

FIBERS

[by Natalia Timerman]

Stand still. Yes, like that. No, not much, just a moment, done, now move, like that, let me see that muscle. The muscles, I will highlight each of them, and the muscles grow in action. Yes, here, quiet, now hold your breath a little, just one more stroke now, uh-uh, like that, look at the beauty of the shiny lycra on the deltoid. Does it tickle? It's the tip that carries the ink, don't laugh, it's so subtle, so perfect, but perfection is subtle. Now the acromion, it's as if I anticipate your movement on the fabric, everything is already stored in rest, and rest is the silence of dance, but here, look. Like that, done, hold, it has to be slow, contouring the bone, the bone doesn't move, have you ever thought about that? The muscles are those that pull, lift, spin, the antithesis of bone's immobility, calm down, you're almost there, I promise this will be the last version, what do you mean, always the last? I did not say that last time, stop, stop, now raise your arm, please, because I will underline the trapezius, like that, here, just a moment longer, here, just a little more, done. Now stretch your arm like this because it's time for the latissimus dorsi, below it we have the lats, which I always thought of as the muscle of the mountains, the house window to where I escaped from the screams, but the lats don't show on the surface of the skin. Now lower it, three steps back, let me see, hmm, yes, it can be stretched, don't complain, it's just the second day in the same position, for her it took three, it's going to look beautiful. Posture, for more than ten years, turn around, why are you laughing? Tickles again? Iliac crest, gluteus maximus, the buttock muscle is so beautiful, for more than ten years this demand, the new, the new, the new, but so much new becomes old, calm down, turn around, like that, breathe in, breathe in, breath... to invent, one doesn't invent for outsourcing, but for in-house, only in yesterday, like this, stop talking, please, a moment of silence, just one line here, the blue, the ribs inside must be blue, if you see a bird really close you will see it has no wings, no feathers, no nothing, things really close don't exist, neither from afar, done, now turn around, the stage is the existence of both, the light, stand still now, save the movement for later, is it alright?, does it look good? I keep it here in the line, it was always like that, the scream, the sound, the shreds, the window, the mountain and your muscles, and then the day of another window, of the bus, of the mother's side, for more than ten years, for more than twenty years, thirty, forty, I've heard the sound as if it were today, as if it were here, this is the ribcage, here the serratus, open the latch, the creak and then the air, it's in the air that the movement happens, uh-huh, look here, in the external oblique muscle, then comes the chiffon, right at the junction with the iliac crest, a body is made of tissues, one muscle, of fibers, now the legs, I'm outlining here, and the loose fabric goes on top, now turn around again, very good, the trochanter, the quadriceps femoris, very good, my father used to say, perfect, when I got it right I still hear his voice, very good, it took just a moment, it took long, ten, thirty, fifty years, but for like twenty years I know, since I came I haven't had anything like that before my yes, now the other side, from behind, please, to the front, oh no, let me see, hmm, just one line was left in the gastrocnemius, done, it looks beautiful, I know, now I know, and each time is different, but it's always the same, the leap is almost always towards the nothing, you on the stage and I on the fabric, done, almost, fetch him a cup of water? You all seem to get tired of being still, you rest by moving, now go, hold, I'm getting the chiffon to see how it looks, let me tie here, done, almost there, the other leg, raise here to see how this line looks with the leg raised, perfect, the pants go up to the ankle, done, just another line, slow, done, now turn around, now move, take a rest, stretch to see to which extent the fabric withstands, each time is like that, what do you think? The shade of blue in motion, the light, many versions of the same body, it was like that, let's try them on, this one no, this one no, this yes, disposing, many versions, draw the muscle of each one of you, come back because there's one thing missing, lower, like that, stand in that position, ok?, it has been a long time, long time, very good, he used to say, very good, this way I can underline the sacroiliac properly, to listen behind every choice, then I noticed, not only one day, over time, over years, over decades, that the wrong and the crooked are what makes the human, like this, now raise, for everything, the wrong and the crooked move, the precise freezes, done, you can jump, leap, the strength, the muscle, the fiber, the tissue, but there's a strength that is made of weakness only, almost there, the negligible, like that, look, this line here, who will see it from the audience?, nobody, from afar nobody sees, but it's there, it exists, along with this, with this, the outfit, the costume hesitates, breathes, what is you, breathes, the dance, what it's going to do, the dancer completes the costume. Now I know, very well, I can even tell which error is an error and which one is an accidental settle, the window, the air, the space between the view and the mountain, there are no mountains in this city I happened to come, only the concealed ones, there are bodies, these, this here, here, hey, here looks no good, not obsessive at all, I'm going to do it again, it has to be, turn around, the tickles, the new one again, now it looks good, very well, he used to say, and I still did not know that weakness is strength, and that everything fits, everything fits in, even what is outside, between the window and the mountain the same air, the same air that envelops traffic signs, the signs' colors, you see? everything fits in, the bag of chips I saw the boy eating, the chiffon, those colors, the shape, attentive look, I learned right there above, I learned right there behind, the composition of my visual file, almost there, almost ready, call the next one in line cause I'm finishing here, ok?, you see that it worked? Now go, move, the patterns move along with you, it was already moving before, keeping the movement in line, here there's no nature, here there's, there's always, look at the flower, come, the composition of the colors of flowers is of a mesmerizing elegance. Birds, fish. Color. Next.

HUMAN FACTOR

[by Pedro Augusto Baía]

> I realized that — in spite of all the risks involved — a thing in motion will always be better than a thing at rest; that change will always be a nobler thing than permanence; that which is static will degenerate and decay, turn to ash, while that which is in motion is able to last for all eternity..." (*Flights*, Olga Tokarczuk)

I want to communicate, speak, tell, inform...

Carmem hears her own voice in the dream that fades away while her body wakes up. But she wants to linger a little longer in the dreamlike experience, a refuge from the frenzy that has been her work as a Communicator in the dance company, in the weeks leading up to the launch of the 'Human Factor' performance.

In Carmen's dream, there are no press release revisions, calls to newspaper newsrooms, or countless projects for social media promotion. What fills in is the contemplative silence that precedes the entrance of dancers onto the stage.

It is the silence that welcomes the arrival of the body, she hears her own voice again, and no longer knows what wakefulness is and what sleep is. She sees herself walking on the stage, there are silhouettes rehearsing diaphanous steps, and float on the tip of toes. In this universe that's now the stage, the silhouettes glide among invisible particles, an abundance of gestures rising under gravity.

How can a body speak so much?

Carmem listens to the last question, and she's no longer sure if that's her own voice. Or the dancers' silhouettes, as if they wanted to give away that something was still missing about the performance promotion. A little confused and drowsy, she gets up from bed, and walks around the room looking for her glasses. As an attempt to grasp the dreamlike reminiscences, she repeats the fragments of sentences and wants to check her laptop for a final look at the press release that, still this morning, she would send to the newspaper.

With her myopic vision saved by the glasses, Carmem heads to the kitchen, mentally crossing off all completed tasks related to the performance, as she checks the time, and tries to not succumb to the paranoia that the newspaper will give up publishing the full-page feature.

While she has her breakfast, she concludes that eventual pending tasks do not worry her. What causes butterflies in her stomach is the company's fifteenth anniversary, what brings her to be closer to the meaning of her work, an attempt to remain in the next creation. Everything was done with subtle astonishment, from a mere paragraph to be written about the show, a staging in a town square, or a press conference with the company's president. Although promoting a show in the media was Herculean, all members of the company were part of a big dance, each moving within the limits of their roles.

"No, there is nothing else left," she told herself, while she combed her hair in front of her room's mirror. She completed all tasks, now it is time to wait for the audience, the critics, and the mysterious ways of the relationship between art and audience.

She leaves the room, grabs the bag she had left on the couch, looks with pity the plants that seem forgotten for weeks. And the piano. She cracks her fingers, only at the end of the month she will have some time to play a bit. She grabs the keyring, opens the door and leaves. She immediately feels the smell of lemon balm wafting from the apartment next door. How many days has she not seen Raquel, her next door neighbor? She opens her bag to look for a 'Human Factor' flyer. Raquel likes to see her performances, in such a way that it became customary for Carmen to hear her input.

The door is ajar. Before knocking, she hears some humming and agitation inside. Carmen calls, but no one answers. Then she decides to push the door and, from the small hall leading to the living room, she sees Raquel's aging arms making circular and brisk motions in the air. The rest of her body is still concealed in the living room.

Carmen comes in. On the sideboard, she sees a cup with steaming tea. And in the living room, lit by sunlight streaming through the immense window, Raquel is an 80-year-old bird who woke up, and rehearses dance steps, with eyes closed, as if she were in a trance. It takes Carmen a while to recognize her, the motions seem to have rejuvenated her.

Only when Raquel fixes her feet close to the sideboard and opens her eyes for the cup of tea, Carmem gathers courage to say:

'Bravo, bravo, bravo!,' and claps.

Raquel is taken by surprise and looks back.

'Ah, you're there.,' she says. 'Sorry for the improvisation...'

'I spoiled your performance.'

She smiles, timid, and hands her the cup of tea.

"Drink some, it'll make you feel good these days... Anxious, right?'

'Yes...'

'I know. You haven't played Rave on the piano lately.'

'Uh, I still have so many things to do before the show. I brought you a flyer, I'd love you to come and watch. It has been fifteen years.'

'I was in the first row when the first performance was staged.'

'You've never told me that...,' Carmen is surprised. 'And I didn't know you liked to dance...'

'Uh, who cares for the audience stories? And I didn't know that I could... dance?! But you've stopped playing the piano these days. And then I had to improvise, like our mothers used to do when we were babies... humming. When I realized, my entire body started singing and, suddenly, I was dancing, dancing... Nothing in special, just improvisions'

'It was so beautiful... full of life.'

'It's how I feel when I'm the audience.'

Absorbed, Carmen contemplates Raquel.

'Yes... you've always been on the stage...,' Carmen murmurs. 'And now you dance...'

Raquel smiles again and sits next to Carmen.

'Don't be naive, this isn't a dance... I'm just moving my body, trying to stay alive.'

Carmen hears the last sentence and believes she has found the personification for the show that would premier next week. A body that changes, improvises, and, as the last act, leaps towards life, communicating with the world. The human factor is the change, and, on stage, the exposure, the muscles finding the rhythm, inventing steps. Carmen knew that this type of connection would not fit in a release, in a report excerpt, let alone in the opinion of a critic. It was something organic. Then, with a feeling of great surprise, Carmen notices that she has found something impactful.

'Would you accept recording a one-minute interview? I'll send it to the newspapers'

'Nobody has ever cared to hear my stories...'

'I just need you to tell me when the change started, and your body decided to dance?'

Both spent the rest of the day together. As the hours passed, work messages came in, and Carmen replied saying she was busy, working on new promotional material for the company. By twilight, Raquel had finished telling her story, and the room was flooded by the orangish light, static shadows on the wall. The work is complete, Carmen thought.

THE KNEE

[by Aline Bei]

I've never been to Rome's airport – until this morning. From Brazil, I landed first in Florence. I needed to see the David statue at least once. Then I took the train to Termini station, just to live those terrible days, days that I might talk about later, maybe not. And now, now I find myself at this airport, and I can safely say that it looks like any other I've been, busy, with people gliding their elegant – or, more commonly – battered rolling suitcases, either absentmindedly or on edge, adjusting the backpack on the shoulder, bidding someone farewell in a hug that only seems insufficient by the time that all dissolves, well, people from all over the world, some in coats, most are sitting in great waiting vacuums, with faces drowned in tablets – rarely in a book – and, of course, the worst of the lot, those who, before checking in the suitcase, wrap their entire baggage in an exhausting red plastic – an airport, as you can see, just like any other, with its right foot high, and its beautiful, magnificent airplanes, although engineering cannot take a step without that meaning involving risks and death, when self, is almost never a good idea. On my side, I don't say anyone farewell, I don't look back, my difficult moment, as I've told, were many, but especially yesterday, at the hotel's automatic door that opened and closed opened and closed before the indecision that has never been mine, but J's, always J's, and now it's over. I read the QR code on the machine, I follow the X ray line. A body, just like airplanes, doesn't advance much more than it has advanced over centuries, to be safe, there's always a limit, my knee, for example, could be much more technologically advanced, that would prevent, besides the pains (yesterday, hugging J for the last time, I experienced my body being distributed between them and heard pops) all the money I've spent with orthopedists, physiotherapists, and analysts, in addition to the time without dancing: it's when a woman bumps into me, she doesn't apologize, she carries in a hurry inside a portable tent a German Spitz, and she's blind for that, blind for the love she feels for her puppy, and for the bureaucracies yet to be settled so that both can sit next to each other until the final destination. It's like I said, this airport doesn't excite me, I soon recover my balance, and turn my attention to the tv screen: like a miracle, I found with the right eye, in the black background written in white the number 12, my gate's number; and with the left eye, there in the white background, which actually is the window's walls, a magnificent grand piano, would it be a Kawai? – as if my eyes could be relatively free one from the other, quite like the hands.

IT DOESN'T EXCITE ME

it was a Kawai, unmistakably. for a moment, I thought the piano belonged to those typical airport restaurants with minimalist decoration that captures the presence of the most absent-minded fellows who sit on the armchair, and then when the server comes close, well, too late, you have to order something and you order – an espresso, which is served along with some mole-sized candy, and sparking water in a cup that barely fits the fingers, but when the bill comes, uh, when the bill comes! It's as if you had ordered a damn rolled beef. It wasn't the case with this piano, I want to make it clear. it wasn't *inside* something, any less at the service of anything. the Kawai, as all points out, was just lying on the corner of the airport, wild and open to travelers, who could spend their free time with it, and those playing it weren't any close to professionals – they were, at most, fearless, a lover of Chopin, no doubt about it – and in a suit, that is, at least someone well-intentioned, though nothing justifies their lack of subtlety – my knees will say it! – but, curiously, not of talent, by hearing him closely, I noticed that there was indeed a moment in which the guy and the music seemed to be made of the same matter. but it passed, like someone trying to juggle, and when they see the balanced pins, they panic with the astonishing architecture of their accomplishment. uh, the rhythm! Herein lies the danger of the beast. I for myself, in my boyish pirouettes next to Vânia, the unforgettable Vânia, my ballet teacher, who, if had not been so beautiful, let's be honest, I would never have become what I became, maybe I would not even be at this airport, watching this poor guy committing mistakes, mistakes – just to, then and briefly, balance the pins.

BUT THAT WASN'T EVERYTHING

as I make my way to the boarding gate, I see, not surprised this time, a second Kawai, and then I think that soon a third one will pop up – and there it is, from where I'm sitting and legs crossed, I can see its huge black tail, and, of course, my eyes sniff out the next one from many, and, for God's sake!, would someone who can truly play it show up at some point? the one daring to play it next to my gate was even worse than the first, I almost miss the first guy, but in his defense he was even younger, and had friends taking pictures of him, well, I hope they're pictures and not videos, you can even call me old-fashioned, but, at least, in my adolescence we limited the humiliation for a circle of friends. Then, they change places. the one wearing a black t-shirt, jeans pants, and worn-out sneakers – also had hair covering this face in a way that got to me, thank goodness I have no children – he hands the mobile to the boy who plays and sits in front of the Kawai: the posture doesn't get any better, none of both warrants credit for charisma, but now the one in black is in command, he plays some music I don't recognize, I hear with full attention, but I don't recognize it, the pauses, and then all that excessive acceleration, though it's noticeable the way he navigates the piano with intimacy and particular grace that seemed unlikely at the moment he sat. Now his friend is recording, and, despite the boy at the airport, according to my math, has two attentive spectators only, on the internet he's live, I hear his friend say, on the internet it's likely that his audience would fill a small-sized theater.

WHAT'S WRONG WITH THAT?

and there we go again for long and boring hours, backpacks and suitcases in the compartment, the delay as everyone struggles to fasten their seatbelts. thank goodness I got the aisle seat, that's the place – laugh as much as you want – I like the most. and after sitting, after resting my head for a moment on that headrest, and hold with my disembodied hands the blanket bag and the headphones – which I won't use, nor even open, once I even found a strand of hair tangled in the wool – it's when I see a baby in the next row, and there we go for long and noisy hours, but the baby happens to notice me, and not only that, I have the impression that – the flight attendant cuts off the view – I have the impression that he reads and dismisses, one by one, my thoughts, like the vinyl records in my father's room. I also notice this predatory attitude in his eyes is also in the rest of his body, forever untouchable in the lap of a woman of whom I see just the arm without any musculature, besides the vaccine mark. that's when the baby stands up, and something in the disturbingly confident way he moves – or tries to move as if stepping on grapes – hypnotizes me, I don't like babies, but someone like him is not exactly a meaningless blob, this baby full of poise – the flight attendant cuts us off again – he challenges with dignity his condition of knowing so little, even of himself, of what is going to happen next, the body, neither a friend nor an enemy, the body a bottomless well of sensations. hunger is likely the greatest of them, followed closely by fear and sleep, in addition to other nameless things that a baby experiences, and that should fit the face of the woman holding him, the woman whom I will call from now on: *the mother*. she's his entire world – there, he's no different from other babies. what is new is his prudence, or this kind of innate ability for the time of calm, and after touching his mother's face, he turns to stare at me: now it's a jacket that blurs the view, but there's a plenty of time for us to get used to such persisting interruptions, and, maybe, the baby has already noticed that we both will be the window of each other for countless hours, I retribute his gaze almost infatuatedly, almost as if we had been old friends. but I don't smile, with him I don't need to soften my face, he can perfectly stand it. it's when the mother lays her baby in her lap, and for my disappointment, he gives in, although it distorts into what soon reveals itself as a cry, and his few months of life finally cloak him: it isn't a man, not a genius, just braver than others of same age, and while I stare at his head, I pray that time won't take that from him.

THERE'S NOTHING IN THE FRIDGE

I wake up sneezing in São Paulo, as usual, and even by throwing open the window as I do now, the vicious air of my sleep doesn't give way – or is it the smell coming from inside me? when I chose this apartment, I thought of the distance to the Dance Company, and now it's late, I became attached to the floor, it reminds me the room I started much before Vânia, when I still wore orthopedic boots, and pounded my feet on the floor, if my parents didn't stop me before, it's because they felt sorry for my bow legs. but that noise was nothing compared to this hell São Paulo has turned into – I close the window again – I'm surrounded by three construction sites, and when the buildings are ready, I'll have to resort to curtains, or to overnights if I want some peace. I wear my bathrobe over my underwear – I tie it. I boil water and put coffee grounds in the filter. turn on the tv, and luckily, a movie I love is on, I have coffee while watching that very funny guy, a twenty-something nihilist wearing a checked suit. Then I do the dishes, I arrived hungry yesterday, and too tired to tidy up the sink, yesterday when there was still some food left in this place. When J visited me for the first time, I remember she mocked my kitchen emptiness, she said it was equal to my existential emptiness. Later we went together to the grocery store, she bought a little of everything, and never had my fridge looking so much like my mom's.

THE SHOCK

I go down to the grocery store wearing a cap. I wear it for the sun, naturally, although I sense another need, a much more secret one, hard even to explain. for days having a head has been a burden, and the fact that it's an irreversibly fleshy face weighs on my desire to experiment – why not? – an absence of traces, or who knows a vanishing into the body, a nothingness in place of the face, the nebulousness of nothing at all, and the face is the sheer persistence in space, man's great stubbornness, the first thing to be born, and the last to be gone. I go inside the grocery store; therefore, wearing the cap as a shield, no one will find my eyes, I reach for a basket and head to the vegetable section. I picked the sanitized ones, in addition to the pack of granolas and other nuts. I find a good bunch of bananas, three or four carrots, and while picking the tomatoes, I have the impression I am touching the knee of the *dead*.

NIGHT

it's an abrupt decision, that's why I walk in a rush and hands in my pockets, I get inside the theater head down, keeping my body tamed until I am in the seat. when the lights go out, I feel a shiver going down my spine, a shiver that expands when the music starts, I take off the cap – does anyone look at me or am I just another docile member of the crowd? – the face that I've lost over the day, as one loses the home's key, easily and quickly. on the stage, the dancers multiply in swift, coordinated movements, it's possible that they mimic the lungs that are constantly featured in internet videos, now, their tightly stretched skins are shining, when one of them stands out and advances to the proscenium, advances with his made-up face, with such precision and cruelty that hits my absence in full: I unexpectedly lose my edge of fur and bones, I myself perform two, three pirouettes – and land, with no trace of unbalance, born in Japan. my shoulders are two white rosebuds, they are perfectly aligned with my hip, and my hands are my saintly presence on the stage, I soon get used to the astonishing architecture of my success. I go on, feeling relaxed, I also dance a human organ, and the performance light seems to be born from two angles: my knees or the head of the baby I came across. and there comes the ballerina, she confidently throws herself into my arm, J, I hold her graciously using the trunk and we reach again a great height, we spin our versatile aerials then we proceed with that beautiful deacceleration: at this moment, our joy is palpable – there are no mistakes – The dance *is* the future of the body, the great body engineering – and the place I finally feel no pain.

THE NEW FEAR OF MAURO JR.

[by Carol Rodrigues]

Mauro Jr. has a new fear: he always has to be face to face with the world. It isn't exactly fear, aunt (he presses the tape on the corner of the glasses) it's more like a precaution I take (sweating and shirtless he explains to the visitor as if presenting a thesis on the death of stars), for example: you can't turn your back to the sea, or it will swallow you, nor to the cross because God doesn't forgive those who turn the back, nor to a lion, because he charges at you, I saw one jumping when the Japanese guy turned, search for that on your mobile (the visitor grabs the mobile).

At this moment, Mauro Jr.'s father comes into the room (huge in contrast with the flea-sized boy), that again son, leave the visitor alone (Mauro Jr. leaves the room slouched to the side, holding his large shorts), and Mauro father offers some more coffee, and complains that now with this trend the wall is dirty from children's backs, repainting is needed, a fortune in paint, the fear of shrinking at least didn't make it dirty (the visitor takes a sip of the coffee and asks), and how is he doing in school? They let him sing the anthem standing on the side, can you believe it? The little hand on the chest and all, but in soccer if he looks at the team, he turns his back to the goalkeeper, then it's complicated (Mauro Jr., who is hearing from the room completes in his scientific tone: it's because they've hit the ball on my head, pushes, knee strikes, and signs on my back saying 'kick me.' Nothing good comes if you don't see what is coming).

The visitor (another sip) crosses the leg and adds in: Betinha, my cousin's daughter, learned in school that a star is something huge, then she thought that a shooting star could fall on her. She was even more scared during the day when we can't see what's moving in the sky. She walked awkwardly, hunched, hidden. Then they enrolled her in dance class, and she became such a beauty, all stretched (Mauro father adjusts his posture in the armchair, the advice is coming soon), enroll him in ballet at least for distraction, there's a school around here now.

Mauro father takes Mauro Jr. to the edge of the neighborhood and claps his hands. From inside, a man comes out and continues looming, live, a centimeter taller at every second (and walking as if they had reduced just right now the gravitational force of the planet), and says barely opening his mouth, even though with a smile: how can I help you? Mauro Jr. anchors to his father's leg, he barely looks upwards (what if the sun burns his eyes), the adult world becomes too tall, he hears no more. Then the nameless man stretches his endless arm.

Mauro Jr. (who has just one fear at a time) accepts that hand and enters the big room with a very smooth floor, and a bunch of mirrors cut in half by a huge iron bar. It's so strange to see so many like that. Mauro Jr. here, there and everywhere. Then, more people suddenly emerge: two little girls looking exactly the same, and two different little boys. Mauro Jr. runs backwards and attaches himself to the wall, all stretched like a toothpick. The other children line up and hold onto the bar that divides the front mirror. The tall one plays some sad music. The short ones bend knees and stretch tips of toes. Then they turn to the other side. Who was in front goes to the back, and so on.

The tall man tells Mauro Jr.: you can participate in the class when you feel like it. Mauro Jr. won't participate. In fact, he'll leave the room after everybody else. He doesn't trust (he doesn't trust).

Guys, you have to feel it, says the tall one. As if it were easy like that (to feel that you're a zebra with a lion near the whole time). Feel the music. The twin girls aren't so alike. One squints, the other opens the eyes wide. One boy smiles, the other nearly cries. They turn to the opposite side. Everything is the same, but different. The tall one claps hands. They turn again. Backwards, forwards, backwards, forwards, Mauro Jr. no longer knows what is front and what is back. Then the tall one commands everyone to the middle of the room. Repeat it all over again, but without the bar in the hands. They have to balance all legs and all arms, everyone turns their back to Mauro Jr., and sees Mauro Jr. in the mirror. Now it's time for jumps and turns. Diagonal. Everybody in line, each little body at once, and spins and spins the entire room (those people are not afraid of anything). And the class is over, and Mauro Jr. didn't leave the wall. One of the identical, but different, comes close to greet with a handshake, like in a capital fusion. From up-close he notices that she sees only from one eye. As an oral exam he asks: what are you afraid of? In the promptness of a good student, she lists: of snakes, beetles, and zombies. And the four start heading back home, saying 'goodbye' to Mauro Jr. with sweat, as if (since always) he had lived there in that little corner of the ballet room.

The teacher returns to the center and doesn't say 'trust me.' He turns his back to Mauro Jr., watching him in the mirror. He does something he hasn't done for a long time, something that (for that reason) is scary. He gets even taller, bends his knees, stands on one leg, and the other is fully stretched outward. He breathes in deeply, and spins. He spins and doesn't stop, spins more, spins more, opening and closing the arms, every time faster, staring, Mauro Jr. can't even count the number of spins, it must be one infinite only, helicopter (Mauro Jr. takes off his glasses) whip lash whipped cream Jupiter (Mauro Jr. puts on his glasses) supernova in the Large Magellanic Cloud, dwarf star at five million kilometers per hour, always face to face, never turning his back, spinning top Earth carousel roulette merry-go-round hurricane celestial body, like Mauro Jr. has never seen before.

So, the leg is a sword, that's it. Mauro Jr. needs to learn the protected ninja spin. Spin so fast that the lion won't notice, the sea won't have time to swallow you, nor the mother to die, nor God to not forgive, no more ball, no more kicks, no more 'kick me' signs. Ok, then!

He trusted the teacher and the mirror. The tall one started teaching each step slowly. Each class a little more. One day, that fear became old, even a little ridiculous. The other fears came, one at a time, but they weren't invited for a spin. When you spin, you don't think why; either you think, or you spin. Every planet knows that.

[by Paulo Scott]

The conversation starts on the mobile application.
[Before it, different, two thoughts are found]
Introduction (version too many adjectives).

The sound can be tremendous, filled with atmospheres, rhythms, breaks, and shocks.

It doesn't matter how much information you suspend, pour out. The narrative is only magic and unfolds outside the head of the one who is covered by the sound veil (can you hear me?) when the light awakens and awakens them, when overwhelming sonic fluctuations (vibrating your body), punctuates, spreads the effects. For this reason and for other more complicated things hard to measure here (in front of you), I would assert that if I had to summarize what they do (this person in their experimenting, in their sensorial delivery, in their knowledge), I'd steer clear of trying to explain through reductive mechanics that what they do is this or that, or avoid expected scripts, of their monumental design (every singularity is monumental). I'd say: therein lies the movement that initiates the stage. I'd say: a stage always awaits the light. The light that will inevitably dance.

Do you dance?
Blackout.

No matter the schematization that is proposed, the thesis that is invented, the show begins with the intensity of light. The intensity that builds a place that serves as both transport and arrival station, making the stage an impeccable space, place that gives back and returns, liberates and cinema, gives back and returns, liberates and cinema, gives back and returns, liberates and cinema. From this fusion (different, for example, from cinema itself) will emerge a language that never repeats itself, and that repeats in nuances, a fusion that pulls us into a territory without an owner and moons; therefore: moon.

Test of the spotlights.
Centrifuge.

In the conversation, she tells me what it's like to embrace this agreement, this concert where movement transcends words and still does not dismiss passion, the blood circulation that will never repeat the next day of the season, the muscles that will never connect the same way. Light that is the path. Light that is (yes, version many adjectives) illuminating.

Here we are, Light version many adjectives.

Light, shaper of tangencies. Light that will lead semantics. Light that will assume the role *as if it were the spoken verb*.

I like *spoken verbs* because a verb brings up deep wells, wells of unthinkable hardship, that only shows when the verbs fail to fit.

In that atmosphere, the unfolding action, marked by the substantial stakes and effort invested, may ultimately find the performance.

(A stage awaits movements.) The stage

is stage because a verb in prior tells us: it's going to be here.

The light is an important part of the action (it comes from the movement mechanics, a movement that is called Heat).

I like the heat.

And she tells me, in plain words, that she likes the heat. The heat from the illumination in that first school performance has changed her life, brought luck and some sense to her existence (and even what she carries being love) and, consequently, the existence of this place.

Footlight is sea.
Each spotlight is a god.
Blackout.
The entrances to the audience, to the galleries, to the boxes, open.
Bodies. Previous movement. Everything is so beautiful.

She tells me she is a shy, reserved person.

She tells me that the first rehearsal is important. The key and interference of working promptly or, sometimes, what is no less astonishing, the pact to enable the encounter, the creation, the agreement of which, for example (this is not a lecture), designing a choreography will be so much needed.

(Listening, I remembered the first time that I saw the spotlights light up on a stage.)

She says: illuminating bodies in expansion is different from illuminating the speech, the saying, the verb. The chemistry is different, the light shows while elevating (the light doesn't show, doesn't tell, the light needs no appeal, is not subjected to scrutiny, the light doesn't need to look, because light is: soul). Does the dance elevate? The light elevates it.

The first time that I watched a dance on stage, I thought: this is the search for food. And that went on until its language (nomad?) turned into food – like poetry.

I hear what she tells me about how decisive it is to talk (to end the search) with the person who you will choreograph with.

Keep that. Search.
[dual voltage]

I think about the rhythm and wonder how much of an enclosure, in the sense of a siege, is found in what she does, in what has become her profession, her language, in this role of illuminating. Technique.

The light delivers the effort just to, in the same fraction of second, dissolve it in the allure of the narrative.

The light evaporates me.

Tomorrow it will rain.

First Signal (life is on stage).

In the strict realm of technique (that is what I learned), to project is to be in the place of the first audience, the balance between technique and passion.

(I jump off the bridge, and then you all jump off the bridge.)

She tells me that the illumination project, even with all certainty, will just be fully solved (version many adjectives) only when it happens and it works on the day of the performance premiere, because it is where expectations are connected and confirmed.

Role
[by role, I understand ___.]

Surprises unfold.

(Some things mean risk until they work, evaporate to be art, only at the time of premiere. This is an old note written for the first time that I watched, on stage, under the light, the dance.)

Do you want me?

Do you hold me?

Second Signal (life finds its place within the theater's space).

Time to talk about Mrs. Destiny (I ask Restlessness to wait).

Art waits for us somewhere.

Light is always somewhere waiting for us.

The body is always waiting for the dance.

Seated in the theater seats, the audience dances. The light goes out. Part of the audience keeps dancing.

Don't be mistaken, she tells me.

Can I say that the person that illuminates is the keeper from beginning to end?

She agrees.

Can I say that light makes space possible?

She agrees.

So, the luminosity on the mobile display applauds us.

Third Signal (life is ready for dance).

Everything is language.

Language needs embracing.

[someone writes that on the board]

She says that light embraces movement. Light is the language of volume.

I ask: where is your passion on this island?

She smiles and apologizes should her answers and explanations not be deep, dense, interesting enough.

I say it's delivering much more than I asked for in the beginning.

[As language, the art comes after the beginning.)

I think about the ethics of this dialog. And think how beautiful dance is.

I'ml talking from a place in the interior of Santa Catarina. I'm far from São Paulo. [The light; however, ensures this dialog.]

I talk a little about art being visceral, a little about the visceral side of dance.

She says that light holds her and holds everything that is look and illusion of seeing. It's beautiful.

[Thirty-seven minutes of talk.]

(The dance.)

[I thank her. We say goodbye.]

So beautiful.

With dance (in our heart), the light. Happy version many adjectives. Dance.

(Heat.)

BLACK LIGHT

[by Cidinha da Silva]

The experimental theater had shaken her head. A business of puppets, but it was not a theater for children; puppets with no human form, no puppet manipulation, as in Giramundo, which she knew really well. Abstract forms that provided the viewer with a visual stimulus to interact as a participant, so they could pulse along with the troupe on stage. In the scenario, new equipment, merger of languages, things that she had never imagined as scenic resources, the result of shortcomings, made up for proactive makeshift solutions.

She would leave the classes, with body light and full of ideas, that theater was fascinating, and to think that people had to bypass the censorship in place until the early 80's. Regarding that, she held back, to not take the relationship with sensors as something of fun adventure to ensure the integrity of the performance. Playful colleagues had speculated; they didn't know that it was a violent machine that could lead to imprisonment, torture, and death, a sticky web of mistrust, espionage, whistleblowing, and persecution, about which nothing would be learned from history books or talks with relatives.

To have access to the scenography school was a remote possibility, the university was in another town, she would have to learn at the actor's theater. The theater was school, always outside. So was the samba school, from where her experience as dance scenography intern came, something extremely challenging because it was imperative to provide free space for the progress of dancers.

A soundscape, she decided to compose a soundscape for the performance. She imagined a tambourine played during the first part of the staging. Dry. Only it. One of the forms could play it. After some time, a whistle would join the tambourine. No lyrics, the whistle only. For a long time, the dancer would whistle the score, until it became a mantra.

A love story of missed connections and a non-happy ending, danced under the black light. Maybe not an unhappy end, but something unromantic, they didn't stay happy together forever. Do you get it? The forms would dance to that story. Something that bordered on illusionism when the light would fall on the confined surface of that completely dark environment. From there, luminous images would arise, subtle, challenging the interpretative ability of the audience. She herself felt like she had taken Ayahuasca while working with the black light, everything amplified, details she couldn't ever thought existed in her inner landscape unveiled themselves as part of an old and natural repertoire.

The microphones. The icing on the cake. Ten microphones spread around the audience so that, in real-time, they could express their feelings that would be amplified on the stage. People would be randomly provided with microphones at the entrance and instructed to take their seats at the numbered spots from one to ten. As the forms shifted, they would share whatever came to their minds or hearts. Voices could overlap, that was the idea. Life was like that, so many things going on at the same time. The constant tambourine and whistle, marking the flow of time; the forms weaving that love story. No words, tambourine only, the whistled melody, and the forms moving.

That number of microphones was something impossible, the production informed her. Too expensive. Seven, she counterargued then. Not possible. Five. Not possible either, three at most. Patience, nothing left to do but accept the possible, where creativity didn't serve as solution, there was an excess of adjustment to the lean budget in art without sponsorship.

Rehearsals, rehearsals, and more rehearsals. Premiere day. Microphones provided to three people only. Seats arranged next to the stage. Audience seated. Third signal. Dancers ready. Curtains open, bodies at the scene.

Where's the light? By the third signal the light should be warmed up. Where's the light? Without the black light, the magic of the show would be gone, the audience would see that the forms were manipulated. Where's the light?

The only way out was to close the curtains, apologize, and inform them there was a technical problem. Buzz in the audience. The team runs towards the light technician. He explains that he had some stomach problem, he took too long in the restroom, and could make it back only three minutes before the third signal, when he started to warm up the light. Aw, shucks, but the set design team had gone over the instructions a thousand times; by the third signal, the light should have been warmed up. The procedure should have begun ten minutes before the third signal. Patience. Humanities. Constraints that the body imposes.

All set, light warmed up. The fourth signal puts an end to public murmurs, and gives place to an anxious and speculative silence. The tambourines begin the song, supreme. The effect is beautiful, white instrument and drumstick into the dark, and the sensation that it played itself, without anyone controlling it. The whistle comes in and fills in everything, the melody intoxicates the room. The forms dance to a love story that has no happy end.

I see many people at war, says the lady with the first microphone. The war doesn't end because one sees in the other something that is bothersome within oneself. War of egos, vanities, swords. The puppets clash with swords, threatening to kill each other. One tries to kill the other. Someone comes and breaks them apart, they talk, and come to an understanding. They start fighting again, they don't stop fighting. It's a never-ending fight.

I see two carnival designers discussing the upcoming theme for the samba school. It seems they're going to talk about the origin of the world. One of them no longer wants gigantic cars; he wants floats on the ground, more community in the sections. The other quite likes the idea, but they should weigh in the results, the school needs to get a high score if they want to keep their jobs next year.

Here and there, the ladies with the microphones add some detail to their stories as the forms move. Other people express themselves, borrow the microphone, and also share their impressions. The third recipient disentangled herself from her own microphone, she kept her eyes closed.

Someone, in the back, was humming, increasingly louder, the song lyrics: always alone, I'm always looking for someone who suffers just like me, but I can't find anyone. Always alone, and life keeps on going like this, I have no one to take pity on me, I'm getting close to the end. The black light of a cruel destiny illuminates the colorless theater, where I'm playing the role of a clown of love. Always alone, and life keeps on going like this, I have no one to take pity on me.

ABOUT THE AUTHORS

Aline Bei was born in 1987, in São Paulo. She graduated in Literature and language from the Pontifical Catholic University of São Paulo and in Performing Arts from the Célia Helena Theater School. Her debut novel, *O peso do pássaro morto* [*The weight of the dead bird*] (2017), won the São Paulo Prize for Literature and Toca Award, also finalist in Rio Prize for Literature. *Pequena coreografia do adeus* [*Small choreography of goodbye*] (2021) is her sophomore book.

Amanda Queirós is journalist and dance critic with master's degree in Communication and Semiotics from the Pontifical Catholic University of São Paulo – PUC-SP, specialized in Cultural Management by CPF-Sesc, and postgraduate studies in Design, Innovation, and Strategy from ESPM. She was a reporter for the newspapers O Povo and Folha de São Paulo, as well as the culture editor for Metro newspaper and Communications and Education Coordinator at São Paulo Dance Company (2020-2022). She served as a judge for the dance category at São Paulo Association of Art Critics (2016-2019) and as a researcher for Itaú Cultural Encyclopedia. She collaborates with various media outlets and cultural institutions on topics and projects related to dance, art, and culture in general.

Carol Rodrigues was born in 1985, in Rio de Janeiro and lives in São Paulo. She is the author of the short story collection – *Sem vista para o mar* [No view to the sea] (2014), which received the Jabuti and National Library awards. In 2017, she published the digital soap opera *Ilhós* and, in 2019, the novel *O melindre nos dentes da besta* [*The skittishness in the beast's teeth*], finalist of São Paulo Literature Prize and Jabuti award. She released, in 2023, the novel *A mulher do padre* [*The priest's wife*]. She holds a degree in Image and Sound from the Federal University of São Carlos and has a master's degree in Performance Studies from the University of Amsterdam. She works as screenwriter, curator and facilitator of creative writing workshops.

Cássia Navas is a collaborating professor in the Postgraduate Program in Performing Arts/Institute of Arts/ UNICAMP, she holds a degree in Law (USP), a Ph.D. in Dance/Semiotics (PUC/SP), and is a specialist in Cultural Management/Policy (Université de Dijon/France). Founder of the research network CoreoHistória (2020), she is the curator/consultant for dance programs/ projects. Author of books *Imagens da Dança em São Paulo* [*Dance Images in São Paulo*] (1989), *Dança Moderna* [*Modern Dance*] (1992), *Dança e Mundialização: políticas da cultura no eixo Brasil França* [*Dance and Globalization; culture politics in Brazil-France axis*] (1999), *Balé da Cidade de São Paulo* [*Ballet of the City of São Paulo*] (2003), *Cisne Negro Companhia de Dança, 30 anos de Dança* [*Black Swan Dance Company, 30 years of Dance*] (2007), *Balé da Cidade de São Paulo 50 anos* [*Ballet in the City of São Paulo 50 years*] (2019), *Dança Moderna 1992-2002* [*Modern Dance 1992-2002*] (2023), and others. She is a lecturer, conducts courses, gives lectures, and seminars at various institutions in Brazil and abroad.

Cidinha da Silva was born in 1967, in Belo Horizonte. She is the author of several books, among them *Um Exu em Nova York* [*An Exu in New York*] (2018), *Os nove pentes d'África* [*The nine combs of Africa*] (2009) e *Mar de Manu* [*Manu Sea*] (2011), which won the APCA award. She founded the Kuanza Institute, and was culture manager at Palmares Cultural Foundation.

Flávia Fontes Oliveira is a journalist and screenwriter. She is the author and screenwriter of the project *Tempo de Dança* [*Time for Dance*]. As a journalist, she worked at Gazeta Mercantil, Época Magazine, Trip Publishing House. She collaborated at Bravo!, Fapesp, CartaCapital magazines, Valor newspaper, and others. She wrote the article *Texturas da Memória* [*Memory Textures*] for the book *Sala de Ensaio* [*Rehearsal Room*] (SPCD, 2010) and helped writing the book *Na Dança* [*Into the Dance*] alongside Cássia Navas and Inês Bogéa (2005). She was the technical editor of the book *Dança Moderna 1992-2002* [*Modern Dance 1992-2002*] (2023).

Gisele Kato graduated in Journalism from the School of Communications and Arts at the University of São Paulo – ECA-USP, with post-graduate studies in Art History from the Armando Álvares Penteado Foundation – FAAP-SP, she is editor-in-chief of Arte1 channel since its debut, in 2012, she participated in its creation and implementation as a project for Bandeirantes Group, exclusively dedicated to arts. For the coverage of the channel's visual arts, she won the ABCA award, of the Brazilian Association of Art Critics, in 2014. She worked for 13 years for BRAVO! magazine, as reporter and editor of visual arts. For 10 years, she anchored the Conexão 2 show, on Eldorado AM radio, conducting interviews with artists and cultural producers. She also has experience in the editorial teams of the magazines Veja São Paulo and Capricho, both from the Abril publishing house.

Inês Bogéa is the artistic and educational director at São Paulo Dance Company and São Paulo Dance School. Ph.D. in Arts (Unicamp, 2007) with an MBA in Strategic People Management: Human Development for Managers from Getúlio Vargas Foundation (FGV, 2022). She is a professor in specialization courses in Art in Education: Theory and Practice at the University of São Paulo (USP) and Postgraduate Studies in Language and Poetics of Dance: Documentary, Memory, and Dance at the Regional University of Blumenau (FURB) in partnership with the Fritz Muller Foundation (FFM), as well as a documentarian and writer. From 1989 to 2001, she was a ballerina in the Corpo Group, in Belo Horizonte. From 2001 to 2007, she was a dance critic for Folha de S. Paulo, and from 2016 to 2021, she was part of the technical/critical panel for 'Dança dos Famosos' segment on Domingão do Faustão show/TV Globo. She is the author of children's books *O livro da dança* [*The dance book*] (2002), *Contos do balé* [*Ballet Tales*] (2007) and *Outros Contos do Balé* [*Other Ballet Stories*] (2018). Editor of books *Oito ou Nove Ensaios sobre o Grupo Corpo* [*Eight or Nine Essays about Corpo Group*] (2007), *Passado-Futuro – Textos e fotos sobre a São Paulo Companhia de Dança* [*Past-Future – Texts and pictures of São Paulo Dance Company*] (2019), and others. In the art-education field, she was a consultant for the Fafi Theater and Dance School (2003-2004) and consultant for the Culture Factories Program of the Secretary of Culture of the State of São Paulo (2007- 2008). She is the author of more than seventy dance documentaries, like *Renée Gumiel, A Vida na Pele* [*Renée Gumiel, Life on the Skin*] (2005), *Maria Duschenes – o espaço do movimento* [*Maria Duschenes – movement space*] (2006), and the series *Figuras da Dança* [*Dance Figures*], for SPCD, which has more than 40 documentaries.

João Anzanello Carrascoza is the author of the novels *O céu implacável* [*The relentless sky*] (2023), *Inventário do azul* [*Inventory of the blue*] (2022) and *Trilogia do adeus [Goodbye trilogy]* (2017), in addition to short story books like *Aquela água toda* [*All that water*] (2012) and *Tramas de meninos* [*Stories of boys*] (2021). His stories have been translated to Bengali, Croatian, Spanish, French, English, Italian, Swedish, and Tamil. She received Jabuti Award three times, the National Foundation of Children's and Youth Books Award four times, the National Library Foundation Award three times, the APCA Award, the UNESCO Chair Award, and the Candango Award, in addition to the international awards from Radio France and White Ravens.

Joca Reiners Terron was born in Cuiabá, 1968. He is the author of, among others, *Do fundo do poço se vê a lua* [*From the well bottom you can see the moon*] (2010), which won Machado de Assis Award from the National Library Foundation, *Noite dentro da noite* [*Night into the night*] (2017), *A morte e o meteoro* [*The death and the meteor*] (2019), *O riso dos ratos* [*The smile of mice*] (2021) and *Onde pastam os minotauros* [*Where the minotaur grazes*] (2023).

Jomar Mesquita is a professor, choreographer and dancer. Director at Mimulus Dance School and Mimulus Dance Company since 1990, where he developed a unique and innovative language with dances for two. Master's in Administration – Contemporary Management of Organizations, from Dom Cabral Foundation. His performances have received countless awards by specialized critics, and have been presented in around 80 cities in more than 17 countries. He has contributed to improving courses for professionals in the field through pioneering initiatives that provide a more comprehensive training course and vision on dance within the fields of art, education and management. In addition to Mimulus, she has directed and choreographed for companies such as São Paulo Dance Company, Castro Alves Ballet Theater, Masculine Society, Minas Gerais Dance Company, among others.

Juliana Leite was born in 1983, in Petrópolis, Rio de Janeiro. She is the author of *Entre as mãos* [*Between the hands*] (2018) – which received Sesc and APCA awards, was a finalist for Jabuti award, São Paulo and Rio Prize for Literatures, and semifinalist for Oceanos award, the book was also published in France and had all rights sold to the cinema – and *Humanos exemplares* [*Exemplary humans*] (2022). Master's in Comparative Literature, she was selected for artistic residency with the Triple Canopy magazine in New York.

Marcela Benvegnu is a journalist, dance researcher and manager. She is the Superintendent of Institutional Development at São Paulo Dance Company and São Paulo Dance School. She holds a master's degree in Media, Communication, and Business from the University of California (USA, 2017) and was a fellow in the executive mentoring program at Harvard Business School (USA, 2019). She holds a master's degree in Communication and Semiotics from PUC-SP, postgraduate studies in Contemporary Dance Studies from the Federal University of Bahia, and in Business Management from the Business Behavior Institute, in Chicago. She served as Educational and Communication Coordinator (2009-2017) and as Coordinator of Documentation and Memory at São Paulo Dance Company, and as a consultant (2021). She acts as a judge, speaker, critic, and journalist, invited for events in Brazil and abroad. She has been co-director of the International Jazz Dance Congress in Brazil since 2009. She was the executive/artistic director of Bloch Brazil (2019/2020). She is a professor in the Postgraduate Program in Dance and Body Awareness at Estácio de Sá University and USC. She manages MB – Image and Communication for Dance, crafting strategies, content, and experiences for figures in the dance world.

Micheliny Verunschk was born in 1972, Recife. She is a Brazilian writer, literary critic, and historian. She holds a master's degree in Literature and Literary Criticism and PhD in Communication and Semiotics from PUC São Paulo. In 2004, she was nominated for Portugal Telecom Award For Literature, with the poetry book *Geografia íntima do deserto* [*Desert intimate geography*] (2003), she was the only debutant woman, and also the youngest among the top ten finalists. With the novel *Nossa Teresa – vida e morte de uma santa suicida* [*Our Teresa – life and death of a suicidal saint*] (2014), she won the 2015 São Paulo Prize for Literature, in the category of best novel written by a debut author in the genre above 40 years old. She has works published in France, Portugal, Spain, Canada and the United States.

Natalia Timerman was born in 1981, São Paulo. She is a psychiatrist, graduated from the Federal University of São Paulo – UNIFESP, holds a master's degree in Psychology, and is currently pursuing a doctorate in Literature at the University of São Paulo – USP. She is the author of *Desterros – Histórias de um hospital-prisão* [*Exiles – Stories of a hospital-prison*] (2017), short story collection *Rachaduras* [*Cracks*] (2019), nominated for Jabuti Award, and novels *Copo Vazio* [*Empty Glass*] (2021) and *As pequenas chances* [*The lean chances*] (2023). She writes a weekly column on UOL.

Paula Fábrio was born in São Paulo, 1970. She holds a Ph.D. in Literature and language from the University of SUSP and works as a researcher in literature. She debuted as a writer with the novel *Desnorteio* [*Bewilderment*] (2012), which earned her the São Paulo Prize for Literature in 2013. Afterward, she wrote other fiction books and the debut in young adult literature with the also award-winning *No corredor dos cobogós* [*In the hall of cobogós*] (2019), a work included in the UN Sustainable Development

Goals Reading Club and in the catalog of Bologna Children's Book Fair. Her texts are featured in various anthologies and literary journals, and have been translated into Spanish in Uruguay and Argentina.

Paulliny Tort was born in 1979, Brasília. She is a writer, journalist, and holds a Ph.D. in Communications from the University of Brasília. She is the author of books *Allegro ma non troppo* (2016), semifinalist of Oceanos Award, and *Erva brava* [*Wild herb*] (2021), winner of APCA award.

Paulo Scott was born in 1966, Porto Alegre. He is the author of five novels – such as *Marrom e Amarelo* [*Brown and Yellow*] (2019) and *Habitante irreal* [*Unreal inhabitant*] (2011) –, one book of short stories, seven books of poetry, and graphic novel *Meu mundo versus Marta* [*My World versus Marta*] (2021), in a partnership with Rafael Sica. He received awards such as Machado de Assis of the National Library Foundation, APCA and Açorianos Literature, among others.

Pedro Augusto Baía is a state public servant and holds a Ph.D. in Forensic Psychology from the University of Coimbra. He was born and lives in Abaetetuba, state of Pará. *Corpos benzidos em metal pesado* [*Blessed bodies in heavy metal*] (2022), his first short story collection, was the winner of the last edition of the Sesc Literature Award.

Rafael Gallo, musician and professor, has worked in the areas of soundtrack for TV, cinema, and other media, being part of the faculty at the International Academy of Cinema. In 2012, he started his career as a writer, winning SESC Literature Award, with the short story collection *Réveillon e outros dias* [*Réveillon and other days*], published by Record Publishing House, as part of the award. In 2015, he published his first novel, *Rebentar* [*Burst*], also by Record Publishing House. The novel was the winner of the São Paulo Prize for Literature in the 'Debuting author under 40 years-old' category. Both books were finalists of Jabuti Award. In 2022, he won José Saramago Literary Award in Portugal with the debut work *Dor Fantasma* [*Phantom Pain*]. The panel was composed of winners from other editions such as José Luís Peixoto, Gonçalo M. Tavares, João Tordo, Bruno Vieira Amaral and Valter Hugo Mãe, in addition to Pilar del Río, Guilhermina Gomes and Nélida Piñon. He was the fourth Brazilian to win this literary award. He also has many texts published in magazines and anthologies, both in Brazil and other countries, such as the United States, Cuba, Mozambique, France, and Ecuador.

Renata de Oliveira, dance teacher, ballerina and choreographer. Born in Pirassununga, state of São Paulo, she has been teaching dance for over 30 years and is dedicated to the recognition and appreciation of this art. Currently, she is in Rome, Italy, pursuing an International Master's in Arts and Culture Management at Rome Business School. She holds a postgraduate degree in Language and Poetics of Dance from the Regional University of Blumenau and a bachelor's degree in Dance from Unicamp. She has a strong background in classical ballet and modern dance. She studied flamenco with great masters in Brazil and Spain.

Sérgio Rodrigues was born in 1962, in the municipality of Muriaé. He is a Brazilian writer, journalist and literary critic, winner of the 12th Portugal Telecom Grand Literature Prize (2014) in Novel and Grand Prize categories for the book *O drible* [*The dribble*] (2013). Based in Rio de Janeiro since 1979, he graduated in journalism from the Federal University of Rio de Janeiro. He is the author of several books, was the executive editor of the online magazine *NoMínimo*, and worked as a reporter, editor, and columnist in the country's leading media companies. Currently, he is a weekly columnist for the Everyday section of Folha de S. Paulo newspaper and a scriptwriter for Conversa com Bial show on TV Globo. His work as researcher and columnist in the fields of grammar and linguistics, resulted in one of his latest books, the almanac *Viva a língua brasileira* [*Long Live the Brazilian Language*] (2016). During the 2014 World Cup, he published a 24-chapter crime serial in the French newspaper Le Monde called *Jules Rimet, meu amor* [*Jules Rimet, My Love*], about the theft of the FIFA trophy definitively won by the Brazilian national team in 1970. The crime serial was published in Portuguese as a novel in the book *A visita de João Gilberto aos Novos Baianos* [*The visit of João Gilberto to the New Baianos*] (2019). The novel *Elza, a garota* [*Elza, the girl*] (2008) was also published in Portugal (2010) and released in the USA, translated by Zoë Perry, and named *Elza: the girl* (2014). For his body of work, Rodrigues received the State of Rio de Janeiro Culture Award in 2011, in the Literature category.

Taiane Santi Martins was born in Vacaria, Rio Grande do Sul, in 1988. She holds a Ph.D. in Creative Writing from PUCRS, with a degree in History from FAED/UDESC and in Literature and language from UFSC. Her poems and short stories are found in collections and magazines. She is the editor of *Travessa em Três Tempos*, a literary journal she founded in 2010. *Mikaia* (2022) is her first novel, and was partially written in the Island of Mozambique, where she resided. With it, she won the 2022 Sesc award. She participated in the literary festival of Óbidos, Portugal.

UTOPIA OU O LUGAR QUE NÃO EXISTE, 2013

PRESS SENTENCES

'This is an unarguable definition of poetry. The perfect rhyme between music and dance. Body expression on the front and back to convey the urgency of flying.'
THIAGO CRESPO, BOM DIA SP – TV GLOBO, BRAZIL, 2023

'Grenoble, Saint-Étienne, Mérignac, Biarritz... On tour since Tuesday, November 28, having about 15 presentations in six theaters, including Lyon's Maison de la Danse (...), and then Bonlieu Scène Nationale, in Annecy (...) São Paulo Dance Company now stands out as one of the ambassadors of the Brazilian scene. Awarded with the Grand Prix du Syndicat de la Critique in 2019, eleven years after its creation, this repertoire troupe, employing 32 interpreters, presents a solid, bold production, and fills a void in demand: that of the large format (more than ten performers), broad audience, a choreographic resource that has become rare. (...) Inês Bogéa, the company's artistic director, crafted a flawless night with the colors of her country, without excess in idealization. (...)'
ROSITA BOISSEAU, LE MONDE, FRANCE, 2023

'It's been 15 years on the road, on the tip of the toes, and a program that pleases both ballet fans and modern dance fans.'
ELLE MAGAZINE, BRAZIL, 2023

'Goecke's choreography thematizes human solitude, featuring successive

solos, brilliantly interpreted by dancers Ammanda Rosa and Yoshi Suzuki.'
GUSTAVO ZEITEL, FOLHA DE S. PAULO – CADERNO ILUSTRADA, BRAZIL, 2023

'(...) To the imposing and moving score by Villa-Lobos ('*Bachiana Brasileira No. 8*'), dancers moved on the stage focused and vibrantly. Thanks to Nunes's guidance, they translated diversity, freedom, and nature's ritual into evident movements. A universe of grace and elegance unfolded on the stage, winning over the hearts of the Fürstenfeld audience from the first act of the presentation. (...) São Paulo Dance Company as a symbol of captivating interaction and inspiring vitality.'
JÖRG KONRAD, KULT KOMPLOT, GERMANY, 2023

'The program is a portrait of the multifaceted nature of the group [...] the 37 São Paulo's dancers are challenged by different aesthetical proposals. In one act, they rise on their toes. In another, they surrender to the stage with bare feet. Diversity is seen in the body of each cast member, coming from different parts of Brazil and abroad. For the artistic director Inês Bogéa, such plurality is a commitment.'
AMANDA QUEIRÓS, REVISTA CONCERTO, BRAZIL, 2023

'On Tuesday, Scharoun Theater was the stage to a South American passion merged into a magnificent technique. São Paulo Dance Company, founded in 2008, blends classical and modern dance in grandiose perfection. The 14 dancers combined passionate and energetic moves with an expressive dance, seemingly effortless. 'Dance is the expression of our lives,' as they themselves confess. And that is noticeable in every piece. (...) The prolonged and enthusiastic round of applause from the audience is an acknowledgment for an exceptional performance.'
HEINZ-WERNER KEMMLING, WAZ, GERMANY, 2023

'Sao Paulo Dance Company is back in France! It is hosted by Maison de la Danse de Lyon, where the company performed in 2016, 2018 and 2022. It shows that it is an honor and pleasure to host again this Brazilian dance company, created in January 2008 by the Government of the State of São Paulo, extremely recognized in Latin America, artistically directed by Inês Bogéa. (...) The 2018-2019 Season Best Company award, granted to Sao Paulo Dance Company by the Professional Union of Theater, Music, and Dance Critics of Paris, following their tour in Chaillot-Théâtre National de la Danse (Paris), proves the evolution of the group. (...) This enthusiastically Brazilian night exudes the feverish sensuality of bodies and the emphatic impulse of souls, presented to a satisfied audience. Inês Bogéa joins her dancers on the stage during the final bow. Under her direction, the company fully adheres to its initial commitment made in 2008: 'present the heritage of the past while connected to today's world.' This is evident tonight and goes on with a big tour across France.'
JOCELYNE VAYSSE, CRONIQUES DE DANSE, FRANCE, 2023

'*Swan Lake* closed the first part of the 2022 Season. We know this ballet guarantees a full house and spectators

vying for tickets. It is not easy to stage it. To combine the beautiful melodies of Tchaikovsky and dance of excellence is for a few.'
ALI HASSAN AYACHE, SITE ÓPERA E BALLET, BRAZIL, 2022

'SPCD worked during the lockdown between digital program and theater performances, with and without live target audience. The creation of multimedia material is something inside its DNA.'
FÁTIMA NOLLEN, DANCING TIMES, UNITED KINGDOM, 2022

'Three choreographers, three very different dance languages: since its foundation thirteen years ago, São Paulo Dance Company has become a unique company in Brazil in terms of multiple perspectives. The Brazilian dance scene is as much a part of its identity as the diversity in modern dance and classical tradition in Europe. In its last presentation in Ludwigsburg, the company showcased a fascinating program that highlighted its best qualities.'
DIETHOLF ZERMECK, LUDWIGSBURG KREISZEITUNG, GERMANY, 2021

'Sao Paulo Dance Company dancers belong to the *crème de la crème* of Brazil's art.'
ULRIKE NEHRBASS, LANDESART – SWR, GERMANY, 2021

'The performance *Les Sylphides* was presented online as part of the Company's education program, and then it was followed by a 30-minute lecture about the work and its production (...) notably translated simultaneously in sign language (an achievement yet to be established in Europe). (...) Despite *Les Sylphides* not having a plot, it becomes evident that the poignant poet is amidst a romantic dream.'
ILONA LANDGRAF, LANDGRAF ON DANCE, GERMANY, 2021

'Created in 2008, Sao Paulo Dance Company, the artistic body of São Paulo State Department of Culture and Creative Economy, established itself in the arts scenario and remains as a group that actively seeks dialog between generations, as stated by its director, Inês Bogéa. A proof of that is the partnership with Rio-based Ana Botafogo, principal dancer of Rio's Municipal Theater. (...) Of course, staging a dance performance during social distancing required as much care as possible, which was strictly followed by everybody involved. Everyone is constantly tested for covid, follows social distancing rules, wears masks full time, they're taken off only during the presentation, worn during the rehearsals, and the theater will follow São Paulo's Plan protocols – duration of about 1 hour, no intervals, and limited occupation. For the home audience, the broadcast will be on SPCD's YouTube channel and *Cultura em Casa* platform.'
ELIANA SILVA DE SOUZA, O ESTADO DE S.PAULO, BRAZIL, 2021

'Sao Paulo Dance Company shines at Theatre Winterthur with Marcia Haydée's choreography. [...] The result is an uplifting performance that does not deny its kinship with the audience's favorites, such as *Swan Lake* and *Sleeping Beauty*. The piece is a generously arranged

feast, an engaging game of gestures and facial expressions reminiscent of the silent film era, animated frames in which there is always something to discover at the edges.'
HELMUT DWORSCHAK, DER LANDBOTE, GERMANY, 2020

'Home office dancers rehearse together, but remotely. Moving sofas and furniture away, the corps de ballet of São Paulo State managed to keep moving while the entire Brazil came to a halt – thanks to the internet. (...) The work resulted in a new season with more duets and trios to limit contact among the 32 dancers, who are submitted to a routine of protocols and tests, and now they perform for a virtual audience.'
ANA PAULA CAMPOS, JORNAL DA GLOBO, BRAZIL, 2020

'Passionate and energetic, the young artists of São Paulo Dance Company combine international classical technique, smoothness and sensuality. This young Brazilian Company, directed by Inês Bogéa, former dancer of Grupo Corpo, offers a triple program that is as virtuous as creative. [...] São Paulo Dance Company is a young and ultra dynamic company of flawless techniques [...] an amazing Brazilian company that deserves to be discovered.'
VILLE DE CANNES, FRANCE, 2019

'Although the connection between ballet and modern dance has been repeatedly disseminated, that rarely works. The aesthetical ambitions, hidden behind the respective understanding of dance, are very different. With a historical reconstruction of the work *Suite for Two Pianos*, designed by Uwe Scholz in 1987 for Sergei Rachmaninov's eponymous composition, São Paulo Dance Company managed to counterbalance the stylistic gap during its guest performance at the Cologne Opera. There was something for all dance fans in this program, and everyone was satisfied, as evidenced by the enthusiastic applause from the audience.'
THOMAS LINDEN, KÖLNISCHE RUNDSCHAU, GERMANY, 2019

'Deep in their hearts, many choreographers see themselves as painters. But instead of brushstrokes, they paint movements in the air and populate their canvas with dancers. The night of three performances that the versatile São Paulo Dance Company brought to the festival at Ludwigshafen in Pfalzbau may be better described with the help of plastic arts: a delicate watercolor, an inked sketch, and an installation with natural light.
ELLEN KORELUS-BRUDER, DIE RHEINPALZ, GERMANY, 2019

'The encounter between the dancers' energy and choreographers' idea, and the joy of all,' that is how Inês Bogéa describes the philosophy of the company she directs, the São Paulo Dance Company. Tonight, at Anthea theater, the artists from Brazil will deliver their unique sensitivity; they form one of the most acclaimed companies on stage.
'The contemporary and the classic meet without ever colliding. Here, the poetry, cherished by the artistic director, has allowed the troupe to bring a fresh visual to the repertoire for 11 years.'
ROBERT YVON, NICE MARTIN, FRANCE, 2019

'After grabbing two APCA (São Paulo Association of Art Critics) awards this week – best 2018 debut with *Melhor Único Dia* [*Best Single Day*], by Henrique Rodovalho, and technical award for Vivien Buckup, dramaturgy teacher for the performance of *Swan Lake* – São Paulo Dance Company (...) has just been awarded as the best dance company of the season in France, the Grand Prix de la Critique – 2018/2019. This is the first time that a Brazilian company won this prestigious award, reinforcing SPCD's commitment to inspiring more and more people with the beauty of dance, whether in Brazil or abroad. The ceremony took place at Opéra Comique, in Paris.'
TARCISIO CUNHA, AGENDA DE DANÇA, BRAZIL, 2019

'On Saturday, Sao Paulo Dance Company performed three different choreographies at TanzTagen at Linz Posthof. The local audience was electrified and showed appreciation for the acclaimed Latin American dance group with endless applause. [...] São Paulo Dance Company left nothing to be desired: In *Gen*, by Cassi Abranches, there was a feminine and swaying note, demanding the highest level from the ensemble. With *Gnawa*, by Nacho Duato, the Company finally unleashed a flaming enthusiasm!'
MC KRONEN ZEITUNG, AUSTRIA, 2018

'Brazilians combine sensuality, temperance and virtuosity. The audience's enthusiasm comes from the bottom of their hearts and pierces the silence at Ruhrfestspielhaus. At this moment, São Paulo Dance Company enthralls the entire hall. This cosmos of movements is highly poetic, spirited, and powerful, yet precise, technically brilliant, and astonishing, making one wish for more eyes to not miss any of the body wizards on stage. [...] 75 minutes of pure delight. Beautiful – too short! Only after several minutes of applause, the audience fades into the pleasant spring night.'
TINA BRAMBRINK, RUHRFESTSPIELE, GERMANY, 2018

'Repeatedly, the audience called the dancers back to the stage with their applause and foot stomps, already before the break and even more so at the end of an hour and a half of performance with São Paulo Dance Company, leaving everyone speechless. [...] So perfect, precise and at the same time fast are the movements that the eyes can barely follow. So gentle, delicate, and yet strong are the dancers; so incredible is the experience as a whole that it takes one's breath away, and it is hard to summarize in words. Pure dance, of the highest level. [...] A fascinating night, where the best to do is simply go with the flow to be delighted in wonder.[...]'
KASCH, NACHRICHTEN, AUSTRIA, 2018

'Brazilian dance is not all about samba and carnival, São Paulo Dance Company shook Lyon's Maison de la Danse, under the direction of Inês Bogéa, a former ballerina of Grupo Corpo, who now represents and guides this young company, which, with talent and energy, begins to compete with major international groups. Perfect technique homed in classical training, combined with a beautiful sensitivity in interpretation, lends itself perfectly to the presentation of choreographers

like the German Marco Goecke and his sensitive *Peekaboo* for eight dancers, or Uwe Scholz, who, with music by Rachmaninov, is inspired by Kandinsky's paintings for a work of beautiful pictorial elegance.'
MADAME FIGARO, FRANCE, 2018

'Despite Brazil's economic crisis, a new dance company emerged in the last decade, which collects praises for quality, its diversified repertoire, and its cast. [...] For the tenth anniversary, the festivities began with a tour of festivals in Germany, Austria, France and Luxembourg, a tour that left the audience electrified and enthusiastic. However, the works of SPCD in Brazil are what make it so relevant. [...] In a practical note, [Mario] Galizzi [a reference in South American dance] emphasizes that Inês Bogéa is also a wonderful example of artistic administrator. 'She finds sponsorships, organizes tours and conferences, and receives countless invitations to perform across Brazil and beyond; that makes her a great director.' In similar terms, Márcia Haydée also told me about Bogéa. [...]'
FÁTIMA NOLLEN, DANCING TIMES, UNITED KINGDOM, 2018

'The company's dancers are primarily classical ballet dancers, but they also receive training and education in contemporary ballet. Everything is performed with precision: the dancers display excellent technique, elongated and splendid movements, and precision in the smallest details, creating a marvelous work of crystal-clear quality. When we encounter dancers like those, combined with Kylián, we have a wonderful result. [...] It is an excellent program from the company with exquisite and contemporary choreography, performed at a high level.'
ORI J. LENSKINKI, THE JERUSALÉM POST, ISRAEL, 2017

'The 14 dancers of São Paulo Dance Company are really unmatchable when it comes to energy, temperance, and passion. This stems from its Latin American origin or from the artistic director Inês Bogéa's gift of choosing her ensemble [...] or perhaps it is a combination of both. However, praise must also be given to the three choreographers present tonight, as they brought out the best in these dancers. [...] The highlight of the night is the third and final choreography, this time crafted by a Spaniard. Nacho Duato presents his work *Gnawa* to the audience in Mainz. [...] The dancers' movements are gentle, harmonious, and smooth; the choreography and set have delightful features – the thirty-minute piece flies by. Once again: endless applause, the audience cheered while standing, calling for an encore, and the festival's director was highly satisfied, having kept his promise.'
NATACHA OLBRICH, ALLGEMEINE ZEITUNG, GERMANY, 2017

'Brazil is on the move — and how it is! Proof of that is São Paulo Dance Company and its performance during the Steps Festival at Winterthur Theater. The vibrant Brazilian night ends with *Gnawa* (2005), a standout piece by Spaniard Nacho Duato, greeted by enthusiastic applause. [...] Controlled frenzy as the 14 dancers showcase virtuosity in contemporary dance, complemented

by extensive and indispensable classical technique, all bathed in candlelight.'
EVELYN KLÖTI DER LANDBOTE SWITZERLAND, 2016

'[...] Used to assuming art in public, the New Yorker is demanding. But what was seen on the premiere night was a welcoming and lively audience that filled all 472 seats of the theater. And there, far from Brazil, we noticed that the Brazilian artists do have charisma and uniqueness in movement. The international critics also highlighted the fact the company is young (created in 2008), in addition to versatility, technical quality, and natural sensuality of Brazilians. [...]'
JULIANA RAVELLI, O ESTADO DE SAO PAULO, BRAZIL, 2016

'[...] São Paulo Dance Company symbolizes Brazil's strength and sensuality, and conveys them stunningly and wonderfully. At the end of the performance, the audience gave a standing ovation to the Brazilian dancers. Since its creation in 2008, São Paulo Dance Company is masterfully directed by the dancer, screenwriter, and documentarian, Inês Bogéa. In less than one decade, she produced about 40 pieces, including 20 original ones. Her repertoire diversity combined with the virtuosity of her dancers contributed to the company's success.'
ODILE MORAIN, CULTURE BOX, FRANCE, 2016

'São Paulo Dance Company presented, last Saturday, in the crowded hall of Conde de Zeppelin house in Friedrichshafen, a night of high-caliber dance. The audience expressed gratitude with enthusiastic exclamations and endless applause for the Brazilian dancers, who transported them to a world of grace, strength, aesthetics, and poetry. [...] After this night, it is understandable why São Paulo Dance Company, under the artistic direction of Inês Bogéa, quickly secured a special place in the world of international dance.'
CLAUDIA WÖRNER SVEDKURIER GERMANY, 2015

'The proposal of this exhibition which took São Paulo Dance Company inside MAM draws attention for originality. Leaps and pirouettes are presented amidst works of art – they work as scenarios – and invite visitors to interact. When the artists leave the stage, it is possible to spot people dancing randomly in wonder with the enthralling experience.'
LAURA MING, VEJA MAGAZINE, BRAZIL, 2015

'Three dance pieces showcased three very different facets of a refined and yet youthful dance group. São Paulo Dance Company, founded in 2008, was the guest of Bavarian Culture this week, being enthusiastically acclaimed by the fully packed audience in the forum room. However, the final piece, followed by extensive applause, was, compared to the first part, the one that presented the most current choreographies (...) In this new performance of the choreography *In the Middle, Somewhat Elevated*, by William Forsythe, of the year 1987, the flawless employment of the technique of all nine dancers involved was fascinating. (...) After that impulse of energy, the gentle and smooth choreography of *Gnawa*, by Nacho Duato, followed the sequence of presentations, which exposed the gracious

side of the Brazilian company, which, by the way, quickly attained the summit of the Latin American dance scenario. [...]'
MONIKA KLEIN, RHEINISCHE POST, GERMANY, 2015

'In only five years of existence, São Paulo Dance Company has produced 27 or 29 choreographies, the result of a work conducted with wisdom and caution. Just yesterday, it successfully tackled the challenging *In the Middle, Somewhat Elevated*, by Forsythe, which, being somewhat the prototype of the successful integration of classical and contemporary dance, aptly showcases the company's possibilities. They are just a little over 40 dancers, but they are all perfectly ready to skillfully dedicate themselves to both expressions.'
ROLAND CLAUZET, LA DANSE, FRANCE, 2014

'A choreography of lights. That is how the proposal of Édouard Lock, Canadian artist who conceived *The Seasons*, may be summarized. Commissioned by São Paulo Dance Company, the piece will make its world debut in Campinas, next 26, bringing the marks that have distinguished the choreographer. Intense and accurate movements. The transfiguration it operates in classical ballet. The extensive use of light, with hundreds of changes to highlight the gestures of dancers. [...]'
MARIA EUGÊNIA DE MENEZES, O ESTADO DE SAO PAULO, BRAZIL, 2014

'Last night, São Paulo Dance Company, directed by Inês Bogéa, was in Italy for the first time for the official debut of the festival. It did not fail expectations and left a business card of great respect in Bolzano. In the program, three very distinctive choreographies, interpreted with extraordinary talent and freshness by the dancers of the young and prestigious Brazilian company.. [...]'
L.M., CORRIERE DELL ALTO ADIGE, ITALY, 2014

'[...] The short presentation of the exceptional Brazilian cast was held in two performances at Tanzsommer Festival (Sunday and Monday), under direction of Inês Bogéa, and the company showcased its skills, leaving no emotion out. It did not only exhibit grace and sweetness, but also absolute sensuality. [...]'
CHRISTIANE FASCHING, TRIOLER TAGESZEITUNG, AUSTRIA, 2014

'In addition to all ordinary work routines of a company, SPCD (São Paulo Dance Company) documents this art in Brazil. Since 2008, it has produced the series *Figuras da Dança* [*Dance Figures*]. It is about a set of documentaries in which each video and each booklet presents the life and career of an artist. [...] After having learned so much about the trajectory of dance in Europe, teaching about their own creators is an appropriate task for SPCD, the official dance company of the State of São Paulo. [...]'
FLÁVIA COUTO, FOLHA DE SAO PAULO, BRAZIL, 2013

It came, danced – and immediately won over the audience that filled the Ludwigsburg Forum. We are talking about São Paulo Dance Company, which was founded recently, in 2008. The young group has a dance style that pays homage to the beauty of movement,

without forgetting what the expressive richness of the human body is capable of. The vocabulary of members is suited for classical dance, ethnic rituals, and modern choreography, and the dancers, whose company is directed by Inês Bogéa, showed on Tuesday night that they master, sovereign, the entire range of movements. [...] They didn't stop being applauded.'
GABRIELE METSKER, STUTTGARTER GERMANY, 2013

'Jubilation at the Schlosstheater. Once again, an extraordinary dance group excites the ballet audience in Fulda: São Paulo Dance Company, heading from Brazil, is doing a tour in Germany, bringing a triple program to the City of Baroque. Founded in 2008, the young cast, under the artistic direction of Inês Bogéa, has garnered significant international recognition over these few years of existence [...]. Classical and modern dance find their place in the company's repertoire. It is ballet grounded on classical principles, combined with a passionate enthusiasm that seems to be in the blood of young Brazilians. Exactly for that blend, the group, composed of 15 dancers, won the hearts of Fulda's audience on Saturday night. The three pieces were international and could not be better selected to showcase the capacity of the dancers' adaptation. [...] Fulda's audience applauded the young group that comprises São Paulo Dance Company.'
ERIKA DINGELDEY, FULDAER ZEITUNG GERMANY, 2013

'São Paulo Dance Company not only started on the right foot on its first visit to Uruguay, but also performed three challenging choreographies that showcased the excellent level of its dancers. What is also noteworthy is that the company created by the São Paulo State Government and directed by Inês Bogéa, within only five years of existence, managed to fluently perform three pieces, which, albeit very different one from another, share the singularity of requiring great musicality, speed and movement plasticity. [...]'
FERNANDA MUSLERA, EL OBSERVADOR, URUGUAY, 2013

'In a year of many premieres, the company from São Paulo shone in the staging of *Bachiana No. 1*, especially designed for the cast by the Minas Gerais-born choreographer Rodrigo Pederneiras, from the acclaimed Grupo Corpo. The performance debuted in April, at the theater of Sesc Vila Mariana. Set to *Bachiana Brasileira No. 1*, by Villa Lobos, it featured energetic ensemble movements that matched perfectly with the score. A well-executed pas de deux showcased unique sensitivity.'
CAROLINA GIOVANELLI, VEJA MAGAZINE, BRAZIL, 2012

'And suddenly, a ballerina glides over the stage at full speed, as if she'd been catapulted. [...] The sculptural poses have nothing to do with beauty, but there is an earthling, animal, and sensual power. And a lot of self-confidence. That's São Paulo Dance Company. This is a young, three-year-old company from Brazil, for the first time in the Netherlands. Something unknown. And a gift in this case.'
MIRJAM VAN DER LINDER, VOLKSKRANT, THE NETHERLANDS, 2012

'[...] We believe we can compare this group [SPCD], equally and easily in classical and modern, to the dancers of Nanette Glushak at the Capitole de Toulouse. The same technicality, the same agility and elegance, the same team spirit. In São Paulo, I had the chance to attend a working session on a contemporary ballet, and what stood out was everyone's ease in finding the right, exact expression and executing intricate movements with pure, precise, and vigorous style – Terpsichore, the muse of dance, was there watching! We can then conclude: it is worthwhile to see all contemporary dance experiences, but we also believe that, in Brazil, as elsewhere, it is great that such companies exist, constituting protection from exaggerations for being capable of bringing them back to the right measure. They are conservatories that ensure the best foundation for novelty, giving it the possibility of, one day, becoming classical.
ROLAND CLAUZET, LA DANSE, FRANCE, 2011

São Paulo Dance Company enlivens a scene – ballet – traditionally lukewarm in the country. And it gets ready to face foreign audiences. Within only two years of existence, São Paulo Dance Company is on the top of any list encompassing the top Latin America's groups. With a rare combination of classical ballet and modern dance techniques, all 43 dancers – 42 Brazilian and one Argentinian – are suddenly making a buzz in a scene that, until a little time ago, was no more than lukewarm in the country. With the exception of star-studded names like Grupo Corpo, Deborah Colker and Balé da Cidade de São Paulo, few can actually attract an audience. As, in the recent history of São Paulo Dance Company, tickets are sold out for varying programs, they range from abstract and refined such as *Serenade* and *Theme and Variations*, by Russian George Balanchine, to contemporary. *Os Duplos*, by Goiás-born Maurício de Oliveira. [...]'
PETER ROSENWALD, BRAVO! MAGAZINE, BRAZIL, 2010

'Art is never the immediate reflection of its context. Artistic movements and their symbolic creations also 'act upon' the worldview of the people of their time. [...] Under a state troupe, responsibilities weigh. This book *Primeira Estação – Ensaios sobre a São Paulo Companhia de Dança* [First Seasons – Essays on Sao Paulo Dance Company] unveils the desire to undertake them.'
BETH NÉSPOLI, O ESTADO DE SÃO PAULO, BRAZIL, 2009

'[...] The newest state-owned Brazilian dance company, Sao Paulo Dance Company, [...] To celebrate its first anniversary, it released *Primeira Estação – Ensaios sobre a São Paulo Companhia de Dança* [First Seasons – Essays on São Paulo Dance Company], organized by Inês Bogéa, former ballerina of Grupo Corpo, dance critic and one of the group's directors. [...] For researchers, critics, and historians, it is a kind of paradise to imagine, some decades onwards, a shelf of volumes, one for each season, with the input of people from varying sectors on the production of the company or its thought. The publication is part of a more comprehensive policy of São Paulo Dance Company, aimed at valuing memory, with initiatives ranging from repertoire selection (the group works

on both choreographies especially designed for them and on the restaging of dance classics) to keeping records of testimonials and information on dance personalities (which has been done in the series *Dance Figures*, preserving, among others, the thoughts, voices, and images of recently deceased artists like Ivonice Satie and Ismael Guiser). [...]'
MARCELO CASTILHO (1960-2011), ESTADO DE MINAS NEWSPAPER, BRAZIL, 2009

'[...] São Paulo Dance Company is composed of dancers from all five regions of Brazil and abroad, under the direction of Iracity Cardoso and Inês Bogéa. It emerged as an instrument of production, dissemination, and maintenance of the art of dance, always seeking to make this cultural expression more accessible to the general public. In addition to producing performances, the company develops dissemination programs on the history of Brazilian dance and education programs. It has already premiered four works since its inception last year. [...]'
VALÉRIA RIVGIRE, DIÁRIO CATARINENSE, BRAZIL, 2009

'The newly born São Paulo Dance Company debuts in grand style, in the capital of São Paulo, with the show *Polígono*. Italian Alessio Silvestrin and Brazilian choreographers Ricardo Scheir and Maurício Oliveira picked Musical Offering, work by Johann Sebastian Bach, for this first performance. Dancers float across the stage and translate, with precise and captivating moves, the music of the German composer. To intoxicate the senses.'
L'OFFICIEL MAGAZINE, BRAZIL, 2008

'The precision of classical ballet, which allows for virtuosities, aligned with the constant reinvention of modern and contemporary dance, added by a good dose of fragmented moves. That was the formula adopted for the first São Paulo Dance Company's performance (...).'
LIVIA DEODATO, O ESTADO DE SÃO PAULO, BRAZIL, 2008

'The 38 selected individuals were offered contracts that were unprecedented in the country: full dedication to art, guaranteed performances schedules and decent salaries. The hope is that the trend catches on, and new generations of dancers will not need to leave the country to pursue their profession.'
LILIANE ORAGGIO, REVISTA CLAUDIA, BRAZIL, 2008

'The newest Brazil's dance company is already taking its first steps. And, contrary to what might be suggested by its mere nine-month existence, it is born full of vigor and aspirations. More than a stable body, São Paulo Dance Company aims to be a hub of creation, production, and dissemination of this art. (...) The company consists of 40 dancers from many parts of the country, which makes diversity be part of its roots.'
SILVANA MASCAGNA, O TEMPO NEWSPAPER, BRAZIL, 2008

'Attentive gazes wait for the three signals. Guests are seated in their spots at Sérgio Cardoso Theater, in São Paulo. It is the debut of São Paulo Dance Company, with *Polígono*, by Italian national Alessio Silvestrin. Evidence can convey trained bodies (for a newly born company), which sometimes appear and disappear from the stage. Silvestrin devised a work whose shapes, straight lines, and angles — which makes us remind William Forsythe, choreographer with whom the Italian has already worked — formed by the body, merge with a mild shoulder twist or head inclination. An excellent starting point for a new company, which is yet to consolidate its bodily grammar in the Brazilian dance scene (...) The clean moves reflect Bach's dramaturgy — which is often inevitably stronger — to give away the four sides of the body. The polygon is closed to say that SPCD starts on the right foot; however, dance demands more, and for that, it is necessary (and natural) to wait a little while.'

MARCELA BENVEGNU, TUDO É DANÇA, BRAZIL, 2008

See here some of those texts in full:

A MORTE DO CISNE, 2019

Juvêncio, Hellen Cristina Teixeira dos Santos, Hiago Castro, João Gabriel Alves, João Gabriel dos Santos Inocêncio, Joca Antunes, Kaynan Oliveira, Letícia Forattini, Lucas da Silva Santos, Luciana Davi, Luiza Yuk, Mateus Rocha, Matheus Queiroz, Nathalia Silva do Carmo, Nielson Souza, Pâmella Rocha, Patrick Alexandre de Sousa Amaral, Poliana Souza, Renan Rocha Lemos Carvalho, Sofia Tarragó, Thamiris Prata, Vinícius Lopes, Yoshi Suzuki
Pianista Rosemary Sandri Pavanelli
Assistente de Ensaio Poliana Ferreira

PRODUÇÃO
Gerente Antônio Magnoler
Gerente-Técnico Luiz Antônio Dias
Produtor André Souza
Iluminador Pedro Christo
Técnico de Palco Espedito Peixoto dos Santos
Técnico de Som Alexandre Ciriaco Vianna
Camareira Edmeia A. Evaristo dos Santos

MEMÓRIA
Gerente Charles Lima
Produtora Bárbara Modenese
Técnico de Audiovisual Kennedy José Neo de Souza
Assistentes de Audiovisual Camilo Andres Munoz Barbosa, Iari Davies

DESENVOLVIMENTO INSTITUCIONAL
Analistas de Comunicação Adoliran Medrado, Dani Aoki, Jonathan Silveira de Araújo Santos, Renata Faila
Auxiliar de Educativo Ronaldo Roberto Pinto Junior
Diagramadores Rafael Alves Silva Ortiz Rojas, Renata Gammaro Barbosa
Aprendiz Lucia Beatriz Cardoso Santos

ADMINISTRAÇÃO
Gerente Administrativo-Financeiro Marcio Tanno
Coordenador Administrativo-Financeiro Anderson Paulo de Brito
Coordenadora de Recursos Humanos Karen Ricci dos Santos
Assessora de Direção Melinda Grienda Sliominas
Assessor Executivo Fernando Roberto Bertuce Gonzalez
Coordenador de Compras Carlos Soares
Analista Administrativo-Financeiro Jeferson de Souza Dias
Analista Contábil Andreza Mendes
Arquivista Priscilla Baptista Casas
Assistentes Executivas Roberta dos Santos Vieira, Vanessa dos Santos Sampaio
Assistentes de Compras Emerson Candido da Silva, Samuel Lemos
Assistentes Administrativo-Financeiro Alan Antônio Querino, Dulce Catani Cesar Holanda, Edna Santana Bispo
Assistente Fiscal Hueider Guerreiro
Assistente de Departamento Pessoal Leandro Aparecido do Carmo
Auxiliar Administrativo-Financeiro Júlio da Silva
Encarregada de Limpeza Neide dos Santos Nery
Aprendizes Ana Julia Figueira, Marco Antônio Dantas

COLABORADORES
Consultoria Jurídica Bolonhini & Carvalho Sociedade de Advogados BGAA – Barbosa Gaertner Advogados Associados
Contratos Internacionais Olivieri Associados
Contabilidade Quality Associados
Fisioterapia Clínica Reactive

AGENTES INTERNACIONAIS
Meinrad Huber Ecotopia Dance Productions
Guy Darmet Guypanema Promoções Artísticas

___ abril de 2024

SÃO PAULO COMPANHIA DE DANÇA – 15 ANOS

Organização
Inês Bogéa e Marcela Benvegnu
Curadoria de Contos Rodrigo Lacerda e Felipe Franco Munhoz
Revisão
Por Memores Traduções e Equipe SPCD
Tradução Opus Traduções
Projeto Gráfico Mayumi Okuyama
Tratamento de imagens
Renata Gammaro Barbosa

FOTOS
[CAPA] *Totentanz*, 2022, coreografia e interpretação por Ammanda Rosa e Nielson Souza. Foto: Marcos Alonso
[CONTRACAPA] *Inquieto*, 2011, de Henrique Rodovalho. Elenco SPCD. Foto: Wilian Aguiar
[p.2-3] *O Quebra-Nozes no Mundo dos Sonhos*, 2022, de Márcia Haydeé, com Thamiris Prata. Foto: Marcelo Machado
[p.6-7] *Di*, 2022, de Miriam Druwe. Elenco SPCD. Foto: Charles Lima
[p.8] *Inquieto*, 2011, de Henrique Rodovalho, com Samuel Kavalerski. Foto: Wilian Aguiar
[p.12] *I've Changed my Mind*, 2023, de Shahar Binyamini, com Yoshi Suzuki e Hiago Castro. Foto: Marcelo Machado
[p.16] *Supernova*, 2011, de Marco Goecke, com Yoshi Suzuki e Joca Antunes. Foto: Wilian Aguiar
[p.22-23] Romeu *e Julieta*, 2013, de Giovanni Di Palma. Elenco SPCD. Foto: Arthur Wolkovier
[p.28-29] *Passanoite*, 2009, de Daniela Cardim, com Renata Bardazzi, Vitor Luiz, Ammanda Rosa e Yoshi Suzuki. Foto: Reginaldo Azevedo
[p.34] *Mamihlapinatapai*, 2012, de Jomar Mesquita, com colaboração de Rodrigo de Castro. Elenco SPCD. Foto: Wilian Aguiar
[p.38-39] *Gen*, 2014, de Cassi Abranches, com Nielson Souza e Leticia Forattini. Foto: Wilian Aguiar
[p.44-45] *Polígono*, 2008, de Alessio Silvestrin, com Thais de Assis, Ana Paula Camargo e Irupé Sarmiento. Foto: Reginaldo Azevedo
[p.52] *Ngali...*, 2016, de Jomar Mesquita, com colaboração de Rodrigo de Castro, com Amannda Rosa. Foto: Arthur Wolkovier
[p.60-61] *Workwithinwork*, 2014, de William Forsythe, com Roberta Bussoni, Nielson Souza, Artemis Bastos, Luiza Lopes, André Grippi, Ana Paula Camargo e Joca Antunes. Foto: Clarissa Lambert
[p.68-69] *Les Noces*, 2008, de Bronislava Nijinska. Elenco SPCD. Foto: João Caldas
[p.70] *Teia de Renda*, 2023, de Arilton Assunção. Elenco SPCD. Foto: Iari Davies
[p.72] Estudantes em Espetáculo Gratuito com Wanessa Paula de Souza, Carlos Nascimento e Inês Bogéa. Foto: Iari Davies
[p.79] Estudantes em Espetáculo Gratuito. Foto: Wilian Aguiar
[p.86-87] Meu Amigo Bailarino com Ana Silva. Foto: Marcos Alonso
[p.91] Atividade educativa com acessibilidade. Foto: Acervo SPCD
[p.92-93] *La Sylphide*, 2014, de Mario Galizzi, a partir do original de 1836 de August Bournonville (1805-1879). Elenco SPCD. Foto: João Caldas
[p.94] *Por Vos Muero*, de Nacho Duato, com Fabiana Ikehara. Foto: Rogério Alves
[p.100-101] *Litoral*, 2015, de Maurício Wainrot, com Michelle Molina, Lucas Axel e Nielson Souza. Foto: Wilian Aguiar
[p.104-105] *Peekaboo*, 2013, de Marco Goecke. Elenco SPCD. Foto: Wilian Aguiar
[p.110-111] *Pulcinella*, 2017, de Giovanni Di Palma, com Diego de Paula e Thamiris Prata e elenco SPCD. Foto: Fernanda Kirmayr
[p.117] *Petite Mort*, 2013, de Jirí Kylián, com Ana Roberta Teixeira e Leony Boni. Foto: Wilian Aguiar
[p.118] *Di*, 2022, de Miriam Druwe, com Luiza Yuk, Luciana Davi, Yoshi Suzuki, Mateus Rocha e Alan Marques. Foto: Charles Lima
[p.124-125] *Serenade*, 2008, de George Balan-

chine (1904-1983). Elenco SPCD. Foto: João Caldas, coreografia de George Balanchine, ®2008 The George Balanchine Trust
[p.130-131] *Odisseia*, 2018, de Joëlle Bouvier, com Yoshi Suzuki e Joca Antunes. Foto: Clarissa Lambert
[p.139] *Supernova*, 2011, de Marco Goecke, com Fabiana Ikehara. Foto: Fernanda Kirmayr
[p.140-141] *Agora*, 2019, de Cassi Abranches, com Pâmella Rocha, Ammanda Rosa, Luciana Davi, Yoshi Suzuki, Luiza Yuk, Leticia Forattini e Thamiris Prata. Foto: Iari Davies
[p.142] *Figuras da Dança* – Inaicyra Falcão e Inês Bogéa. Foto: João Anselmo
[p.149] Figuras da Dança – Ana Botafogo e Inês Bogéa. Foto: Acervo SPCD
[p.152-153] *Vadiando*, 2013, de Ana Vitória, com Binho Pacheco. Foto: Silvia Machado
[p.155] *Serenade*, 2008, de George Balanchine (1904-1983), com Luiza Lopes. Foto: João Caldas, coreografia de George Balanchine, ®2008 The George Balanchine Trust
[p.156-157] *Gnawa*, 2009, de Nacho Duato. Elenco SPCD. Foto: João Caldas
[p.160-161] *Sechs Tänze*, 2010, de Jirí Kylián. Elenco SPCD. Foto: João Caldas
[p.163] *Inquieto*, 2011, de Henrique Rodovalho, com Nielson Souza, Fabiana Ikehara, Milton Coatti, Ana Paula Camargo. Foto: Wilian Aguiar
[p.166] *Bachiana nº 1*, 2012, de Rodrigo Pederneiras, com Luiza Lopes e Samuel Kavalerski. Foto: Wilian Aguiar
[p.168-169] *Romeu e Julieta*, 2013, de Giovanni Di Palma, com Aline Campos e Nielson Souza. Foto: Silvia Machado
[p.172] *La Sylphide*, 2014, de Mario Galizzi, a partir do original de 1836 de August Bournonville (1805-1879), com Morgana Cappellari e Artemis Bastos. Foto: João Caldas
[p.175] *Indigo Rose*, 2015, de Jirí Kylián, com Morgana Cappellari e Lucas Valente. Foto: Arthur Wolkovier
[p.177] *Suíte para Dois Pianos*, 2016, de Uwe Scholz (1958-2004), com Nielson Souza, Luiza Yuk e Geivison Moreira. Foto: Wilian Aguiar
[p.180-181] *Duo Pássaro de Fogo*, 2017, de Marco Goecke, com Nielson Souza e Ana Paula Camargo. Foto: Wilian Aguiar
[p.184-185] *O Lago dos Cisnes*, 2018, de Mario Galizzi, a partir de Marius Petipa (1818-1910) e Lev Ivanov (1834-1901), com Thamiris Prata e Luciana Davi. Foto: Charles Lima
[p.188-189] *Anthem*, 2019, Goyo Montero. Elenco SPCD. Foto: Charles Lima
[p.190] *Só Tinha de Ser com Você*, 2020, de Henrique Rodovalho, com Renata Peraso. Foto: Wilian Aguiar
[p.193] *Madrugada*, 2021, de Antônio Gomes, com Carolina Pegurelli e Nielson Souza. Foto: Charles Lima
[p.196-197] *Cartas do Brasil*, 2022, de Juliano Nunes. Elenco SPCD. Foto: Iari Davies
[p.200] *Le Chant Du Rossignol*, 2023, de Marco Goecke, Nielson Souza e Leticia Forattini. Foto: Charles Lima
[p.203] *O Sonho de Dom Quixote*, 2015, de Márcia Haydée, com Joca Antunes. Foto: Wilian Aguiar
[p.204-205] *Petrichor*, 2018, de Thiago Bordin. Elenco SPCD. Foto: Rodolfo Dias Paes
[p.206] *14'20"*, 2017, de Jirí Kylián, com Ana Paula Camargo e André Grippi. Foto: Wilian Aguiar
[p.210] *Giselle – Ato II*, 2021, de Lars Van Cauwenbergh, a partir da obra de 1841 de Jules Perrot (1810-1892) e Jean Coralli (1779-1854). Elenco SPCD. Foto: Charles Lima
[p.215] *Le Spectre de la Rose*, 2014, Mario Galizzi, a partir do original de 1911 Michel Fokine (1880-1942), com Yoshi Suzuki e Luiza Yuk. Foto: Clarissa Lambert
[p.216] *Gnawa*, 2009, de Nacho Duato, com Ammanda Rosa e Nielson Souza. Foto: Arthur Wolkovier
[p.220] *Por Vos Muero*, de Nacho Duato, com Morgana Cappellari. Foto: Silvia Machado
[p.227] *Prélude à L'aprés-midi d'un Faune*, 2010, de Marie Chouinard, com Irupé Sarmiento. Foto: João Caldas
[p.228-229] *Odisseia*, 2018, de Joëlle Bouvier. Elenco SPCD. Foto: Clarissa Lambert

[p.230] *Agora*, 2019, de Cassi Abranches,com Michelle Molina, Ana Paula Camargo e André Grippi. Foto: Rodolfo Dias Paes
[p.238-239] *Azougue*, 2012, de Rui Moreira, com Milton Coatti e Aline Campos. Foto: Arnaldo J. G. Torres
[p.240] *Umbó*, 2021, de Leilane Teles, com Matheus Queiróz e André Grippi. Foto: Iari Davies
[p.245] *Marmórea*, 2021, de Stephen Shropshire, com Luiza Yuk e Hiago Castro. Foto: Marcelo Machado
[p.246-247] *Petrushka*, 2023, de Goyo Montero. Elenco SPCD. Foto: Samira Dantas
[p.248] *Inquieto*, 2011, de Henrique Rodovalho. Elenco SPCD. Foto: Wilian Aguiar
[p.254-255] *O Lago dos Cisnes*, 2018, de Mario Galizzi, a partir de Marius Petipa (1818-1910) e Lev Ivanov (1834-1901). Elenco SPCD. Foto: Arthur Wolkovier
[p.256] *Partita*, 2022, de Stephen Shropshire, com Luciana Davi, Yoshi Suzuki e André Grippi. Foto: Iari Davies
[p.260] *Duo Pássaro de Fogo*, 2017, de Marco Goecke, com Thamiris Prata. Foto: Iari Davies
[p.266-267] *Ver o Ar e Ouvir o Verão*, 2023, de Eduardo Fukushima. Elenco SPCD. Foto: Iari Davies
[p.268] *Bachiana nº 1*, 2012, de Rodrigo Pederneiras, com Luiza Lopes e Samuel Kavalerski. Foto: Wilian Aguiar
[p.273] *Sal*, 2023, de Lucas Valente, com Bruna Chebile, Patrick Amaral e Sofia Tarragó. Foto: Samira Dantas
[p.274-275] *Respiro*, 2020, de Cassi Abranches, com Ana Roberta Teixeira e Ammanda Rosa. Foto: Silvia Machado
[p.276] *Sechs Tänze*, 2010, de Jirí Kylián, com Michelle Molina. Foto: João Caldas
[p.281] *Les Sylphides (Chopiniana)*, 2021, por Ana Botafogo, a partir da obra de 1909 de Mikhail Fokine (1880-1942), com Luciana Davi, Thamiris Prata e elenco SPCD. Foto: Samira Dantas
[p.282] *Só Tinha de Ser com Você*, 2020, de Henrique Rodovalho, com Ammanda Rosa. Foto: Fernanda Kirmayr
[p.288-289] *O Quebra-Nozes no Mundo dos Sonhos*, 2022, de Márcia Haydeé. Elenco SPCD. Foto: Charles Lima
[p.290] *Cartas do Brasil*, 2022, de Juliano Nunes, com Ammanda Rosa. Foto: Marcelo Machado
[p.299] *Céu Cinzento*, 2015, de Clébio Oliveira, com Luiza Yuk e Vinicius Vieira. Foto: Juliana Hilal
[p.300-301] *Anthem*, 2019, Goyo Montero. Elenco SPCD. Foto: Charles Lima
[p.302] *Indigo Rose*, 2015, de Jirí Kylián, com Luiza Yuk e André Grippi. Foto: Wilian Aguiar
[p.307] *Peekaboo*, 2013, de Marco Goecke, com Rafael Gomes. Foto: Marcela Benvegnu
[p.308] *Vai*, 2019, de Shamel Pitts, com Luciana Davi. Foto: André Porto
[p.315] *Ngali...*, 2016, de Jomar Mesquita, com colaboração de Rodrigo de Castro, com Ana Roberta Teixeira e Daniel Reca. Foto: Arthur Wolkovier
[p.316-317] *Rococo Variations*, 2020, de Stephen Shropshire, com Poliana Souza e Mateus Rocha. Foto: Fernanda Kirmayr
[p.318] *Aparições*, 2020, de Ana Catarina Vieira, com Alan Marques e Marina Pena. Foto: Fernanda Kirmayr
[p.323] *Os Duplos*, 2010, de Maurício de Oliveira, com Rafael Gomes e Irupé Sarmiento. Foto: João Caldas
[p.324-325] *I've Changed my Mind*, 2023, de Shahar Binyamini. Elenco SPCD. Foto: Iari Davies
[p.326] *Mamihlapinatapai*, 2012, de Jomar Mesquita, com colaboração de Rodrigo de Castro, com Leticia Forattini e André Grippi. Foto: Arthur Wolkovier
[p.333] *Memória em Conta-Gotas*, 2023, de Lili de Grammont, com Ana Roberta Teixeira e Joca Antunes. Foto: Charles Lima
[p.338-339] *In The Middle, Somewhat Elevated*, 2012, de William Forsythe, com Thamiris Prata e Yoshi Suzuki. Foto: Rogério Alves
[p.340] *Anthem*, 2019, Goyo Montero. Elenco SPCD. Foto: Charles Lima
[p.347] *O Lago dos Cisnes*, 2018, de Mario Galizzi, a partir de Marius Petipa (1818-1910) e Lev

Ivanov (1834-1901), com Thamiris Prata. Foto: Silvia Machado
[p.354] *Six Odd Pearls*, 2016, de Richard Siegal, com Nielson Souza e Larissa Lins. Foto: Wilian Aguiar
[p.361] *O Quebra-Nozes no Mundo dos Sonhos*, 2022, de Márcia Haydeé, com Luiza Yuk. Foto: Charles Lima
[p.367] *Veias Abertas*, 2023, de Poliane Fogaça, com Bruna Chebile e Sofia Tarragó. Foto: Samira Dantas
[p.368-369] *Pormenores*, 2012, de Alex Neoral. Elenco SPCD. Foto: Silvia Machado
[p.377] *Tchaikovsky Pas de Deux*, 2009, de George Balanchine (1904-1983), com Aline Campos e Ed Louzardo. Foto: Reginaldo Azevedo, coreografia de George Balanchine, ®2008 The George Balanchine Trust
[p.384] *The Seasons*, 2014, de Édouard Lock, com Vinicius Vieira e Morgana Cappellari. Foto: Édouard Lock
[p.393] *A Morte do Cisne*, 2019, de Lars Van Cauwenbergh, inspirado na obra de Michel Fokine (1880-1942), com Ana Roberta Teixeira. Foto: Marcelo Machado
[p.401] *Respiro*, 2020, de Cassi Abranches, com Yoshi Suzuki. Foto: Fernanda Kirmayr
[p.402-403] *Melhor Único Dia*, 2018, de Henrique Rodovalho. Elenco SPCD. Foto: Fernanda Kirmayr
[p.411] *Infinitos Traçados*, 2021, de Monica Proença, Jonathan dos Santos e Esdras Hernández Villar. Elenco SPCD. Foto: Charles Lima
[p.416] *Ballo*, 2009, de Ricardo Scheir, com Irupé Sarmiento. Foto: João Caldas
[p.424-425] *Bingo!*, 2014, de Rafael Gomes. Elenco SPCD. Foto: Silvia Machado
[p.431] *Pivô*, 2016, de Fabiano Lima, com Geivison Moreira e Nielson Souza. Foto: Wilian Aguiar
[p.436-437] *Primavera Fria*, 2017, de Clébio Oliveira. Elenco SPCD. Foto: João Caldas
[p.443] *Grand Pas de Deux de O Cisne Negro*, 2014, Mario Galizzi, a partir do original de 1895 de Marius Petipa (1818-1910), com Thamiris Prata. Foto: Marcelo Machado
[p.446] *Melhor Único Dia*, 2018, de Henrique Rodovalho, com Leticia Forattini, Nielson Souza, Thamiris Prata e Yoshi Suzuki. Foto: Fernanda Kirmayr
[p.453] *Pulcinella*, 2017, de Giovanni Di Palma. Elenco SPCD. Foto: Fernanda Kirmayr
[p.454-455] *Romeu e Julieta*, 2013, de Giovanni Di Palma. Elenco SPCD. Foto: Arthur Wolkovier
[p.461] *Azougue*, 2012, de Rui Moreira, com Nielson Souza. Foto: Marcela Benvegnu
[p.468] *Instante*, 2017, de Lucas Lima, com Morgana Cappellari e Nielson Souza. Foto: Michelle Molina
[p.476] *Vadiando*, 2013, de Ana Vitória. Elenco SPCD. Foto: Silvia Machado
[p.487] *Di*, 2022, de Miriam Druwe, com Leticia Forattini. Foto: Marcelo Machado
[p.496] *Epiderme*, 2015, de Binho Pacheco, com Letícia Forattini e Joca Antunes. Foto: Wilian Aguiar
[p.503] *Madrugada*, 2021, de Antônio Gomes. Elenco SPCD. Foto: Charles Lima
[p.504-505] *Utopia ou o Lugar que não Existe*, 2013, de Luiz Fernando Bongiovanni. Elenco SPCD. Foto: Silvia Machado
[p.511] *Ibi, da Natureza ao Caos,* 2022, de Gal Martins, com Dandara Caetano e elenco SPCD. Foto: Marcelo Machado
[p.519] *Polígono*, 2008, de Alessio Silvestrin, com Carolina Amares e Hebert Caetano. Foto: João Caldas
[p.520-521] *A Morte do Cisne*, 2019, de Lars Van Cauwenbergh, inspirado na obra de Michel Fokine (1880-1942), com Luiza Yuk. Foto: Silvia Machado

Dados Internacionais de Catalogação na Publicação (CIP)
(Câmara Brasileira do Livro, SP, Brasil)

São Paulo Companhia de Dança – 15 anos / organização
Inês Bogéa e Marcela Benvegnu ; curadoria de contos
Rodrigo Lacerda e Felipe Franco Munhoz ; [versão para o
inglês/English version Opus Traduções]. – São Paulo :
Editora WMF Martins Fontes, 2024.

Vários autores.
Vários colaboradores.
Edição bilíngue: português/inglês.
Bibliografia.
ISBN 978-85-469-0594-2

1. Arte 2. Contos brasileiros – Coletânea 3. Dança
4. Expressão corporal 5. Fotografias 6. São Paulo Companhia
de Dança – História I. Bogéa, Inês. II. Benvegnu,
Marcela. III. Lacerda, Rodrigo. IV. Munhoz, Felipe Franco.

24-200083 CDD-792.80981

Índices para catálogo sistemático:
1. São Paulo Companhia de Dança : História : Artes 792.80981
Cibele Maria Dias – Bibliotecária – CRB-8/9427

wmf martinsfontes

Editora WMF Martins Fontes Ltda.
R. Prof. Laerte Ramos de Carvalho, 133
01352-030 São Paulo SP Brasil
T + 55 11 3293 8150 F +55 11 3101 1042
info@wmfmartinsfontes.com.br
www.wmfmartinsfontes.com.br

SÃO PAULO COMPANHIA DE DANÇA

São Paulo Companhia de Dança
R. Três Rios, 363 – 1° andar
01123-001 São Paulo SP Brasil
T +55 11 3224 1380
comunicacao@spcd.com.br
www.spcd.com.br